LE CORPS MENTAL

LE CORPS MENTAL

par le Lieutenant-Colonel Arthur E. POWELL

Traduit de l'anglais

LES ÉDITIONS ADYAR

4, SQUARE RAPP, 4, PARIS (VIIe)

—

1929

TABLE DES MATIÈRES

OUVRAGES CITES

Le Plan astral, Leadbeater.
La Sagesse antique, Besant.
De la Clairvoyance, Leadbeater.
Les Centres de force dans l'homme, Leadbeater.
La Concentration (1), Wood.
Changing world, Besant.
Les Rêves, Leadbeater.
Après la mort, Besant.
Le Monde céleste, Leadbeater.
Dieux en exil, Van der Leeuw.
How animals talk, Long.
La vie occulte dans la Franc-Maçonnerie, Leadbeater.
Le côté caché des choses (2 volumes), Leadbeater.
Les Aides invisibles, Leadbeater.
L'Occultisme dans la nature (2 volumes), Leadbeater.
Introduction à la Yoga, Besant.
Karma, Besant.
Monad, Leadbeater.
L'homme et ses corps, Besant.
Les Maîtres et le Sentier, Leadbeater.
La Méditation à l'usage des commençants, Wedgwood.
L'Homme visible et invisible, Leadbeater.
L'autre côté de la mort, Leadbeater.
La Réincarnation, Besant.
Etude sur la conscience, Besant.
Echappées sur l'Occultisme, Leadbeater.
Les sept principes de l'homme, Besant.
La Science des Sacrements, Leadbeater.
Les sept Rayons, Wood.
Le Soi et ses enveloppes, Besant.
Théosophie, Besant.
Précis de Théosophie, Leadbeater.
Talks with a class, Besant.
Les Formes-Pensées, Besant et Leadbeater.
La Théosophie et la nouvelle psychologie, Besant.
Le Pouvoir de la Pensée, Besant.
La Voie de l'Occultisme (3 volumes), Besant et Leadbeater.

---

(1) Publié sous forme d'articles parus dans la revue *Le Lotus Bleu* en 1926 et 1927.

DÉDICACE

Ce livre est, comme les deux précédents,
dédié avec gratitude et admiration
à ceux dont le labeur opiniâtre a fourni les matériaux
dont il est fait.

INTRODUCTION

Ce livre est le troisième d'une série qui traite des corps de l'homme. Les deux précédents sont : *Le Double éthérique* et *Le Corps astral.* Dans ces trois livres, la même méthode a été suivie : l'auteur a consulté une quarantaine de volumes, pour la plupart du Docteur Annie Besant et de Monseigneur Leadbeater, qui sont reconnus aujourd'hui comme les autorités par excellence en ce qui concerne la Sagesse Antique telle que nous la présente la Théosophie moderne; les renseignements puisés dans ces livres ont été classés et présentés à l'étudiant sous une forme aussi cohérente et ordonnée que possible.

Dans cette série de livres, il n'a été fait aucune tentative pour prouver, ni même justifier les affirmations faites, sauf lorsqu'il s'agissait de mettre en lumière leur évidence propre. La bonne foi de ces investigateurs n'étant pas en question, les résultats de leurs recherches sont présentés ici sans réticence ni réserve d'aucune sorte, autant que possible dans les termes mêmes employés par leurs auteurs. Les seules modifications ou abréviations faites l'ont été lorsque les nécessités d'une présentation logique et ordonnée les rendait indispensables.

La question de preuve est une autre affaire, et pour l'aborder il faudrait sortir des limites de cet ouvrage dont le but est simplement de présenter à l'étudiant une courte synthèse des enseignements contenus dans les livres cités au sujet des corps de l'homme et des plans auxquels ils appartiennent. Ceux qui désirent des preuves devront les chercher eux-mêmes ailleurs.

Après deux ans d'étude des livres cités, l'auteur n'a découvert dans les enseignements des deux instructeurs ci-dessus aucune contradiction, ni aucun désaccord, sauf un ou deux détails insignifiants; ce fait constitue un témoignage frappant en faveur de la sûreté de leurs investigations et de la cohérence du système théosophique.

L'auteur espère pouvoir ajouter à cette série un quatrième volume sur le corps causal.

Comme nous venons de le dire, la majorité des renseignements contenus dans ce livre provient des œuvres du Docteur Besant et de Monseigneur Leadbeater. Les ouvrages de H. P. Blavatsky ne sont pas compris dans la liste des auteurs cités. Consulter *La Doctrine Secrète* pour *Le Corps Mental* et *Le Plan Mental* aurait été au delà des pouvoirs du compilateur, et il en aurait résulté un livre probablement trop abstrus pour la catégorie d'étudiants à laquelle il est destiné. La dette envers H. P. Blavatsky est plus grande que tout ce que l'on pourrait indiquer par des citations de son œuvre magistrale. Si elle n'avait pas montré le chemin, les autres n'en seraient pas où ils sont, car c'est elle qui a tracé la voie où il est maintenant relativement facile de la suivre.

A. E. P.

CHAPITRE PREMIER

Description générale

Avant de commencer l'étude détaillée du corps mental de l'homme, de ses fonctions, et du rôle qu'il joue dans la vie et dans l'évolution, il est utile de donner un bref résumé des sujets qui seront traités dans ce livre.

Tout d'abord nous devons considérer le corps mental comme le véhicule à travers lequel le Soi se manifeste en tant qu'intellect, dans lequel se développent les pouvoirs de l'esprit, y compris la mémoire et l'imagination, et qui, dans les périodes postérieures de l'évolution de l'homme, sert de véhicule de conscience séparé dans lequel l'homme peut vivre indépendamment de ses corps physique et astral.

Dès le début de cette étude, il faut que l'étudiant comprenne bien clairement que la psychologie occulte distingue dans le mental de l'homme deux parties : *a*) le corps mental qui s'occupe des objets, ou de ce que l'on peut appeler les pensées concrètes, par exemple un certain livre, une certaine maison, un certain triangle, etc.; *b*) le corps causal qui s'occupe des principes, ou de ce que l'on peut appeler les pensées abstraites, par exemple les livres ou les maisons en général, le principe de triangularité commun à tous les triangles, etc.

Ainsi, le corps mental s'occupe des pensées qui ont une forme, c'est-à-dire qui ont la qualité « *roupa* »; le corps causal s'occupe des pensées sans forme ou « *aroupa* ». On peut trouver dans les mathématiques une distinction qui rappelle un peu la précédente : l'arithmétique, qui traite des nombres particuliers, appartient à la partie inférieure de l'esprit, celle qui traite des formes; l'algèbre, qui traite des symboles représentant les nombres d'une manière générale, appartient à la partie supérieure ou sans forme de l'esprit. Bien entendu les termes avec forme ou sans forme doivent être pris dans leurs sens relatifs. Ainsi, par exemple, un nuage ou une flamme, qui ont une forme, sont pourtant sans forme relativement à une maison.

Ensuite, nous traiterons de cette étrange substance vivante semi-intelligente, et extrêmement active connue sous le nom d'essence élémentale mentale, et nous décrirons le rôle qu'elle joue dans le phénomène de la pensée humaine. Nous continuerons par une description plus détaillée du corps mental, qui sera suivie d'une série d'exemples typiques de corps mentaux d'hommes à différents états de développement.

Une partie importante de notre étude s'appliquera à Kama-Manas, ce mélange du désir et de la pensée qui joue un rôle si prépondérant dans la vie de l'homme, que sa connaissance complète pourrait sans doute permettre d'écrire l'histoire de l'homme et de la race humaine. Ce mélange est si intime que certaines écoles de pensée considèrent les corps astral et mental de l'homme comme un seul véhicule de conscience, et, en effet, il en est ainsi pratiquement pour la plupart des hommes.

La double action de la pensée dans son propre monde sera décrite comme premièrement la radiation d'ondes de pensée, deuxièmement la formation, et dans bien des cas, la projection dans l'espace de formes-pensées. Les effets que produisent ces deux catégories de phénomènes seront examinés lorsque nous traiterons de la transmission de pensée : la transmission inconsciente et la transmission consciente. Cette dernière partie comprendra le traitement mental dont nous donnerons une brève description.

Nous considérerons les effets produits sur le corps mental et ses activités par le corps physique et l'ambiance physique; inversement, nous envisagerons les effets produits par le corps mental sur le corps physique et les autres objets physiques.

Nous étudierons de même l'action du corps astral sur le corps mental et inversement.

Revenant alors au corps mental, nous étudierons comment il fonctionne, comment ses facultés peuvent être développées et exercées, d'une part lorsqu'il travaille à travers le cerveau physique, et, d'autre part, lorsqu'il fonctionne comme un véhicule de conscience indépendant.

Ceci nous conduira naturellement à la culture délibérée du corps mental, qui comprend la concentration, cette condition *sine qua non* d'une vie mentale effective, la méditation et finalement la contemplation qui conduit à la conscience mystique.

L'emploi du corps mental pendant le sommeil physique sera brièvement décrit, puis nous donnerons une idée du corps artificiel et temporaire connu sous le nom de Mayavi Roupa.

Nous nous occuperons ensuite de la vie après la mort physique et la mort astrale, c'est-à-dire sur le plan mental lui-même. Ceci nécessitera plusieurs chapitres, car ce sujet est très vaste. Nous examinerons ensuite rapidement des exemples typiques de vie sur chacun des quatre sous-plans mentaux que les Théosophes englobent sous la dénomination de « dévachan », et les Chrétiens « Ciel ».

Nous serons alors en mesure de comprendre la réalité et les possibilités du plan mental considéré comme un monde ayant une existence propre, et nous étudierons la nature de la vie dans ce monde ainsi que les caractéristiques générales de ses phénomènes.

C'est ainsi que nous parlerons des centres de pensée, qui constituent une partie très intéressante du monde mental. Puis nous passerons aux Annales Akasiques, cette Mémoire de la Nature merveilleuse et infaillible qui contient toutes choses, et qui peut être lue par toute personne possédant les qualifications nécessaires.

Un chapitre sera consacré aux habitants du plan mental, puis nous suivrons l'homme à la mort du corps mental pour jeter un coup d'œil sur la vie beaucoup plus large du mental supérieur, ou causal.

Ayant ainsi retracé le pelerinage de l'homme à travers la mort physique (voir *Le Double éthérique*), la vie sur le plan astral (voir *Le Plan astral*), et sur le plan mental, nous arriverons au seuil de sa véritable patrie, le monde mental supérieur ou causal, et nous pourrons nous faire une idée de la relation qui existe entre l'homme dans ses trois véhicules inférieurs qui constituent la personnalité, et l'homme véritable dans le corps causal, l'Ame ou Individualité. Nous traiterons cette question dans le chapitre sur la Personnalité et l'Ego.

Nous reprendrons ensuite notre étude lorsque l'homme quitte sa « patrie » pour se réincarner.

Enfin, un dernier chapitre sera consacré à la vie de l'homme qui s'est rendu digne d'être accepté comme chéla ou élève par les Maîtres de la Sagesse, ces Frères Aînés de notre humanité qui servent leurs jeunes frères avec une sagesse, une patience et un amour au-dessus de toute expression. Car, aujourd'hui, il est possible à bien des gens, s'ils veulent se donner la peine de s'en rendre dignes, d'être instruits par Eux, pour collaborer dans une certaine mesure à Leur œuvre du service de l'humanité; et il est également possible de définir plus ou moins catégoriquement les qualifications nécessaires pour pouvoir jouir de cet inestimable privilège.

CHAPITRE II

Essence élémentale mentale

Avant de pouvoir étudier avec fruit le corps mental, sa structure et son fonctionnement, il est nécessaire de décrire au moins succinctement l'essence élémentale mentale.

L'étudiant se souviendra qu'après la formation de la matière à l'état atomique sur chacun des plans de la nature, le Troisième Aspect de la Trinité (Le Saint-Esprit dans la terminologie Chrétienne) descend Lui-même dans l'océan de la matière vierge (la véritable Vierge Marie), et, par sa vitalité, éveille la matière atomique à de nouvelles possibilités, d'où il résulte la formation des subdivisions inférieures de chaque plan.

C'est dans la matière ainsi vivifiée que descend la Deuxième Grande Effusion de la Vie Divine; la terminologie Chrétienne l'exprime en disant que le Fils « est né du Saint-Esprit et de la Vierge Marie ».

Cette Effusion de la Vie Divine est désignée par des noms différents aux diverses étapes de Sa descente. Considérée dans son ensemble, elle est souvent appelée essence Monadique, et cela particulièrement lorsqu'elle se voile de la matière atomique des divers plans parce qu'elle est alors apte à fournir des atomes permanents aux Monades.

Lorsqu'elle anime la matière atomique ou moléculaire, elle est appelée Essence Elémentale, expression qui provient des occultistes médiévaux; ils l'appliquaient à la matière des corps des esprits de la nature qu'ils nommaient « Elémentals ».

Lorsque dans sa descente elle anime la matière des

trois subdivisions supérieures du plan mental, elle est appelée le Premier Règne Elémental.

Pendant toute la durée d'une Chaîne, elle évolue le Premier Règne Elémental, puis elle descend sur les quatre subdivisions inférieures du plan mental où elle anime le Second Règne Elémental pendant la durée d'une autre Chaîne; elle est alors appelée Essence Elémentale Mentale.

Pendant la durée de la Chaîne suivante, elle est sur le plan astral où on l'appelle Troisième Règne Elémental, ou bien Essence Elémentale Astrale.

(Une Chaîne est l'intervalle de temps pendant lequel la vague de vie passe sept fois sur chacun des sept globes qui constituent la matière de cette Chaîne. Il y a donc quarante-neuf périodes mondiales vécues chacune sur un globe pendant la durée d'une Chaîne. Pour plus de détails, voir *Précis de Théosophie,* par C. W. Leadbeater.)

Les trois domaines que nous venons de définir constituent trois règnes de la nature. Ils sont aussi différents quant aux diverses manifestations de leurs formes de vie que les règnes animal et végétal avec lesquels nous sommes plus familiers. De plus, il y a dans chaque règne sept types nettement distincts ou « rayons », chacun avec ses sept sous-types.

Les Essences Elémentales Astrale et mentale ont toutes deux des rapports étroits avec l'homme, ses corps et son évolution, comme nous le verrons de plus en plus clairement au cours de notre étude du corps mental.

Il ne faut pas oublier que sur le plan mental comme sur le plan astral, l'essence élémentale est tout à fait distincte de la simple matière du plan.

Un autre point essentiel qu'il faut toujours avoir présent à l'esprit est le suivant : la vie qui anime la matière mentale et la matière astrale est sur la branche descendante de la courbe de l'évolution; par suite, le progrès est pour elle de descendre dans des formes de matière de plus en plus denses, et d'apprendre à s'exprimer au moyen de ces formes.

Pour l'homme, l'évolution est tout le contraire : il vient de se plonger profondément dans la matière, et il s'élève maintenant vers son origine. Il y a, par suite, un conflit perpétuel entre l'homme intérieur et la vie qui anime la matière de ses différents véhicules. Nous verrons plus clairement la portée de ce fait extrêmement important dans les chapitres suivants.

CHAPITRE III

Composition et structure

Le corps mental est formé de particules appartenant aux quatre subdivisions inférieures du monde mental, c'est-à-dire de la matière mentale qui correspond aux quatre subdivisions inférieures de matière astrale, et aux états solide, liquide, gazeux et éthérique de la matière physique.

Les trois subdivisions supérieures du plan mental fournissent la matière du corps causal ou corps mental supérieur dont nous ne nous occuperons pas ici.

En plus de la matière mentale ordinaire, le corps mental contient aussi de l'essence élémentale mentale, c'est-à-dire de la matière du Second Règne Elémental.

Le corps physique est, nous le savons, formé de cellules, chacune d'elles étant une minuscule vie séparée animée par la Deuxième Effusion qui provient du Deuxième Aspect de la Divinité. Il en est de même des corps astral et mental. Dans la vie des cellules qui imprègnent ces corps, il n'y a aucune intelligence, mais il y a un instinct puissant qui la pousse à descendre davantage dans la matière, comme nous l'avons déjà noté au chapitre précédent.

La forme du corps mental est ovoïde, conformément à l'apparence ovoïde du corps causal, seule caractéristique de celui-ci pouvant se manifester dans les mondes inférieurs. Toutefois, la matière du corps mental n'est pas uniformément répartie dans l'ovoïde. Au milieu de l'ovoïde se trouve le corps physique, qui attire fortement la matière mentale. Par suite, la plus grande partie de la matière des corps astral et mental se trouve à l'intérieur de la charpente physique. Pour le clairvoyant, le corps mental a l'apparence d'un brouillard dense ayant la forme du corps physique et entouré d'un ovoïde plus fluide. C'est pourquoi l'on reconnaît les gens dans le monde mental aussi bien que dans le monde physique.

La partie du corps mental qui dépasse les limites du corps physique s'appelle l'aura mentale.

La grandeur des corps astral et mental est la même que celle du corps causal, ou plus exactement de la section du corps causal par le plan astral et par le plan mental. Bien que le corps physique ait toujours la même grandeur depuis l'époque d'Atlantis, le corps mental grandit sans cesse à mesure que l'homme se développe.

Les particules du corps mental sont en mouvement incessant. De plus, elles sont sans cesse renouvelées, le corps mental attirant automatiquement à lui, de l'ambiance, le genre de matière dont il a besoin.

Malgré le mouvement très rapide des particules du corps mental, celui-ci possède une certaine organisation, infiniment moins rigide que celle du corps physique. Il y a certaines stries qui le divisent plus ou moins irrégulièrement en segments, chacun d'eux correspondant à une région particulière du cerveau physique, de sorte que chaque catégorie de pensée affecte une portion bien déterminée du corps mental. Cependant le corps mental est actuellement si imparfaitement développé chez l'homme ordinaire que souvent un grand nombre de ces segments ne sont pas en activité, et que les pensées des catégories correspondantes sont obligées de chercher un chemin détourné et inapproprié qu'elles ne trouvent pas toujours. Il en résulte que ces pensées sont pour ces gens confuses et incompréhensibles. C'est pourquoi, comme nous le verrons plus loin d'une manière plus détaillée, certaines personnes ont « la bosse des mathématiques » tandis que d'autres sont totalement incapables de suivre les raisonnements mathématiques les plus élémentaires, et de même certaines personnes comprennent instinctivement la musique, tandis que d'autres ne savent pas distinguer deux notes différentes.

Les bonnes pensées produisent des vibrations dans la matière la plus fine du corps mental, qui, par suite de sa densité plus faible, se trouve à la partie supérieure de l'ovoïde; au contraire, les mauvaises pensées, telles que celles qui se rapportent à l'égoïsme et à l'avarice, sont des vibrations de la matière la plus grossière qui se trouve à la partie inférieure de l'ovoïde. Par suite, l'homme ordinaire qui nourrit souvent des pensées de nature égoïste développe la partie inférieure de son corps mental qui a l'apparence d'un œuf dont le gros bout est en dessous. Au contraire, l'homme qui n'a que des pensées nobles développe la partie supérieure de son corps mental, et celui-ci a l'apparence d'un œuf debout sur la pointe. Toutefois, de telles apparences sont temporaires, et le corps mental tend toujours à reprendre sa symétrie.

Le clairvoyant peut, en observant les couleurs et les stries du corps mental de l'homme, connaître son caractère et les progrès qu'il a faits dans la vie actuelle. (Les caractéristiques semblables dans le corps causal lui montreraient les progrès de l'ego depuis que l'homme est sorti du règne animal.)

Le corps mental a une constitution plus ou moins fine suivant l'état de développement intellectuel de l'homme. Il est extrêmement beau à voir; le mouvement rapide et délicat de ses particules lui donne l'aspect d'une lumière irisée, et cette beauté s'accroît d'une manière extraordinaire lorsque l'intellect se développe en s'exerçant principalement sur les sujets les plus nobles. Comme nous le verrons plus loin en détail, chaque pensée donne naissance à des vibrations dans le corps mental accompagnées par un jeu de couleurs que l'on peut comparer au jeu de la lumière solaire dans l'écume qui jaillit au pied d'une chute d'eau, mais les couleurs du plan mental ont un éclat très supérieur et des nuances beaucoup plus délicates.

Chaque corps mental possède une molécule appelée l'unité mentale, appartenant au quatrième sous-plan mental, et que l'homme conserve avec lui pendant toutes ses incarnations. Comme nous le verrons au cours de cette étude, les matériaux du corps mental sont renouvelés sans cesse, vie après vie, mais l'unité mentale reste stable au milieu de tous ces changements.

L'unité mentale peut être considérée comme le cœur ou le centre du corps mental, et l'apparence de l'ensemble du corps mental dépend en grande partie de l'activité relative des différentes parties de cette unité.

L'unité mentale peut appartenir à l'un quelconque des sept « types » ou « rayons » de matière. A ce sujet, il faut noter que tous les atomes permanents et l'unité mentale d'un homme appartiennent au même type ou rayon.

L'unité mentale correspond ainsi, dans le corps mental, aux atomes permanents dans les corps causal, astral et éthérique.

Le rôle des atomes permanents et de l'unité mentale est de conserver sous forme de vibrations les résultats de toutes les expériences vécues par les corps auxquels ils ont été associés.

Les diverses activités de l'esprit peuvent être rangées en diverses catégories qui sont exprimées par diverses parties de l'unité mentale. Les unités mentales sont loin d'être toutes les mêmes. Elles diffèrent énormément suivant le type et le développement de leurs possesseurs. Si l'unité mentale était en repos, la force qui en émane formerait un certain nombre de canaux dans le corps mental, de même que la lumière sortant du diaphragme d'une lanterne magique forme un canal lumineux entre la lanterne et l'écran.

Dans ce cas, on peut comparer la surface du corps mental à l'écran, car seuls les effets de surface sont visibles à celui qui regarde le corps mental de l'extérieur. Donc, si l'unité mentale était au repos, on verrait sur la surface du corps mental un certain nombre d'images en couleurs représentant les diverses catégories de pensées familières à la personne, avec des intervalles sombres entre elles. Mais l'unité mentale, comme toute autre combinaison, tourne rapidement sur son axe, et il en résulte sur le corps mental une série de bandes pas toujours nettement définies, ni toujours de la même largeur, mais toujours facilement reconnaissables et occupant habituellement des positions relatives stables.

L'étudiant doit être familier avec les couleurs et leurs significations, puisque la liste complète en a été donnée dans *Le Corps astral,* chapitre III. Il est donc inutile de la répéter ici.

Lorsque des pensées d'aspirations élevées existent, elles se manifestent toujours par un très beau petit cercle violet au sommet de l'ovoïde du corps mental. A mesure que l'aspirant s'approche du Sentier, le cercle augmente de grandeur et d'éclat; chez l'Initié, il devient une splendide calotte brillante d'une couleur adorable.

Au-dessous se trouve souvent l'anneau bleu des pensées dévotionnelles; mais il est généralement étroit, sauf chez ceux dont les sentiments religieux sont véritablement profonds.

Ensuite vient la zone beaucoup plus large des pensées d'affection, dont la couleur varie du cramoisi au rose, suivant le genre d'affection qu'elle indique.

Tout près de la bande d'affection, et souvent au contact même de cette bande, se trouve la zone orangée qui exprime les pensées orgueilleuses et ambitieuses.

Nous trouvons encore en relation avec l'orgueil la ceinture jaune de l'intellect habituellement divisée en deux parties qui correspondent respectivement aux pensées philosophiques et scientifiques. L'emplacement de la portion jaune varie suivant les individus : quelquefois elle occupe toute la partie supérieure de l'ovoïde, s'élevant au-dessus de la dévotion et de l'affection; dans ce cas, l'orgueil est généralement excessif.

Au-dessous du groupe que nous venons de décrire, et à mi-hauteur de l'ovoïde, se trouve la large ceinture qui correspond aux formes concrètes. C'est la région du corps mental d'où proviennent toutes les formes-pensées ordinaires. (Ces formes-pensées seront décrites au chapitre VIII.)

La couleur prépondérante dans cette région est le vert. Elle est souvent teintée de brun ou de jaune suivant le caractère de l'individu.

Il n'y a aucune autre partie du corps mental qui soit aussi variable d'une personne à l'autre. Certains hommes ont le corps mental peuplé d'images concrètes, tandis que d'autres en ont très peu. Chez certains elles sont claires et précises, chez les autres elles sont extraordinairement vagues. Elles sont quelquefois classées et étiquetées avec le plus grand soin; dans d'autres cas elles forment un mélange confus.

A la partie inférieure de l'ovoïde se trouvent les ceintures qui expriment toutes sortes de pensées indésirables. Une sorte de précipité boueux d'égoïsme remplit souvent le tiers inférieur ou même la moitié inférieure du corps mental, et il est alors surmonté d'un anneau qui représente la haine, la malice et la peur. Bien entendu, à mesure que l'homme se développe, cette partie inférieure disparaît et la partie supérieure s'étend jusqu'à remplir la totalité du corps mental, comme le montrent les illustrations de *L'Homme visible et invisible,* par Monseigneur C. W. Leadbeater.

D'une manière générale, plus la pensée est puissante, plus l'amplitude de la vibration est grande; plus la pensée est spirituelle et altruiste, plus rapide est la vibration. La puissance de la pensée produit l'éclat; la spiritualité produit la délicatesse de la couleur.

Dans un chapitre suivant, nous décrirons quelques corps mentaux typiques et nous donnerons une idée de la variété des autres qualités mentales.

CHAPITRE IV

Fonctions

Le corps mental est le véhicule à travers lequel le Soi se manifeste et s'exprime sous l'aspect de l'intellect (pensées concrètes).

Le mental est le reflet de l'aspect cognitif du Soi, ou du Soi considéré comme Connaissant; le mental est le Soi au travail dans le corps mental.

La plupart des gens sont incapables de séparer l'homme véritable du mental; par suite, pour eux, le Soi *est* ce mental.

Ceci est naturel, sinon inévitable, car l'homme de la Cinquième Race travaille plus spécialement au développement du corps mental.

Dans le passé, le corps physique a été vivifié comme véhicule de conscience; le corps astral est partiellement vivifié chez la plupart des gens; la vivification du corps mental est le travail principal actuel de l'humanité.

Le développement du corps astral dans le but d'exprimer Kama ou l'émotion, fut le travail de la Quatrième Race Racine, l'Atlantéenne, de même qu'il est le travail de la Quatrième Sous-Race de la Cinquième Race Racine, la Celtique.

Comme nous l'avons dit plus haut, la faculté que la Cinquième Race doit plus spécialement développer est celle du mental — et ceci s'applique à la fois à la Cinquième Race Racine et à la Cinquième Sous-Race. Il s'agit là du pouvoir de discrimination de l'intellect, de la faculté de percevoir les différences entre les choses.

Au stade actuel de développement imparfait, la plupart des gens observent les différences de leur point de vue particulier, non pas dans le but de comprendre, mais souvent dans le but de résister ou même de s'opposer aux choses. Quand cette faculté sera complètement développée, les différences seront alors observées avec calme, dans le but de les comprendre et de juger ce qui est le mieux.

Bien plus, pour la Cinquième Sous-Race actuelle, la faiblesse chez les autres constitue une arme que les forts utilisent pour s'élever au-dessus des faibles au lieu de les aider. Néanmoins, si pénible que soit cette constatation, le développement mental correspondant est essentiel, car le véritable esprit critique est indispensable au progrès.

La Sixième Race Racine, et aussi la Sixième Sous-Race de la Cinquième Race Racine s'engageront dans le dévelopement de la Spiritualité, de l'esprit de synthèse, de la compassion et de l'esprit de dévouement.

Il est nécessaire de donner maintenant quelques explications supplémentaires sur le développement actuel par l'humanité des facultés mentales et émotionnelles. Nous sommes dans la Quatrième Ronde qui est destinée principalement au développement du désir ou de l'émotion. La Cinquième Ronde sera destinée au développement de l'intellect. Mais grâce à l'impulsion des « Seigneurs de la Flamme » l'intellect a été notablement développé une Ronde en avance sur ce que nous pourrions appeler le programme normal. D'autre part, il ne faut pas oublier que l'intellect dont l'homme est si fier aujourd'hui n'est rien à côté de celui que possèdera l'homme moyen au point culminant de la prochaine Ronde, la Cinquième.

Les « Seigneurs de la Flamme » vinrent de la planète Vénus sur la terre pendant la Troisième Race Racine et prirent la direction de notre évolution. Leur Chef est appelé dans les livres indiens Sanat Koumara. Avec Lui vinrent trois Lieutenants et une vingtaine d'autres Adeptes pour L'aider. Une centaine d'hommes ordinaires furent aussi amenés de Vénus et mêlés à l'humanité terrestre.

Ce sont ces Grands Etres dont parle *La Doctrine Secrète,* qui projetèrent l'étincelle dans les hommes sans mental et éveillèrent l'intellect en eux. Leur action ressemble à une impulsion magnétique : Leur influence attira l'humanité vers Eux et permit aux hommes de développer des facultés latentes et de s'individualiser.

Revenons maintenant à notre sujet. Pour la commodité de notre étude, nous sommes obligés de séparer l'homme de ses véhicules; mais le Soi est un, si variées que soient les formes dans lesquelles il se manifeste. La conscience est une unité et les divisions que nous y faisons sont : ou bien créées par nous pour faciliter notre étude, ou bien des illusions créées par nos pouvoirs de perception limités dans les mondes inférieurs.

Le Soi a trois aspects : connaître, vouloir et agir d'où proviennent nos pensées, désirs et actions. Mais c'est le Soi tout entier qui connaît, veut et agit. Ces fonctions ne sont pas totalement séparées : quand il connaît, il veut et agit en même temps; quand il veut, il agit et connaît; quand il agit, il connaît et veut. A un instant donné, une fonction est prédominante, et cela quelquefois jusqu'à un tel point qu'elle voile les autres. Mais même pendant la concentration la plus profonde qui accompagne la connaissance — la fonction la plus séparée des trois — il y a toujours présentes une volonté latente et une action latente que l'on peut discerner par une analyse approfondie.

Quelques explications complémentaires pourront aider à éclaircir ce point : quand le Soi est calme, alors se manifeste l'aspect Connaissance, ou la faculté d'examiner les images des objets (comme nous le verrons plus loin en détail). Quand le Soi concentré est sur le point de changer d'état, alors apparaît l'aspect Volonté. Quand le Soi, en présence d'un objet, dépense de l'énergie pour prendre cet objet, alors se manifeste l'aspect Action. Il est bien clair que ces trois phénomènes ne sont pas des divisions séparées du Soi, ni trois choses distinctes réunies ou combinées, mais qu'il y a au contraire un tout indivisible qui se manifeste de trois manières.

Du point de vue de la Yoga Orientale, « le mental » est simplement la conscience individualisée — la totalité de cette conscience, y compris ses activités. La Yoga décrit ainsi les phénomènes de conscience : 1) Connaissance des objets, c'est-à-dire l'aspect intelligence ou la note dominante du plan mental; 2) Désir d'atteindre les objets, ou l'aspect désir, note dominante du plan astral; 3) Efforts pour atteindre les objets, ou l'aspect activité, note dominante du plan physique. Sur le plan bouddhique prédomine la faculté de connaître que faute d'un mot propre nous pourrions appeler raison pure, ou mieux, intuition. Ces aspects sont toujours présents simultanément, mais à certains moments l'un d'eux prédomine, puis c'est un autre, etc.

Poursuivons notre examen du mental; nous voyons que la pensée abstraite est une fonction du Soi lorsqu'il s'exprime à travers le corps mental supérieur ou causal. Les pensées concrètes sont, comme nous l'avons vu, l'œuvre du Soi au travail dans le corps mental — on l'appelle quelquefois le corps mental inférieur. Nous allons considérer maintenant le mécanisme de la pensée concrète.

C'est aussi dans le corps mental que commencent la mémoire et l'imagination. Le germe de la mémoire est Tamas ou l'inertie de la matière, qui a tendance à répéter sans cesse les vibrations mises en jeu.

Le corps mental est le véhicule de l'ego ou du véritable Penseur qui, lui, réside dans le corps causal. Mais si le corps mental est éventuellement destiné à devenir un véhicule de conscience sur le plan mental inférieur, il travaille aussi à travers les corps astral et physique dans toutes les manifestations attribuées habituellement à « l'esprit » pendant la conscience de veille ordinaire.

Il se produit alors le phénomène suivant : La pensée concrète met en vibration la matière du corps mental. Cette vibration est transmise pour ainsi dire un octave en dessous à la matière plus grossière du corps astral du penseur. Celle-ci affecte les particules éthériques du cerveau qui enfin mettent en action la substance grise du corps physique dense. Toutes ces étapes successives doivent être parcourues avant qu'une pensée soit transmise à la conscience en activité dans le cerveau physique.

Le système nerveux sympathique est principalement en rapport avec le corps astral, tandis que le système cérébro-spinal est davantage sous l'influence de l'ego au travail dans le corps mental.

Le phénomène qui vient d'être décrit peut être analysé avec plus de détails : chaque particule du cerveau physique a une contre-partie astrale qui elle-même a une contre-partie mentale. Supposons, pour la commodité de notre étude, que la totalité de la matière du cerveau physique soit étendue sur une surface plane en une couche de l'épaisseur d'une particule physique. Supposons en outre que la matière astrale correspondante soit étendue de la même façon au-dessus de la couche physique et la matière mentale correspondante encore au-dessus.

Nous avons ainsi trois couches de matières de densités différentes qui se correspondent, mais qui sont séparées, sauf en certains point où des fils de communication existent entre les particules physiques et astrales et entre les particules astrales et mentales. Ceci représente approximativement l'état de choses chez l'homme moyen.

Lorsqu'un tel homme désire transmettre une pensée du niveau mental au niveau physique, il faut que la pensée — à cause des nombreux fils de communication manquants — chemine d'abord horizontalement dans la matière mentale jusqu'à ce qu'elle trouve un canal pour descendre; il se peut alors qu'elle descende par un canal qui ne convient guère à ce type particulier de pensée. Elle poursuit son chemin de la même manière dans le corps astral, et enfin termine sa course par un parcours horizontal dans le cerveau physique avant d'atteindre les particules physiques qui sont capables de l'exprimer.

Il est évident qu'une telle méthode est pénible. Et il nous est maintenant facile de comprendre pourquoi certaines personnes ne comprennent rien aux mathématiques, pourquoi d'autres n'ont aucun goût pour la musique, etc. Cela provient de ce que la partie correspondante de leur cerveau n'est pas en communication directe avec la région mentale spécialisée dans cette faculté.

Chez l'Adepte ou homme parfait, toutes les particules du cerveau sont en communication; par suite toutes les pensées ont un canal approprié par où elles peuvent atteindre la substance correspondante dans le cerveau physique.

Si nous analysons sommairement les phénomènes de conscience, depuis le Non-Moi jusqu'au Moi, nous observons : d'abord un impact sur le corps physique ayant sa cause à l'extérieur; cet impact est converti par le corps astral en sensation; cette sensation est transformée par le corps mental en perception; enfin les perceptions sont élaborées en conceptions. C'est sous forme de conceptions que sont conservés les matériaux qui serviront aux pensées futures.

Tout contact avec le Non-Moi modifie le corps mental par suite du changement dans la disposition d'une partie de ses matériaux, produit par la nouvelle image de l'objet extérieur.

La pensée envisagée du point de vue de la forme est l'établissement de relations entre ces images; envisagée du point de vue de la vie, elle consiste en modifications chez le Penseur lui-même.

Le travail du Penseur ou du Connaissant est l'établissement de relations entre les images formées dans son corps mental, et c'est son travail propre qui change les images en pensées.

Lorsque le Penseur reforme les mêmes images, n'y ajoutant que l'élément temps, alors apparaît la mémoire et la prévision.

La conscience au travail est de plus illuminée d'en haut par des idées qui ne sont pas fabriquées avec des matériaux fournis par le monde physique, mais qui sont des reflets du Mental Universel. (Voir chapitre XXVIII.)

Lorsqu'un homme raisonne, il ajoute quelque chose de son cru aux informations provenant de l'extérieur. Lorsque le mental travaille sur les matériaux qui lui sont fournis, il réunit les perceptions, combine les différents courants de sensation pour en faire une image unique. Ce travail de synthèse est le propre du Connaissant; c'est la spécialité du mental.

Cette activité du corps mental réagit sur le corps astral comme nous l'avons dit plus haut, et celui-ci à son tour réagit sur le corps éthérique qui affecte le corps dense et la matière nerveuse. Cette matière nerveuse vibre sous l'action des impulsions qui l'atteignent. Ceci se manifeste sous forme de décharges électriques et de courants magnétiques complexes entre les différentes particules.

Il en résulte la formation d'un chemin nerveux, tel qu'un autre courant puisse plus facilement s'y propager que se propager suivant une autre route. Considérons deux groupes de particules qui ont été réunies par un tel chemin : si l'un de ces groupes est remis en activité par la conscience qui répète la même idée, la vibration de ce groupe se propage aisément le long du chemin en question, atteint le deuxième groupe, éveille son activité, et présente à la conscience l'idée correspondante, « associée » à la première.

Tel est le principe du mécanisme de l'association des idées, phénomène mental dont l'importance est trop connue pour qu'il soit nécessaire d'insister particulièrement sur ce sujet.

Nous avons noté plus haut que le travail propre du mental est l'établissement de relations entre les objets de conscience. Cette phrase s'applique à toutes les activités de l'esprit. Ainsi les Hindous appellent le mental le sixième sens parce qu'il s'empare des sensations qui proviennent des cinq sens et les combine en un percept unique dont il fait une idée. On appelle aussi le mental le « Rajah » des sens.

De même le « sutra » dit que les « vrttis » ou modes de l'esprit sont cinq. Cela exprime la même idée que lorsqu'en chimie on dit qu'un élément est pentavalent, c'est-à-dire que cet élément peut s'unir à cinq éléments simples. Le mental est comme un prisme qui rassemble les cinq sortes de rayons de sensations provenant des organes des sens, ou les cinq « manières de connaître » les Jnanendriyas, et les combine en un seul rayon.

Si nous additionnons les cinq organes des sens aux cinq organes d'action, les Karmendriyas, alors le mental devient le onzième sens; c'est pourquoi *La Bhagavad Gîtâ* parle des « dix sens et de l'autre » (XIII, 5).

Considérons maintenant non pas le mental en tant que sixième ou onzième sens, mais les sens du corps mental lui-même. Ils sont notablement différents des sens du corps physique. Le corps mental vient en contact avec les choses du monde mental en quelque sorte directement et par toute sa surface; c'est en somme le corps mental tout entier qui est conscient des choses qui peuvent l'affecter. Il n'y a aucun organe distinct pour la vue, l'ouïe, le toucher, le goût et l'odorat dans le corps mental; il est incorrect de parler des sens du corps mental; il serait plus exact de parler du sens mental.

Pouvant communiquer directement par transmission de la pensée sans avoir à formuler celle-ci en mots, il est clair que les barrières du langage n'existent pas sur le plan mental alors qu'elles existent encore sur le plan astral.

Lorsqu'un étudiant entraîné communique dans le monde mental avec un autre étudiant, son esprit s'exprime au moyen de couleurs, sons et formes, de sorte que la totalité de la pensée est transmise sous forme d'image colorée et musicale, tandis que sur le plan physique une partie seulement de la pensée est transmise au moyen des symboles que nous appelons des mots.

Il y a des livres anciens qui furent écrits par de grands Initiés au moyen d'un langage de couleurs, le langage des dieux. Ce langage est connu d'un grand nombre de chélas (c'est-à-dire d'élèves des Maîtres) et il provient, en ce qui concerne la forme et la couleur, du monde mental.

L'esprit ne pense pas une couleur, un son et une forme. Il pense une pensée qui est une vibration complexe de la matière mentale et c'est cette pensée qui s'exprime de toutes ces manières par les vibrations mises en jeu. Dans le corps mental, l'homme est libéré des limitations dues aux organes des sens séparés, et il perçoit toute vibration qui dans le monde physique se présenterait sous plusieurs formes séparées.

Le corps mental de l'homme moyen actuel est relativement moins développé que les corps astral et physique. Au présent stade d'évolution, l'homme normal s'identifie avec la conscience du cerveau, la conscience qui opère dans le système cérébro-spinal. C'est là qu'il se sent chez lui, qu'il perçoit son « Moi » à l'état de veille sur le plan physique.

Toutefois, la conscience de l'homme moyen fonctionne principalement du plan astral, le royaume de la sensation, sauf bien entendu en ce qui concerne directement le système cérébro-spinal.

Mais chez les hommes plus évolués de la Cinquième Race, le centre de conscience est dans le corps mental, il fonctionne dans le monde mental inférieur, et l'homme est mû par les idées plus que par les sensations.

Ainsi, la conscience de l'homme moyen est active sur les plans astral et mental, mais l'homme n'est pas conscient sur ces deux plans. Il perçoit les phénomènes astraux et mentaux qui se passent en lui, mais il ne distingue pas ceux dont il est lui-même la cause de ceux qui sont produits par des actions extérieures. Pour lui, tous ces phénomènes sont intérieurs.

C'est pourquoi le plan physique est le seul monde « réel » pour lui, et les phénomènes de conscience appartenant aux mondes astral et mental sont ce qu'il appelle « irréel », « subjectif », ou « imaginaire ». Il les regarde comme créés par sa propre « imagination » et non pas comme le résultat des impacts sur ses corps astral et mental, ayant leur cause dans des mondes extérieurs. Il est donc en réalité un enfant sur les plans astral et mental.

C'est aussi pourquoi chez l'homme non développé, le corps mental ne peut pas fonctionner séparément sur le plan mental comme véhicule indépendant de conscience pendant sa vie terrestre. Lorsqu'un tel homme exerce ses facultés mentales, elles doivent se voiler de matières astrale et physique avant qu'il puisse être conscient de leur activité.

Nous pouvons récapituler les principales fonctions du corps mental comme suit :

1) Servir de véhicule au Soi pour l'élaboration des pensées concrètes.

2) Exprimer ces pensées concrètes au moyen du corps physique par l'intermédiaire du corps astral, du cerveau éthérique et du système cérébro-spinal.

3) Développer les facultés de mémoire et d'imagination.

4) Servir de véhicule de conscience séparé sur le plan mental lorsque le cours de l'évolution aura réalisé ce progrès important.

Il faut enfin ajouter la fonction suivante qui sera exposée plus complètement dans un des chapitres suivants :

5) Assimiler les résultats de l'expérience acquise dans chaque vie terrestre, et transmettre leur essence à l'homme véritable qui habite le corps causal.

Remarquons en passant que le règne animal emploie lui aussi dans une certaine mesure la matière mentale. Les animaux domestiques supérieurs exercent sans aucun doute la faculté de raisonnement, mais, bien entendu, ils ne peuvent exercer cette faculté que dans un petit nombre de cas, et dans une plus faible mesure que les êtres humains.

Dans le cas de l'animal moyen, seule la matière du sous-plan mental inférieur est employée; mais chez les animaux domestiques les plus développés, la matière du plus élevé des quatre sous-plans inférieurs est utilisée dans une certaine mesure.

CHAPITRE V

Exemples typiques

Le corps mental d'un « sauvage » est représenté dans *L'Homme visible et invisible,* planche VI. En ce qui concerne les couleurs, le corps mental ressemble beaucoup au corps astral à l'état de repos. Mais le corps mental contient plus de choses que le corps astral, car on y voit déjà ce que l'homme a pu acquérir de spiritualité et d'intellect. C'est encore bien peu dans le cas du sauvage, mais ce sera de plus en plus important dans les exemples suivants.

Si nous examinons en détail ce corps mental, nous remarquons au sommet un peu de jaune sombre qui indique la présence de l'intellect, mais l'impureté de cette couleur est le signe que cette faculté n'est appliquée qu'à des buts égoïstes.

La dévotion indiquée par le gris-bleu est le culte des fétiches abondamment taché de crainte et mû par des considérations d'intérêt personnel. Le cramoisi boueux dénote un commencement d'affection qui est encore essentiellement égoïste.

La bande orangé sombre indique l'orgueil du type le plus bas. Une grande tache écarlate exprime une forte tendance à la colère qui éclate violemment à la moindre provocation.

Une large bande vert sale, qui occupe une grande partie du corps, indique la malice et l'avarice — cette dernière exprimée par une nuance brune. Sur le fond de l'aura on voit une sorte de dépôt boueux qui dénote un ensemble égoïste et l'absence de toute espèce de qualité supérieure.

Le corps mental de l'homme non développé ne contient qu'une petite quantité de matière mentale; elle est peu organisée et elle appartient surtout à la subdivision inférieure du plan. Elle est mise en activité presque uniquement par les véhicules inférieurs, c'est-à-dire le plus souvent par des tempêtes émotionnelles du corps astral. Elle reste presque inerte lorsqu'elle n'est pas stimulée par ces vibrations astrales, et même sous leur influence elle est peu active. Aucune activité définie n'apparaît intérieurement; les impulsions d'origine extérieure sont nécessaires pour l'éveiller de sa torpeur.

C'est pourquoi les impulsions les plus violentes sont les meilleures au point de vue du progrès de l'individu. Les plaisirs des sens, la colère, la douleur, la terreur et les autres passions causent des tourbillons dans le corps astral qui stimulent la conscience mentale, et celle-ci, ensuite, ajoute quelque chose d'elle-même aux impressions d'origine extérieure.

L'homme ordinaire n'emploie que la matière du septième sous-plan mental, le plus bas, et comme cette subdivision est très proche du plan astral, toutes ses pensées sont colorées par les reflets du monde astral ou émotionnel. Très peu de gens actuellement utilisent le sixième sous-plan; les savants l'emploient certainement dans une large mesure, mais malheureusement, ils y mêlent souvent la matière de la subdivision inférieure et ils sont jaloux des découvertes et inventions des autres. La matière du cinquième sous-plan est beaucoup moins susceptible d'être influencée par la matière astrale. Le quatrième sous-plan, le plus proche du corps causal ne peut en aucun cas être soumis aux vibrations astrales.

La planche IX de l'ouvrage cité représente le corps mental d'un homme ordinaire. On y trouve une plus grande proportion d'intellect (jaune), d'amour (rose), et de dévotion (bleu). Les couleurs sont plus claires, ce qui indique une amélioration générale de la qualité.

Il y a autant d'orgueil que dans le cas précédent, mais il se manifeste maintenant à un niveau supérieur, car l'homme est fier de ses bonnes qualités au lieu d'être fier de sa force brutale ou de sa cruauté.

Une quantité notable d'écarlate persiste, indiquant la tendance à la colère; le vert plus beau, il indique maintenant d'adaptabilité ou la versatilité au lieu de la malice.

Chez le sauvage, le vert était à la partie inférieure de l'aura, au-dessous de l'écarlate, parce que les qualités qu'il représentait nécessitaient pour leur expression un type de matière plus grossier que celui de la colère.

Chez l'homme moyen, le vert est au-dessus de l'écarlate, car la matière dont il est fait est moins grossière que celle de la colère. Il y a une amélioration générale de toute la matière du corps mental.

Bien qu'il y ait encore une notable proportion du brun de l'égoïsme dans l'aura, cette couleur est moins sale que dans le cas du sauvage.

Le corps mental de l'homme moyen est beaucoup plus grand que celui du sauvage; il commence à être organisé, et il contient un peu de matière des sixième, cinquième et quatrième subdivisions du plan mental.

Comme dans les cas des corps physique et astral, l'exercice produit l'accroissement, l'inertie produit l'atrophie et finalement la destruction. Toute vibration mise en jeu dans le corps mental produit un changement dans ses constituants, une expulsion de la matière qui ne peut pas vibrer de cette manière, et son remplacement par de la matière du type approprié provenant du stock pratiquement inépuisable ambiant.

La planche XXII de l'ouvrage cité représente le corps mental d'un homme développé. L'orgueil (orangé), la colère (écarlate) et l'égoïsme (brun) ont complètement disparu. Les autres couleurs remplissent la totalité de l'ovoïde et sont beaucoup plus belles. La disparition de toute pensée personnelle s'accompagne d'une augmentation de la délicatesse des couleurs. De plus, au sommet de l'aura, apparaît le pur violet étoilé d'or qui indique l'acquisition d'une qualité supérieure — l'aspiration spirituelle.

La puissance supérieure qui jaillit à travers le corps

causal d'un homme développé agit aussi à travers son corps mental, mais avec un peu moins de force.

Si l'on distingue ce que l'on pourrait appeler des octaves de couleurs, c'est-à-dire les aspects des différentes teintes aux différents niveaux du plan mental, on voit que sous cette réserve, le corps mental est maintenant la reproduction approchée du corps causal de même que le corps astral est à son propre niveau la copie du corps mental.

Le corps mental d'un homme développé devient un reflet du corps causal parce que l'homme a appris à suivre les impulsions du moi supérieur qui guident maintenant sa raison. La couleur qui exprime une certaine qualité dans le corps causal l'exprime aussi dans le corps mental et dans le corps astral; mais elle devient de moins en moins lumineuse et de moins en moins délicate à mesure que l'on descend sur les plans inférieurs.

Chez un homme développé spirituellement, toutes les combinaisons grossières de matière mentale ont été éliminées, de sorte que le corps mental ne contient plus que les variétés les plus fines de la matière des quatre subdivisions inférieures du plan mental. De plus, la quantité de matière appartenant aux quatrième et cinquième est très supérieure à celle qui appartient aux sixième et septième sous-plans. Le corps mental est donc maintenant sensible à toutes les opérations supérieures de l'intellect, aux manifestations artistiques les plus délicates et au frémissement des émotions les plus élevées. Un tel corps devient rapidement capable d'obéir à toute impulsion provenant de l'homme véritable dans le corps causal, le Penseur, qui soit susceptible d'être exprimée par la matière mentale inférieure.

Les corps astral et mental d'un homme spirituel manifestent continuellement quatre ou cinq émotions magnifiques, parmi lesquelles l'amour, la dévotion, la sympathie et l'aspiration intellectuelle.

Le corps mental (et aussi le corps astral) d'un Arhat ou d'un homme qui a atteint la Quatrième grande Initiation, a peu de couleurs propres; ses couleurs sont surtout des reproductions de celles du corps causal à des octaves inférieures. Elles ont une apparence irisée, opalescente, nacrée, au delà de toute possibilité de description.

Une personne maniaque a généralement beaucoup de jaune dans son corps mental, et les diverses bandes colorées sont régulières et bien en ordre. Elle manifeste moins d'émotion et moins d'imagination que l'homme d'intuition, et, par suite, dans certaines circonstances, moins de puissance et d'enthousiasme; mais, par contre, elle est moins susceptible de se tromper, et ce qu'elle fait est généralement bien fait.

Les habitudes d'esprit scientifiques ou méthodiques ont aussi une influence marquée sur la disposition des couleurs du corps *astral :* celles-ci forment des bandes régulières, et leurs lignes de démarcation sont bien définies.

Le corps mental de l'homme intuitif contient davantage de bleu, mais les couleurs sont généralement vagues et leur ensemble désordonné. L'homme souffre plus que le type précédent, mais souvent cette souffrance lui fait faire de rapides progrès.

Chez l'homme parfait, évidemment, se rencontrent à la fois l'éclat de l'enthousiasme et la régularité.

En plus des qualités ci-dessus, qui s'expriment par des couleurs du corps mental, il en est d'autres, telles que le courage, la dignité, la gaîté, la confiance, etc., qui sont exprimées plutôt par la forme que par la couleur. Elles sont indiquées par des différences dans la structure du corps mental ou dans l'aspect de sa surface.

A l'intérieur des différentes zones de couleurs que nous venons de décrire se trouvent généralement des stries plus ou moins nettement marquées. L'examen de ces stries peut nous renseigner sur un grand nombre des qualités de l'homme.

Par exemple, le fait d'avoir une très forte volonté se manifeste dans le corps mental par la précision et la stabilité des lignes. Toutes les stries et toutes les radiations sont nettement définies et persistantes, tandis que chez une personne qui manque de volonté, les lignes de séparation entre les différentes qualités sont vagues, et les stries et radiations petites, peu marquées et d'intensité variable.

Le courage est exprimé par des lignes fermes et fortement marquées, particulièrement dans la zone orangée de l'orgueil, et par la fixité de l'éclat des couleurs qui indiquent les qualités supérieures. A tout cela s'ajoute enfin une impression générale de calme.

Lorsque la peur paralyse une personne, toutes ces couleurs sont ternies par un brouillard gris livide, et les stries s'évanouissent dans une masse tremblante qui ressemble à de la gelée. L'homme a perdu temporairement le contrôle de ses véhicules.

La dignité s'exprime dans la même partie du corps mental que le courage, mais le calme et la stabilité des lignes sont différents.

La franchise et la véracité sont exprimées par la régularité des stries dans la partie du corps mental qui correspond aux formes concrètes, et par la clarté et la précision des images qui apparaissent dans cette région.

La fidélité se manifeste par une intensification de l'affection et de la dévotion et par la formation incessante dans cette partie de l'ovoïde d'images de la personne qui inspire cette qualité. Dans bien des cas de fidélité, d'affection et de dévotion, il se forme une image permanente très forte de l'objet de ces sentiments, image qui reste constamment dans l'aura du penseur, de sorte que s'il dirige sa pensée vers l'être aimé, la forme qu'il met en jeu renforce l'image existante au lieu d'en former une nouvelle.

La joie est exprimée par un éclat général des corps mental et astral, et par un frémissement particulier de la surface du corps.

La tendance générale à la gaîté se montre sous une forme peu différente de la précédente; elle s'exprime aussi par une sérénité très stable qui fait plaisir à voir.

La surprise se manifeste, au contraire, par une constriction de tout le corps mental accompagnée d'une augmentation de l'éclat de la bande de l'affection si la surprise est agréable, et par un changement de couleurs qui met en jeu souvent une grande quantité de brun et de gris si la surprise est désagréable. Cette constriction se communique aux corps astral et physique, et elle produit généralement des sensations très désagréables qui affectent quelquefois le plexus solaire (d'où affaiblissement général) ou le cœur (d'où palpitations et, dans les cas extrêmes, la mort). Il peut ainsi arriver qu'une grande surprise tue un individu au cœur faible.

La crainte respectueuse est la même chose que l'étonnement, mais elle est accompagnée d'une modification profonde dans la partie dévotionnelle du corps mental, qui s'agrandit et dont les stries sont plus fortement marquées.

Les pensées mystiques et la présence de facultés psychiques sont indiquées par des couleurs qui n'ont pas d'équivalents sur le plan physique.

Lorsqu'un homme utilise une certaine partie de son corps mental en dirigeant sa pensée fortement suivant l'un des canaux dont nous avons parlé, non seulement le corps mental se met à vibrer plus rapidement, mais la portion qui correspond à cette pensée s'anime davantage et augmente de grandeur, de sorte que la symétrie de l'ovoïde est momentanément détruite.

Chez certaines personnes, cette dissymétrie est permanente; cela signifie que la proportion de pensées de ce type émises par l'individu est en progression. Si, par exemple, une personne entreprend une étude scientifique, et, par suite, dirige brusquement ses pensées dans cette direction beaucoup plus qu'avant, le premier effet est la formation d'une protubérance comme nous venons de le décrire. Mais si cette personne continue à entretenir une activité constante de pensée sur les sujets scientifiques, la protubérance est résorbée par l'ovoïde, et la bande de couleur correspondante devient plus large qu'avant.

Cependant, si l'intérêt de l'homme pour les sujets scientifiques continue à s'accroître, la protubérance subsiste en même temps que l'élargissement de la bande de couleur correspondante.

La trop grande spécialisation est donc nuisible au corps mental en conduisant à un développement dans une seule direction. Le corps mental se développe alors dans un petit nombre de ses parties, et d'autres régions, probablement aussi importantes, ne se développent pas. Le but à atteindre est un développement harmonieux de la totalité du corps mental, et cela nécessite un calme examen de soi-même et l'application ferme de méthodes efficaces; nous considérerons cet aspect de notre sujet dans un chapitre suivant.

Nous avons fait allusion plus haut au mouvement incessant des particules de matière du corps mental. A ce sujet s'appliquent les mêmes remarques que dans le cas du corps astral. Lorsque, par exemple, le corps astral est troublé par une émotion soudaine, toute la matière est agitée par un violent ouragan, de sorte que, momentanément, les couleurs sont très mélangées. Lorsque l'émotion est passée, les couleurs reprennent par gravité leurs positions respectives primitives. Mais malgré cela, la matière ne reste jamais au repos, et toutes les particules se déplacent sans cesse dans leur propre zone, d'où elles sortent très rarement. Ce mouvement est la santé du corps mental, et une personne dont la matière mentale ne circulerait pas de cette manière serait comme enfermée dans une coque empêchant sa croissance jusqu'à ce qu'elle la brise. L'activité de la matière dans une zone déterminée est en rapport avec la quantité de pensée sur le sujet qu'elle exprime.

Les troubles dans le corps mental ressemblent à ceux du corps astral, et ils ont des effets aussi désastreux. Ainsi, une personne qui se laisse tourmenter par un problème dont elle cherche vainement la solution, crée une sorte d'orage dans son corps mental, ou plus exactement il se forme une zone malade analogue à une partie physique irritée par un frottement.

Une personne qui a l'esprit de contradiction a son corps mental en état d'inflammation perpétuelle, et cette inflammation se transforme sous l'influence de la moindre excitation en une véritable plaie ouverte. Pour une telle personne, il n'y a aucun espoir de progrès occulte tant qu'elle n'a pas rétabli l'équilibre dans son corps mental malade.

Si l'homme permet à ses pensées sur un certain sujet de rester stagnantes, la matière correspondante le reste aussi. Il en résulte l'apparition d'une sorte de congestion d'une partie du corps mental. Il se forme un petit tourbillon dans lequel la matière mentale se meut d'abord, puis se coagule en une espèce de verrue. Tant que cette verrue subsiste, l'homme ne peut pas utiliser cette partie de son corps mental, et il est incapable de penser rationnellement sur ce sujet. La masse épaissie empêche tout mouvement tant vers l'extérieur que vers l'intérieur; elle empêche l'homme, d'une part, de recevoir des impressions nouvelles correctes sur le sujet en question, et, d'autre part, d'émettre des pensées claires sur ce sujet.

Ces points malades sont des centres d'infection, et l'inaptitude à voir clairement s'étend à d'autres parties du corps mental. Si un homme a des préjugés sur un certain sujet, il en forme souvent d'autres, parce que la circulation saine de matière mentale est interrompue, et les habitudes d'erreur sont prises.

Les préjugés religieux sont les plus fréquents et les plus graves; ils empêchent absolument toute pensée rationnelle sur ce sujet. Un très grand nombre de personnes ont la partie du corps mental, qui devrait être occupée par les sujets religieux, inactive, comme si elle était ossifiée, de sorte que même la conception la plus rudimentaire de ce qu'est en réalité la religion leur est impossible. Et cet état subsiste souvent jusqu'à ce qu'un bouleversement catastrophique secoue l'individu.

En résumé, d'une manière générale, chez les hommes les meilleurs des races les plus avancées, le corps physique est, de nos jours, pleinement développé et sous le contrôle de l'homme; le corps astral est aussi pleinement développé mais non soumis au parfait contrôle de l'homme; le corps mental est en cours d'évolution, et son développement est loin d'être complet. Il reste encore une longue route à parcourir avant que ces trois véhicules soient entièrement subordonnés à l'âme. Lorsque ce sera réalisé, le moi inférieur aura été absorbé par le moi supérieur, et l'ego ou âme aura la maîtrise de l'homme. Chez un tel homme, plus de conflit entre les divers véhicules; l'homme n'est pas encore parfait, mais ses divers corps sont si bien harmonisés qu'ils ont tous le même but.

CHAPITRE VI

Kama-Manas (Désir et mental)

Dans *Le Corps astral,* nous avons traité, au chapitre IV, d'abord de Kama ou désir, puis de Kama-Manas ou mélange de désir et mental. Dans cet ouvrage, nous traiterons encore de Kama-Manas, en admettant comme connu ce qui a été dit dans *Le Corps astral* au sujet de Kama, et en nous bornant à l'aspect Manas.

Récapitulons brièvement ce qui a été dit dans *Le Corps astral :* Kama est la vie qui se manifeste dans le véhicule astral. Ses attributs essentiels s'expriment par le mot sentir; ils comprennent les appétits animaux, les désirs et les passions. C'est la brute en nous qui, plus que toute autre chose, est susceptible de nous lier à la terre. De plus, Kama ou désir est aussi le reflet ou l'aspect inférieur de Atma ou Volonté.

Le mot Kama est quelquefois employé dans un sens trop restreint, pour désigner uniquement les désirs sensuels les plus grossiers. En réalité, il signifie tous les désirs, et les désirs sont l'aspect de l'amour lorsqu'il est dirigé vers l'extérieur, l'amour des choses des trois mondes, alors que le véritable amour est l'amour de la vie ou du divin, et appartient au moi supérieur ou dirigé vers l'intérieur.

Dans le *Rig Véda* (X. 129) Kama est la personnification de ce sentiment qui conduit et pousse à la création. Il est essentiellement le besoin d'activité des sens, l'existence aux vives sensations, la turbulence de la vie passionnelle. Ainsi, pour l'individu comme pour le Cosmos, Kama est la cause primaire de la réincarnation, et, à mesure qu'il se différencie en désirs variés, ceux-ci enchaînent le Penseur à la terre et l'y ramènent sans cesse, vie après vie.

En Orient cette soif ou ce désir qui font renaître l'homme sont appelés Trishna (Tanhna en langage Pali); la consommation de Trishna est désignée par le mot Upadana.

Manas vient du mot sanscrit « man » qui est la racine du verbe penser. Manas désigne le Penseur en nous; en Occident on se sert pour le désigner des mots un peu vagues « mental » ou « esprit ». Manas est l'individu immortel, le véritable « Moi ».

Manas, le Penseur, est une entité spirituelle vivant sur le plan mental supérieur ou causal; il ne peut pas venir en contact direct avec les mondes inférieurs, et il projette dans ce but le Manas inférieur qui est appelé, suivant les auteurs, un reflet, une ombre, un rayon, etc.

C'est ce rayon qui agit sur le cerveau, manifestant à travers lui les facultés mentales que sa configuration et autres propriétés physiques lui permettent de traduire. Le rayon fait vibrer les molécules des cellules nerveuses du cerveau, et il en résulte l'apparition de la conscience sur le plan physique.

Ce Manas inférieur est absorbé en partie par le quaternaire qui se compose de :

Kama ou désir.

Prana ou vitalité.

Double Ethérique.

Corps physique.

On peut le considérer comme s'accrochant d'une main à Kama, tandis que de l'autre il s'accroche à son père, Manas supérieur.

Pendant la vie terrestre, Kama et Manas inférieur sont réunis, et on les désigne souvent par le mot composé Kama-Manas. Kama fournit, comme nous l'avons vu, l'élément animal et passionnel; Manas y ajoute les facultés intellectuelles. Kama et Manas sont si étroitement liés pendant la vie qu'ils fonctionnent rarement l'un sans l'autre; les pensées non influencées par le désir sont donc très rares. Kama-Manas n'est pas un nouveau principe, mais le mélange de la partie inférieure de Manas avec

Kama. On a aussi désigné Kama-Manas, ou Manas et désir, par l'expression : Manas s'intéressant aux choses extérieures.

L'activité de Manas inférieur dans l'homme se manifeste sous forme de facultés mentales, force intellectuelle, finesse, subtilité; elle comprend le pouvoir de comparer, raisonner, juger ainsi que l'imagination et les autres facultés mentales. Ces facultés peuvent se développer jusqu'à atteindre le niveau du génie, mais il s'agit alors de ce que H. P. Blavatsky appelle « génie artificiel », c'est-à-dire le résultat de la seule culture et de la seule finesse intellectuelle.

Ce que nous appelons habituellement esprit, ou mental, ou intellect, est, d'après les propres mots de H. P. Blavatsky, « un pâle reflet trop souvent déformé de Manas lui-même ». Sa véritable nature est souvent dévoilée par la présence d'éléments kamiques, tels que la passion, la vanité, l'arrogance.

Le véritable génie est produit par des éclairs de Manas supérieur pénétrant dans la conscience inférieure. Comme dit le *Bindopanishad :* « Il est exact de dire que Manas est double, pur et impur; la partie impure est influencée par le désir; la partie pure est exempte de tout désir. »

Le Génie qui « voit » au lieu de démontrer appartient ainsi au Manas supérieur, ou à l'ego; l'intuition pure est une de ses facultés. Ce que l'on appelle habituellement la raison, c'est-à-dire le processus de classement des faits recueillis par l'observation, leur comparaison, leur démonstration, le fait d'en tirer des conclusions, tout ceci est le travail de Manas inférieur à travers le cerveau. Sa méthode est le raisonnement : par induction, il s'élève du connu à l'inconnu et construit des hypothèses; par déduction, il redescend au connu et vérifie ses hypothèses par de nouvelles expériences.

Il y a encore une autre différence entre le mécanisme du raisonnement ordinaire et l'apparition d'éclairs dans la conscience, que l'on nomme génie. Le raisonnement pénètre dans le cerveau à travers tous les sous-plans successifs des mondes mental et astral. Le génie provient, au contraire, de l'effusion directe de la conscience à travers les sous-plans atomiques, c'est-à-dire du sous-plan atomique mental directement à l'astral puis au physique.

Le raisonnement, cette faculté du cerveau physique qui est sous la dépendance du témoignage des sens, ne peut pas être une qualité appartenant directement à l'esprit divin dans l'homme. Ce dernier « sait », et tous les raisonnements, toutes les démonstrations lui sont inutiles. L'ego s'exprime aussi à travers la conscience; c'est alors la discrimination instantanée entre le vrai et le faux. Les prophéties et les soi-disant inspirations divines sont simplement des effets de l'illumination d'en haut provenant du propre esprit immortel de l'homme. (Nous reprendrons cet aspect de notre sujet au chapitre XXXI.)

Kama-Manas est le moi personnel de l'homme. Dans *Isis dévoilée,* il est appelé « l'âme astrale ». C'est Manas inférieur qui donne la note individuelle, c'est-à-dire qui permet à la personnalité de se reconnaître comme « Moi ». Elle acquiert l'intellectualité, et se reconnaît comme séparée des autres sois; trompée par cette perception de séparation, elle ne réalise pas l'unité qui existe au delà de ce qu'elle est capable de sentir.

Kama-Manas, soulevé par le flot des émotions, passions et désirs kamiques, attiré par toutes les choses matérielles, aveuglé et assourdi par la tempête dans laquelle il est plongé, oublie facilement la gloire pure et sereine de l'endroit où il est né, et se jette lui-même dans la turbulence qui procure l'étourdissement et non la paix.

C'est Manas inférieur qui donne la dernière touche de perfection aux sens et à la nature animale; car il ne pourrait exister aucune passion sans la mémoire et la prévision, aucune extase sans la force subtile de l'imagination et les couleurs délicates du rêve et de la fantaisie.

Ainsi Kama attache Manas inférieur solidement à la terre. Tant que les entreprises humaines ont en partie pour but de conquérir l'amour, la reconnaissance, le pouvoir ou la gloire, aussi élevée que soit l'ambition, aussi noble que soit l'esprit de charité, aussi parfaite que soit la réalisation, Manas est teinté de Kama et n'est pas pur à son origine.

Kama et Manas réagissent constamment l'un sur l'autre, et chacun d'eux stimule ou réveille l'autre. Le mental est constamment mis en activité par le désir qui voudrait l'utiliser constamment comme ministre des plaisirs. Le mental cherche toujours ce qui donne du plaisir, et il tend à présenter les images qui font plaisir et à exclure celles qui font de la peine. Les facultés mentales ajoutent aux passions animales une certaine force et une certaine qualité qui n'apparaissent pas lorsque ces passions se manifestent sous les seules impulsions animales. Car les impressions enregistrées par le corps mental sont plus permanentes que celles du corps astral, et le corps mental les reproduit constamment grâce au mécanisme de la mémoire et de l'imagination. C'est ainsi que le corps mental stimule l'activité du corps astral, et éveille en lui des désirs qui chez l'animal sommeilleraient jusqu'à ce qu'ils soient excités par un stimulus physique. Ceci explique pourquoi l'on observe chez l'homme non développé une recherche incessante des plaisirs sensuels que l'animal ne connaît pas, un appétit insatiable, une cruauté, un calcul qui n'existent pas chez l'animal. Les pouvoirs de l'esprit mis au service des sens font donc de l'homme une brute beaucoup plus sauvage et dangereuse que n'importe quel animal.

Le rôle de l'élémental du désir (c'est-à-dire la vie instinctive qui habite le corps astral), dans ce mélange de Kama et Manas a été décrit dans *Le Corps astral,* chapitres VIII, XII et XXIII.

Les corps mental et astral des hommes sont si étroitement liés que l'on dit souvent qu'ils se comportent comme un seul véhicule. Dans la classification Védantine, ils sont réunis en un seul « Kosha » ou enveloppe, comme suit :

Corps Bouddique	Anandamayakosha.
Corps causal	Vignanamayakosha.
Corps mental Corps Astral	Manomayakosha.
Corps Ethérique Corps dense	Annamayakosha.

L'étudiant se souviendra que les centres de sensation sont situés dans Kama; c'est pourquoi le *Mundakopanishad* dit (III, 9) : « Dans toute créature, l'organe de la pensée est imprégné par les sens ». Ceci exprime la double action de Manomayakosha, qui est l'organe de la pensée, mais qui est aussi « imprégné » par les sens.

Notons ici la relation qui existe entre Kama-Manas et les spirilles des atomes. Dans la première ronde de la Chaîne Terrestre, le premier ordre de spirilles de l'atome physique fut vivifié par la vie de la Monade; cet ordre est utilisé par les courants de Prana (vitalité) qui affectent le corps physique dense.

Dans la deuxième Ronde, le second ordre de spirilles devint actif, et il fut parcouru par le Prana qui affecte le Double éthérique.

Le troisième ordre de spirilles fut vivifié pendant la troisième Ronde, et il fut alors parcouru par le Prana qui affecte le corps astral et rend possible la sensibilité.

Dans la quatrième Ronde, le quatrième ordre de spirilles entre en activité, et le Prana Kama-Manasique y circule. C'est alors que les atomes sont capables de former un cerveau destiné à servir d'instrument de pensée.

La mise en activité des autres ordres de spirilles pour l'emploi d'états de conscience plus élevés dans le cas de ceux qui se préparent à entrer sur le Sentier, peut être effectuée au moyen de certaines pratiques de Yoga.

Dans le cours normal de l'évolution, un nouvel ordre de spirilles sera développé à chaque Ronde, de sorte qu'à la septième Ronde, les sept ordres de spirilles seront en activité. C'est pourquoi les hommes de cette Ronde auront beaucoup plus de facilités que maintenant pour vivre la vie supérieure.

Pendant une incarnation, Manas peut faire l'une des trois chose suivantes : 1) Il peut s'élever vers sa source et, par des efforts incessants, réaliser l'unité avec « son Père qui est au Ciel », c'est-à-dire Manas supérieur; 2) Il peut tantôt aspirer à monter, tantôt descendre, ce qui est le cas de la plupart des hommes moyens; 3) Il peut s'attacher si étroitement aux éléments kamiques qu'il devienne un avec eux, et qu'il soit violemment séparé de son Père et périsse.

Lorsque Manas inférieur peut, de nos jours, se séparer de Kama, il devient l'instrument des facultés mentales les plus élevées, l'organe de la libre volonté dans l'homme physique. La condition nécessaire à la réalisation de cette liberté est la conquête et la soumission de Kama.

L'exercice de la libre volonté réside dans Manas lui-même; c'est de Manas que vient le sentiment de la liberté, la certitude de pouvoir se diriger soi-même, de pouvoir dominer la nature inférieure par la nature supérieure, quelles que soient les réactions de la nature inférieure. Aussitôt que la conscience s'identifie avec Manas au lieu de Kama, la nature inférieure cesse d'être considérée comme le « Moi »; elle devient l'animal que la conscience supérieure peut dompter.

Ainsi l'homme à la faible volonté est mû par les influences extérieures, attractions ou répulsions, c'est-à-dire par le « Désir » qui est la « Volonté découronnée », tandis que l'homme à la volonté forte est mû de l'intérieur par la pure Volonté et maîtrise continuellement les circonstances extérieures en mettant en jeu les forces appropriées, conformément aux enseignements de son expérience.

De plus, à mesure que Manas inférieur se libère de Kama, il devient de plus en plus capable de transmettre à la conscience inférieure les impulsions de Manas supérieur, et ceci est l'origine des éclairs de génie, comme nous l'avons vu plus haut, la lumière de l'ego commençant à percer le Manas inférieur et à atteindre le cerveau. Mais tant que nous sommes pris dans le tourbillon de la personnalité, tant que les organes du désir et des appétits éclatent sur nous, tant que nous sommes ballottés par les vagues de l'émotion, nous pouvons être certains que la voix de Manas supérieur ou de l'ego ne peut pas atteindre nos oreilles. Le règne de l'ego ne commence pas dans le feu, ni dans l'ouragan, ni dans le fracas de l'orage; il commence lorsque l'homme est capable de percevoir le silence, lorsque l'air est sans mouvement et le calme profond, lorsque l'homme s'enveloppe d'un voile qui met son oreille à l'abri du silence même de la terre; alors seulement résonne la voix qui est plus silencieuse que le silence, la voix du véritable moi supérieur, de l'ego.

Le lac aux eaux agitées par les vents ne réflète aucune image nette, mais lorsque le vent tombe, il réflète les astres en images pures; de même l'homme qui calme son esprit, ses désirs, et arrête ses activités, reproduit en lui-même l'image du moi supérieur. C'est de cette manière que l'élève peut même refléter l'esprit de son Maître. Mais si ses pensées s'agitent, si ses propres désirs s'éveillent, l'image est brisée et ne peut plus rien lui apprendre.

Voici les propres paroles d'un Maître : « C'est sur la surface calme et sereine du mental sans trouble que les visions obtenues dans l'invisible peuvent trouver une représentation dans le monde visible. Il faut que nous préservions avec un soin jaloux notre plan mental de toutes les influences adverses qui se présentent chaque jour au cours de notre vie terrestre. »

L'ego, en tant que fragment du Mental Universel, est omniscient sur son propre plan sans condition restrictive, mais il ne l'est que potentionnellement dans les mondes inférieurs parce qu'il est obligé de s'exprimer à travers le moi personnel. Le corps causal est le véhicule de toute connaissance passée, présente et future, et c'est de là que viennent éventuellement les éclairs qui illuminent son double Manas inférieur, en transmettant à certaines cellules du cerveau des fragments de ce qui est au delà des sens; l'homme devient alors un voyant ou un prophète.

Ce triomphe ne peut être obtenu qu'au bout d'un grand nombre d'incarnations successives, toutes consacrées consciemment au même but. A mesure que les vies se succèdent, le corps physique devient de plus en plus sensible aux vibrations délicates des impulsions manasiques, de sorte que Manas inférieur a besoin de moins en moins de matière astrale grossière pour sa liaison avec le corps physique. C'est une partie de la mission du « rayon » manasique, c'est-à-dire de Manas inférieur, de se débarrasser graduellement de « l'élément de déception » (Kama) qui l'attache à la matière en obscurcissant sa nature divine et couvrant la voix de ses intuitions.

Lorsque, enfin, la conquête de Kama est réalisée et que le corps obéit à Manas, Manas inférieur est devenu un avec sa source, Manas supérieur. Ceci est exprimé par la terminologie chrétienne de la manière suivante : le « Père qui est au ciel » devient un avec le « Fils » sur tous les plans, comme ils ont toujours été un dans le « ciel ». Ceci représente, bien entendu, un état de développement très avancé, celui de l'Adepte pour Qui les incarnations ne sont plus nécessaires mais peuvent être entreprises volontairement.

La même chose est exprimée par le *Mundakopanishad :* « L'organe de la pensée est imprégné par les sens; quand il est purifié. Atma Se manifeste ».

Chez la plupart des gens, Manas inférieur tantôt aspire à monter, tantôt a tendance à descendre. La vie est un champ de bataille pour l'homme moyen : Manas est continuellement en lutte contre Kama; parfois l'aspiration domine, les chaines des sens sont brisées, et Manas inférieur prend son essor, mais il arrive aussi que Kama prenne le dessus et enchaîne encore Manas inférieur à la terre.

De tout cela, il résulte que, comme nous l'avons brièvement indiqué au chapitre IV, chez la plupart des gens le centre de conscience est dans Kama-Manas. Mais les plus cultivés et développés commencent à gouverner le désir par la raison, c'est-à-dire que le centre de conscience se déplace graduellement de l'astral supérieur au mental inférieur. A mesure que l'homme progresse, le centre de conscience s'élève encore, et l'homme est dominé par les principes plutôt que par l'intérêt et le désir.

Car il arrive un instant où l'intellect de l'homme exige que son entourage, vie et matière, soit intelligible; l'esprit exige l'ordre et l'explication logique. Il ne peut pas vivre dans le chaos sans souffrir; il faut qu'il sache et comprenne pour pouvoir vivre en paix.

Dans certains cas extrêmes, Manas inférieur est mélangé d'une manière si inextricable à Kama que le lien frêle qui le relie à Manas supérieur, le « cordon d'argent qui le rattache au Maître », se brise.

Alors, même durant la vie terrestre, la nature supérieure étant complètement séparée de la nature inférieure, l'être humain est déchiré en deux parties : la brute est libérée et s'échappe en emportant avec elle des reflets de Manas qui aurait dû être son guide dans la vie. Un tel être, de forme humaine, mais de la nature d'une brute, peut être rencontré quelquefois parmi les hommes; sa vie n'est qu'une lente agonie, et il ne peut inspirer que la pitié.

Après la mort physique, le corps astral d'une telle entité possède une terrible puissance. Il est connu sous le nom d'élémentaire, et il a été décrit dans *Le Corps astral,* au chapitre XV.

Du point de vue de l'ego, cette personnalité n'a acquis aucune expérience utile. Le « rayon » n'a rien rapporté; la vie inférieure a été un échec complet.

La Voix du Silence contient l'injonction suivante : « Ne laisse pas ton principe céleste, plongé dans l'océan de Maya, se détacher de la Mère universelle (l'Ame), mais laisse la puissance ardente se retirer dans la chambre intime du cœur, le séjour de la Mère du Monde ». Le « principe céleste » est Chitta, le mental inférieur. Il est né de l'âme qui le domine, lorsque Manas se divise en deux pour l'incarnation. Les plans de Atma-Bouddhi-Manas sont symbolisés par le mot ciel, tandis que ceux de la personnalité le sont par le mot terre.

C'est la présence du « principe céleste » dans l'homme qui lui confère une certaine liberté, et c'est à cause de cette liberté que sa vie est souvent plus désordonnée que celle des règnes inférieurs de la nature.

Chez beaucoup de gens, la matière mentale est mélangée à la matière astrale de telle sorte qu'il n'est pas possible de les séparer complètement après la mort. Le résultat de la lutte entre Kama et Manas est qu'une partie de la matière mentale, et même quelquefois la matière causale (mentale supérieure) est retenue par le corps astral après que l'ego l'a quitté.

Si, au contraire, l'homme a pendant sa vie conquis entièrement ses désirs inférieurs et a réussi à libérer complètement le mental inférieur du désir, il n'y a pratiquement aucune lutte, et l'ego est capable de ramener à lui non seulement ce qu'il a investi dans cette incarnation, mais aussi l'intérêt de son placement, c'est-à-dire l'expérience, les facultés, etc., qu'il a acquises.

CHAPITRE VII

Ondes de pensées

Quand un homme se sert de son corps mental, c'est-à-dire quand il pense, une vibration naît dans son corps mental, et cette vibration produit deux effets distincts. Le premier est l'émission d'ondes; ce sera l'objet du présent chapitre. Le deuxième effet, la production des formes-pensées, sera étudié au chapitre suivant.

Une vibration dans le corps mental a tendance, comme toutes les autres vibrations, à se transmettre à toute matière ambiante capable de la recevoir, de même que la vibration d'une cloche se transmet à l'air ambiant. Par suite, l'atmosphère étant imprégnée de matière mentale qui réagit très facilement à de telles impulsions, il se produit dans la matière du plan mental une onde qui se prolonge dans toutes les directions, exactement de même que l'onde circulaire qui se propage à la surface d'une eau tranquille autour du point où est tombé un caillou.

Dans le cas de l'onde mentale, la propagation ne s'effectue pas dans un seul plan géométrique, mais suivant toutes les dimensions du monde mental.

Les rayons de pensée se croisent dans toutes les directions sans interférer, de même que les rayons de lumière sur le plan physique.

De plus, la surface-enveloppe de l'onde est diversement colorée et opalescente. Mais ses couleurs s'affaiblissent à mesure qu'elle se propage.

Comme nous l'avons déjà dit, la vibration mentale a tendance à se reproduire dès qu'une occasion lui est offerte. Par suite, chaque fois qu'une onde atteint un autre corps mental, elle tend à y faire naître des vibrations analogues à celles qui lui donnèrent naissance dans le premier corps. C'est-à-dire que lorsque le corps mental d'un homme est frappé par une onde de pensée, il en résulte dans son esprit une tendance à produire une pensée analogue à celle qui existait dans l'esprit du générateur de l'onde.

L'onde de pensée devient de moins en moins puissante à mesure qu'elle s'éloigne de sa source, et il est probable que la variation est proportionnelle au cube de la distance au lieu du carré dans le monde physique, à cause de la dimension supplémentaire.

Cependant ces vibrations mentales perdent leur puissance beaucoup moins vite que les vibrations de la matière physique, et elles ne cessent d'être appréciables qu'à d'énormes distances de leur origine.

La distance que peut atteindre une onde de pensée, la force et la persistance avec lesquelles elle agit sur un autre corps mental, tout cela dépend de la force et de la précision de la pensée originale. Ainsi, une forte pensée se propage plus loin qu'une pensée faible, mais la clarté et la précision sont plus importantes que la force.

D'autres facteurs influent sur la distance atteinte par l'onde de pensée : ce sont la nature de la pensée et la résistance rencontrée par l'onde. Ainsi les ondes qui se propagent dans la matière astrale du type le plus grossier sont bientôt étouffées par une multitude d'autres vibrations de nature analogue, de même qu'un son est rapidement étouffé par le bruit d'une grande ville.

C'est pourquoi les pensées ordinaires de l'homme moyen, qui sont concentrées sur son Moi, qui ont leur origine sur la subdivision inférieure du plan mental, et descendent immédiatement sur la subdivision correspondante du plan astral, ont des effets relativement restreints. Leur puissance dans ces deux mondes est limitée parce que, si violentes qu'elles soient, il existe au même niveau un immense océan de pensées de même nature parmi lesquelles leurs ondes se perdent rapidement.

Au contraire, une pensée dont l'origine est à un niveau supérieur a un champ d'action beaucoup moins encombré parce que, de nos jours, le nombre de pensées de cette nature est très petit. A ce point de vue, la pensée théosophique constitue presque à elle seule un échelon dans la classification des pensées modernes.

Il y a évidemment des gens de caractère religieux dont les pensées sont aussi élevées, mais elles sont moins bien définies et moins précises. La pensée scientifique elle-même est rarement de la même catégorie, de sorte que pratiquement, il existe un vaste champ libre pour la pensée théosophique dans le monde mental.

La pensée théosophique est semblable à un son dans le silence; elle met en mouvement la matière mentale à un niveau qui est actuellement peu utilisé, et les ondes qu'elle produit frappent le corps mental de l'homme moyen en un point où il n'y a encore aucune activité. Elle a donc tendance à éveiller une partie nouvelle de l'appareil mental.

De telles ondes ne communiquent pas la pensée théosophique à ceux qui l'ignorent, mais elles éveillent une portion supérieure du corps mental et tendent à élever et à rendre plus libérale les pensées humaines dans leur ensemble.

Il existe une variété infinie de pensées. Si la pensée est parfaitement simple, il n'y a dans le corps mental qu'un seul mode vibratoire, et un seul type de matière mentale est affecté par l'onde. Le corps mental se compose, comme nous l'avons vu, de matières des quatre subdivisions inférieures du plan mental, et dans chacune de ces subdivisions il y a de nombreuses variétés de densités différentes.

Si un homme est profondément absorbé par un certain genre de pensées, une onde de pensée puissante peut facilement passer sur lui sans l'affecter, de même qu'un homme très occupé par ses affaires ou ses plaisirs n'entend pas la voix d'un tiers.

Mais comme un très grand nombre de gens ne pensent pas clairement ni fortement en dehors de leurs affaires ou des travaux particuliers qui exigent toute leur attention, ils sont susceptibles d'être affectés considérablement par les pensées qui les atteignent. D'où la très grande responsabilité du penseur, car toutes ses pensées, surtout si elles sont nettes et fortes, affectent un très grand nombre de personnes.

Il est parfaitement exact de dire que l'homme qui entretient des pensées mauvaises ou impures répand le mal sur ses semblables. Beaucoup de gens ont en eux des germes latents de mal, germes qui pourraient ne pas se développer si aucune action extérieure n'éveillait leur activité; l'onde engendrée par une pensée impure peut produire cet éveil. Une telle pensée peut être le point de départ de toute une vie mauvaise. L'homme influencé de cette manière peut à son tour agir de même sur d'autres hommes, et ainsi se répand le mal dans toutes les directions. Beaucoup de mal est fait continuellement de cette manière, et, bien qu'il soit fait souvent inconsciemment, son auteur en a toujours la responsabilité karmique.

D'autre part, une bonne pensée peut affecter les autres de la même manière. C'est pourquoi l'homme qui réalise ceci peut se mettre consciemment au travail et répandre sur ses amis et ses voisins continuellement des pensées d'amour, de calme, de paix, etc., dispensant ainsi autour de lui une influence bienfaisante comme celle du soleil sur la terre. Bien peu de gens savent quel bien immense ils pourraient faire s'ils le voulaient, grâce au pouvoir de la pensée.

Il arrive souvent qu'un homme soit incapable d'en aider un autre physiquement. D'ailleurs il se peut que la présence physique de l'aspirant-aide soit désagréable à celui qui souffre; il peut arriver que son cerveau physique soit fermé aux suggestions par des préjugés ou par la bigoterie. Mais ses corps astral et mental sont beaucoup plus facilement accessibles que le physique, et il est toujours possible de les atteindre par des ondes de pensée affectueuse, réconfortante, etc.

Il y a bien des cas où la volonté la plus puissante ne peut rien faire physiquement, mais il n'est pas possible de concevoir un cas où dans les mondes astral ou mental on ne pourrait pas aider efficacement par des pensées d'amour concentrées et persistantes.

Il ne faut pas oublier qu'une onde de pensée ne véhicule pas une pensée bien déterminée; elle a seulement tendance à faire naître une pensée de même nature que celle qui la produisit. Ainsi, par exemple, une pensée de dévotion engendre une onde qui excite la dévotion. Mais l'objet de la dévotion peut varier suivant la personne influencée.

Une onde transporte donc le caractère de la pensée, mais non pas son sujet. Si un Hindou est absorbé dans la dévotion à Krishna, les ondes qu'il émet stimulent la dévotion chez tous ceux qu'elles atteignent. Pour les Mahométans la dévotion s'adressera à Allah, pour les Zoroastriens à Ahuramazda, pour les Chrétiens à Jésus. Si une telle onde atteint un matérialiste à qui l'idée de dévotion est inconnue, elle produit un effet élévateur, car elle tend à mettre en activité une partie supérieure du corps mental.

Un fait très important doit être noté par l'étudiant : un homme qui a habituellement de fortes pensées pures et bonnes utilise alors la partie supérieure de son corps mental, c'est-à-dire une partie qui n'est pas utilisée du tout par l'homme ordinaire et qui chez ce dernier n'est pas développée. Cet homme constitue donc dans le monde une puissance du bien, et il est d'une grande utilité pour tous ses voisins qui sont capables de lui répondre, car les vibrations qu'il engendre tendent à éveiller chez eux une nouvelle portion du corps mental et à leur dévoiler un nouveau champ de pensées d'ordre supérieur.

Bien plus, l'homme qui, jour après jour, pense d'une manière précise et choisit ses pensées, non seulement développe son pouvoir mental et envoie dans le monde des ondes de pensée bienfaisantes, mais il contribue aussi au développement de la matière mentale elle-même. Car l'étendue de la conscience dans le cerveau est déterminée par le degré de développement des atomes, c'est-à-dire par le nombre de spirilles qui sont vivifiés. Normalement, au présent stade de l'évolution, quatre des sept spirilles sont en activité. L'homme qui est capable des formes supérieures de pensée aide au développement de l'activité des autres spirilles, et comme les atomes passent continuellement d'un corps à l'autre, en quittant le sien, ils sont susceptibles d'être utilisés par une autre personne capable de le faire. Les pensées élevées aident donc à l'élévation de la conscience du monde par l'amélioration du matériel de la pensée.

Il existe de très nombreuses variétés de matière mentale, et chaque variété vibre suivant un mode particulier auquel elle est habituée et auquel elle réagit plus facilement. Une pensée complexe peut évidemment affecter simultanément un grand nombre de variétés de matière mentale.

D'une manière générale, en ce qui concerne les effets de la pensée sur le corps mental (et aussi des émotions sur le corps astral), comme nous l'avons vu au chapitre III, les pensées mauvaises ou égoïstes sont des vibrations relativement lentes de la matière la plus grossière, tandis que les pensées bonnes et altruistes sont des vibrations rapides de la matière la plus fine.

Le pouvoir de l'ensemble des pensées d'un certain nombre de personnes sur le même sujet est beaucoup plus grand que la somme des pouvoirs des pensées séparées. Il serait mieux représenté par leur produit. C'est pourquoi il est extrêmement bon pour une ville ou toute autre communauté qu'il s'y réunisse constamment un groupe de personnes capables de penser à un niveau supérieur.

CHAPITRE VIII

Formes-Pensées

Nous allons envisager maintenant le deuxième effet produit, lorsqu'un homme utilise son corps mental pour penser, la génération des formes-pensées.

Comme nous l'avons vu, une pensée donne naissance à des vibrations dans la matière du corps mental. Sous cette impulsion, le corps mental projette une portion vibrante de lui-même dont la forme est déterminée par la nature des vibrations, de même que de fines particules répandues en couche mince sur un disque se groupent suivant des formes particulières quand le disque vibre à l'unisson d'une note musicale.

La matière mentale ainsi projetée se charge d'essence élémentale mentale (c'est-à-dire du Second Règne Elémental) du type approprié et fait vibrer cette essence en harmonie avec sa vibration propre.

C'est ainsi qu'est produite une forme-pensée pure et simple. Une telle forme mentale ressemble à une forme astrale ou émotionnelle (décrite dans *Le Corps Astral*), mais elle est beaucoup plus brillante et plus richement colorée, plus forte, plus durable et davantage vitalisée.

L'effet de la pensée peut être décrit comme suit : « Ces vibrations (mentales) qui moulent la matière du plan en formes-pensées, donnent naissance — grâce à leur rapidité et à leur subtilité — à un jeu de couleurs changeantes des plus exquis, à une variété de nuances plus belles que celles de l'arc-en-ciel et de la nacre, tout cela avec une délicatesse et en même temps un éclat bien au delà de toute description. Ces couleurs jouent à travers chaque forme de sorte qu'elle offre l'aspect d'une harmonie de couleurs délicates, lumineuses, vivantes, faite de toutes les nuances connues et d'une foule d'autres inconnues sur la terre. Les mots ne peuvent donner aucune idée de la merveilleuse beauté des combinaisons de cette matière subtile douée de mouvement et de vie. Tous les voyants qui en témoignent, Hindous, Bouddhistes, Chrétiens, parlent en termes ravis de cette glorieuse beauté, et confessent leur impuissance à la décrire complètement. Les mots semblent la profaner, si adroite que soit la louange ».

Une forme-pensée est une entité vivante temporaire animée par l'idée qui lui donna naissance. Si elle est faite de la matière la plus fine, elle a une grande puissance, et elle peut être utilisée comme un agent possédant un grand pouvoir lorsqu'elle est dirigée par une volonté forte et persistante. Nous étudierons plus loin les détails de cette utilisation.

L'essence élémentale est une étrange vie semi-intelligente qui nous entoure et vivifie la matière du plan mental. Elle réagit très facilement à l'influence de la pensée humaine, de sorte que toute impulsion émanant du corps mental d'un homme s'entoure immédiatement d'un véhicule d'essence élémentale. Elle est en fait encore plus sensitive, si possible, que l'essence élémentale astrale.

Mais l'essence élémentale mentale diffère énormément de l'essence élémentale astrale; elle est une chaîne entière en retard et, par suite, la force ne travaille pas en elle d'une manière aussi concentrée. Elle s'essaye pour ainsi dire à penser, en passant constamment d'un sujet à l'autre, et elle est en grande partie responsable de nos pensées errantes.

Une pensée devient donc pour un certain temps une sorte de créature vivante : l'énergie-pensée est l'âme, et l'essence élémentale est le corps. Ces formes-pensées sont appelées élémentales, ou quelquefois élémentals artificiels.

La production des formes-pensées dépend des facteurs suivants :

1) La qualité de la pensée détermine la couleur.

2) La nature de la pensée détermine la forme.

3) La précision de la pensée détermine la netteté de son contour.

Il existe d'innombrables variétés de formes-pensées, à la fois par la forme et par la couleur. L'étudiant doit être maintenant familier avec les couleurs et leurs significations car ce sont les mêmes que sur le plan astral, et elles ont été décrites dans *Le Corps Astral,* ainsi qu'au chapitre III du présent livre.

Ainsi, par exemple, l'affection produit une couleur rose lumineuse; le vœu de guérison, un agréable blanc d'argent; un effort mental pour raffermir et fortifier l'esprit, un beau jaune d'or éclatant.

Le jaune indique toujours l'intellect quel que soit le véhicule, mais ses nuances varient énormément, et il peut être mélangé d'autres couleurs.

D'une manière générale, la nuance est plus foncée et plus sombre s'il est dirigé vers des canaux inférieurs et, en particulier, si ses buts sont égoïstes.

Dans les corps mental et astral d'un homme d'affaires ordinaire, on trouve l'ocre jaune, tandis que l'intellect pur appliqué à l'étude de la philosophie ou des mathématiques est souvent doré; cette couleur se transforme graduellement en un magnifique jaune primevère clair et lumineux lorsqu'un intellect puissant est employé d'une manière absolument altruiste au service de l'humanité.

La plupart des formes-pensées jaunes sont bien dessinées; les vagues nuages jaunes sont rares, ils indiquent le plaisir intellectuel, tel que celui qui accompagne la réussite dans la recherche de la solution d'un problème ou la joie de faire un travail intéressant.

Un nuage de cette nature indique l'absence complète de toute espèce d'émotion personnelle, car, s'il en existait, elle tacherait le jaune de sa couleur propre.

Dans bien des cas, les formes-pensées sont de simples nuages animés d'un mouvement de rotation et colorés par la qualité de la pensée qui leur donna naissance.

L'étudiant concevra facilement qu'à notre époque il y ait une grande majorité de pensées nuageuses, aux formes irrégulières, engendrées par les esprits peu développés de la foule. C'est un phénomène des plus rares que la rencontre de formes claires et nettes parmi les milliers qui flottent autour de nous.

Lorsqu'une pensée est bien déterminée, il en résulte une forme nettement dessinée et souvent très belle. La variété de ces formes est très grande, mais chacune d'elles présente en général un caractère qui se rapporte à la catégorie dont fait partie la pensée qu'elle exprime. Ainsi, les idées abstraites sont habituellement représentées par toutes sortes de formes géométriques parfaites. Notons à ce sujet que ce qui est pour nous ici-bas une abstraction, est sur le plan mental un fait bien défini.

La puissance de la pensée et de l'émotion détermine la grandeur de la forme-pensée et sa durée en tant qu'entité séparée. D'autre part, sa durée dépend aussi de l'énergie qui lui est fournie après sa création, soit par son auteur, soit par d'autres.

Si la pensée est intellectuelle et impersonnelle, par exemple, si le penseur cherche la solution d'un problème de géométrie, alors les formes-pensées et les ondes sont confinées au plan mental.

Si la pensée est de nature spirituelle, par exemple, si elle est teintée de l'amour et de l'aspiration d'un sentiment profondément altruiste, alors elle s'élève au-dessus du plan mental et elle gagne dans cette élévation une splendeur et une gloire appartenant au plan bouddhique. Dans un tel cas, son influence est très puissante, et elle constitue une grande force au service du bien.

Si, au contraire, la pensée est mélangée de désir personnel, ses vibrations se dirigent immédiatement vers les plans inférieurs, et elle s'entoure d'un corps de matière astrale qui s'ajoute à celui de matière mentale. Une telle forme-pensée — que l'on devrait appeler forme-pensée-émotion — est évidemment capable d'affecter à la fois les corps mental et astral d'un autre homme.

Ce type de pensée est de beaucoup le plus commun, car il y a très peu de pensées des hommes et des femmes ordinaires qui soient vierges de tout désir, passion ou émotion.

Nous pouvons considérer que cette catégorie de formes-pensées s'est produite par l'activité de Kama-Manas, c'est-à-dire l'esprit dominé par le désir.

Lorsqu'un homme pense à un objet concret, par exemple à un livre, à une maison, à un paysage, il construit une image minuscule de cet objet au moyen de la matière de son corps mental. Cette image flotte à la partie supérieure de son corps, habituellement devant son visage et au niveau de ses yeux. Elle y reste pendant que l'homme contemple l'objet, et aussi pendant quelques instants après, la durée de cette persistance dépendant de l'intensité et de la précision de la pensée. Cette forme est tout à fait objective et peut être vue par une autre personne douée de la faculté de clairvoyance mentale. Si un homme pense à une autre personne, il crée d'elle un portrait minuscule de la même manière.

Tout effort d'imagination produit le même résultat. Le peintre qui se fait une conception de son futur tableau, la construit au moyen de la matière de son corps mental, puis la projette dans l'espace devant lui, la conserve devant sa vue mentale, et la copie. L'écrivain construit de la même manière des images de ses caractères en matière mentale et, au moyen de sa volonté, il fait mouvoir ces poupées de sorte que l'action de son œuvre se joue littéralement devant lui.

Comme nous venons de le dire, ces images mentales sont si objectives que non seulement elles peuvent être vues par un clairvoyant, mais elles peuvent aussi être vues et modifiées par un autre que leur créateur. Ainsi, par exemple, de joyeux esprits de la nature (voir *Le Corps astral,* chapitre VII) ou plus souvent encore un écrivain mort, font mouvoir ces images de telle sorte qu'elles semblent manifester une volonté propre et que l'action se déroule suivant une ligne toute différente de celle que l'auteur avait prévue.

Le sculpteur crée une puissante forme-pensée de la statue qu'il veut faire, la projette dans le bloc de marbre, puis enlève le marbre qui est à l'extérieur de cette forme.

De même, un conférencier, à mesure qu'il pense fortement aux différentes parties de son sujet, crée une série de formes-pensées généralement très puissantes à cause de l'effort qu'il fait. S'il ne se fait pas comprendre, c'est principalement parce que sa propre pensée n'est pas suffisamment bien définie. Une forme-pensée vague fait une impression très faible, tandis qu'une forme-pensée nettement dessinée influence fortement les corps mentaux de l'auditoire qui essayent de la reproduire.

L'hypnotisme fournit des exemples de la réalité des formes-pensées. Chacun sait, en effet, qu'une forme-pensée peut être projetée sur une feuille de papier blanc et devenir visible à la personne hypnotisée. Cette forme peut même être rendue si objective que la personne hypnotisée voit et sent comme si la forme était un objet physique.

Il existe d'une manière plus ou moins permanente un grand nombre de formes-pensées des types les plus célèbres de l'histoire, du drame, de la poésie, etc. Ainsi, par exemple, l'imagination populaire a créé de puissantes formes des caractères des drames de Shakespeare. Ces formes sont collectives : elles ont été construites par la réunion des produits de l'imagination d'un nombre immense d'individus.

Les enfants ont l'imagination très vive, et les livres qu'ils lisent sont représentés dans le monde des formes-pensées par d'excellentes images des personnages, tels que Sherlock-Holmes, etc.

Toutefois, les formes-pensées évoquées par les livres d'aujourd'hui sont en général inférieures en précision à celles que nos grands-parents créèrent de Robinson Crusoé et des héros de Shakespeare. Ceci est dû au fait que les gens lisent maintenant plus superficiellement qu'autrefois.

Nous en avons terminé avec la genèse des formes-pensées. Nous allons étudier maintenant leurs effets sur leurs créateurs et sur les autres.

Tout homme crée trois catégories de formes-pensées.

1) Celles qui ne sont ni centrées sur lui-même, ni dirigées vers une autre personne, et qui restent derrière lui comme une sorte de trace.

2) Celles qui, étant centrées sur le penseur, restent autour de lui et le suivent partout où il va.

3) Celles qui jaillissent directement du penseur et se dirigent vers un but déterminé.

Une forme-pensée de la catégorie 1, n'étant ni personnelle, ni spécialement dirigée vers quelqu'un, flotte simplement dans l'atmosphère, en émettant continuellement des vibrations analogues à celles qui furent engendrées par son créateur. Si la forme ne vient pas en contact avec un autre corps mental, la radiation épuise graduellement sa provision d'énergie et la forme se désagrège.

Mais si elle réussit à éveiller des vibrations de même nature dans un corps mental voisin, il se produit alors un phénomène d'attraction et la forme-pensée est habituellement absorbée par ce corps mental.

Au présent stade de l'évolution, la majorité des pensées des hommes sont habituellement centrées sur eux-mêmes, et cela dans les cas même où elles ne sont pas activement égoïstes. De telles pensées restent accrochées au penseur. En fait, la plupart des gens entourent leur corps mental de coques faites de ces pensées. Dans ces conditions, elles ne cessent d'agir sur lui. Elles tendent à se reproduire, c'est-à-dire à exciter chez l'homme la répétition des pensées qu'il a créées autrefois. Bien des gens sentent cette pression qui agit sur eux intérieurement et qui se manifeste comme la suggestion constante de certaines pensées, particulièrement lorsqu'ils se reposent après leur travail, et que leur esprit n'est pas occupé par une pensée précise. Si ces pensées sont mauvaises, il arrive souvent que l'homme croit qu'elles proviennent d'un démon tentateur. Elles ont pourtant été créées par lui, et c'est lui qui est son propre tentateur.

La répétition de pensées de ce genre joue un rôle important dans l'élaboration de Prarabda, c'est-à-dire Karma venu à maturité. Cette répétition, par exemple dans le cas de pensées de vengeance, finit par mettre l'homme dans un état que l'on peut comparer à celui d'une solution sursaturée. L'addition à cette solution d'un fragment de matière solide produit en un instant la solidification de la masse; de même, dans le cas de l'homme, une impulsion infime additionnelle peut lui faire commettre un crime. La répétition de pensées d'aide agit de la même manière, et lorsque le stimulus opportun atteint l'homme, il se conduit comme un héros. Alors l'homme s'étonne d'avoir commis un crime, ou d'avoir accompli un acte de sacrifice sublime, parce qu'il ne réalise pas l'influence de la répétition des pensées. Ce fait est d'une très grande importance dans l'étude du vieux problème de la liberté et du déterminisme.

Bien plus, les formes-pensées de l'homme ont tendance à attirer à lui celles des autres hommes lorsqu'elles sont de même nature. L'homme attire ainsi à lui un important supplément d'énergie. De lui seul, évidemment, dépend la nature des forces ainsi attirées : elles sont bonnes ou mauvaises suivant que ses pensées sont elles-mêmes bonnes ou mauvaises.

Habituellement, chaque pensée nouvelle crée une nouvelle forme-pensée. Mais s'il existe à proximité du penseur une forme-pensée de même nature, dans certaines circonstances, les nouvelles pensées sur le même sujet, au lieu de créer de nouvelles formes, se réunissent à l'ancienne et la renforcent, de sorte que l'homme qui nourrit sans cesse des pensées sur le même sujet peut finir par produire une forme-pensée d'une puissance énorme. Si la pensée est mauvaise, une telle forme-pensée peut devenir une influence maligne susceptible de durer des années avec l'apparence et les pouvoirs d'une véritable entité vivante.

Une coque de pensées centrées sur l'homme lui-même tend à obscurcir la vision mentale et à faciliter la formation des préjugés. L'homme regarde le monde à travers cette coque et, naturellement, il voit toutes choses colorées par elle; toute chose extérieure qui affecte l'homme est pour lui plus ou moins déformée par la nature de la coque. Donc, jusqu'à ce que l'homme ait acquis le parfait contrôle de ses pensées et de ses sentiments, il ne voit aucune chose comme elle est réellement, puisque toutes ses observations sont faites au travers d'un écran qui déforme et colore toutes choses.

C'est pour cette raison qu'Aryasangha (maintenant le Maître Djwal Koul) disait dans *La Voix du Silence* que le mental était « le grand destructeur du réel ». Il attirait ainsi l'attention sur le fait que nous ne voyons pas les choses telles qu'elles sont, mais seulement les images que nous sommes capables d'en faire, toutes choses étant ainsi nécessairement colorées par ces formes-pensées qui sont créées par nous.

Si la pensée du sujet d'une autre personne est purement contemplative, c'est-à-dire qu'elle ne comporte aucun sentiment tel que l'affection ou le mépris, ni aucun désir tel que celui de voir cette personne, alors la pensée n'affecte pas d'une manière perceptible la personne dont il s'agit.

Mais si un sentiment, par exemple l'affection, est associé à cette pensée, la forme-pensée construite avec la matière du corps mental du penseur, s'enveloppe de matière prélevée sur son corps astral, et cette forme astro-mentale jaillit du corps où elle est née, se dirige droit vers l'objet du sentiment et s'y attache.

Elle peut être comparée à une bouteille de Leyde. La forme faite d'essence élémentale est la bouteille et l'énergie-pensée est la charge électrique.

Si la personne en question est dans une condition passive, ou encore si elle entretient des vibrations qui sont en harmonie avec celles de la forme-pensée, celle-ci se décharge sur elle et dès lors cesse d'exister.

Mais si l'esprit de la personne est très occupé suivant une ligne différente, alors les vibrations ne peuvent pas pénétrer et la forme-pensée reste dans l'ambiance où elle attend une opportunité pour se décharger.

Une forme-pensée envoyée d'une personne à une autre implique donc le transfert d'une certaine quantité de force et de matière de l'expéditeur au destinataire.

La différence entre l'effet d'une onde de pensée et celui d'une forme-pensée est la suivante : comme nous l'avons vu au chapitre VII, une onde de pensée ne produit pas une idée définie; elle tend simplement à produire une pensée du même genre que le sien; une onde de pensée a une action moins définie, mais cette action s'étend à un espace beaucoup plus grand que dans le cas de la forme-pensée.

Au contraire, la forme-pensée amène une idée bien définie, et elle transmet la nature exacte de la pensée à ceux qui sont prêts à la recevoir; mais elle ne peut atteindre qu'une seule personne.

Une onde de pensée est donc essentiellement adaptable; une onde de dévotion, par exemple tend à éveiller la dévotion chez celui qu'elle atteint, bien que l'objet de la dévotion puisse être différent dans le cas de l'émetteur et dans le cas du récepteur. Mais une forme-pensée donnerait naissance à une image précise de l'Etre pour qui la dévotion était originalement ressentie.

Si la pensée est suffisamment forte, la distance n'est rien pour la forme-pensée, mais la pensée d'une personne ordinaire est généralement faible et diffuse, et, par suite, elle ne produit aucun effet en dehors d'une zone très limitée.

Une forme-pensée d'amour ou de désir de protéger, dirigée avec force vers la personne à laquelle elle se rapporte, va droit sur cette personne, et reste dans son aura comme un bouclier; elle recherche toutes les opportunités de servir et de défendre, non pas par un effort conscient et délibéré, mais en suivant aveuglément les impulsions qu'elle a subies; elle renforce les énergies amies qui atteignent l'aura de la personne et affaiblit les énergies ennemies. Elle se comporte donc comme un véritable ange gardien. C'est aussi de cette manière que la prière d'une mère pour un enfant éloigné le protège efficacement.

La connaissance de ces faits devrait nous donner la conscience du pouvoir énorme qui est à notre disposition. Nous pouvons répéter ici ce que nous avons dit au sujet des ondes de pensée : il y a de nombreux cas où nous ne pouvons rien faire sur le plan physique pour aider une autre personne; mais les corps mental et astral de l'homme peuvent toujours être affectés, et ils sont souvent plus facilement influençables que le corps physique. Il nous est donc toujours possible d'agir sur le corps mental ou sur le corps astral par des pensées d'aide, des sentiments affectueux, etc. Les lois de la pensée sont telles qu'il en résulte toujours un effet; il est impossible que cet effet soit complètement nul, même s'il n'en résulte aucune conséquence visible sur le plan physique.

L'étudiant comprendra facilement qu'une forme-pensée ne peut affecter une autre personne que si dans son aura se trouvent des matériaux capables de vibrer en harmonie avec la forme-pensée. Dans le cas où les vibrations de la forme-pensée sont en dehors des limites des possibilités de l'aura qu'elle atteint, elle rebondit sur l'aura avec une force proportionnelle à celle qu'elle avait en arrivant.

D'où le proverbe d'après lequel un esprit et un cœur purs sont la meilleure protection contre les assauts ennemis, car l'esprit et le cœur purs construisent des corps mental et astral au moyen des matériaux les plus subtils, et ces corps ne peuvent répondre aux vibrations qui s'expriment dans la matière grossière et dense.

Si une pensée mauvaise projetée avec une intention maléfique atteint un corps ainsi purifié, elle rebondit et revient suivant la ligne de moindre résistance magnétique vers son auteur. Celui-ci, possédant dans ses corps mental et astral de la matière ayant servi à construire la forme-pensée, subit ses vibrations et, par suite, souffre lui-même de l'effet destructeur qu'il avait voulu produire. C'est pourquoi l'on peut dire que « les malédictions retournent vers leur auteur »; on peut en dire autant des bénédictions. Tel est le résultat très grave de la suspicion dirigée vers une personne bonne et très évoluée; les formes-pensées qui l'atteignent ne peuvent lui faire aucun mal; elles rebondissent vers leurs auteurs qu'elles châtient mentalement, moralement ou physiquement.

Lorsqu'un homme pense qu'il se trouve lui-même en quelque endroit éloigné, ou bien lorsqu'il souhaite vivement y être, la forme-pensée qu'il construit à son image apparaît à cet endroit. De telles formes ont été vues assez souvent, et confondues avec le corps astral de l'homme ou son apparition. Pour que ceci soit possible, il faut ou bien que le voyant possède une clairvoyance suffisante pour être capable de percevoir une forme-pensée, ou bien que celle-ci ait une force suffisante pour se matérialiser, c'est-à-dire pour s'entourer temporairement d'une certaine quantité de matière physique.

La pensée qui produit une telle forme doit être nécessairement très forte, et elle utilise une portion notable de la matière du corps mental, de sorte que la forme, petite au moment où elle quitte le penseur, atteint généralement la taille de l'homme lui-même lorsqu'elle arrive à destination. De plus, une forme-pensée de cette espèce, qui est essentiellement composée de matière mentale, s'entoure souvent d'une quantité notable de matière astrale. En revêtant la forme astrale, l'élémental perd beaucoup de son éclat, bien que sa couleur brillante reste visible à l'intérieur de l'enveloppe de matière inférieure. De même que la pensée originale anime l'essence élémentale du plan mental, la même pensée plus sa forme d'essence élémentale, constitue l'âme de l'élémental astral.

La conscience du penseur n'est pas incluse, même

partiellement, dans une forme telle que ci-dessus. Cette forme constitue une entité tout à fait séparée, mais qui peut être en relation avec son créateur de sorte que celui-ci puisse recevoir des impressions par son intermédiaire.

Il existe un type de clairvoyance supérieur à la clairvoyance ordinaire, et qui nécessite une certaine maîtrise sur le plan mental. Dans ce cas, l'homme conserve une liaison avec la forme-pensée nouvellement créée, et un certain contrôle sur elle, de sorte qu'il puisse recevoir des impressions par son intermédiaire. Celles-ci sont transmises au penseur par résonance. Lorsque ce type de clairvoyance est parfait, c'est presque comme si le voyant projetait une partie de sa conscience dans la forme-pensée et utilisait celle-ci comme un poste d'observation avancé. Il est alors capable de voir presque aussi bien que s'il se trouvait au même endroit que la forme-pensée. Les objets qu'il regarde lui apparaissent grandeur naturelle et comme s'ils étaient tout près de lui; il lui est évidemment possible de déplacer son point de vue s'il le désire.

Toute personne qui pense exerce le pouvoir de créer des formes-pensées. Les pensées sont des réalités, et même des réalités très puissantes. Chacun de nous génère des formes-pensées sans cesse, jour et nuit. Nos pensées, contrairement à ce que croient beaucoup de gens, ne concernent pas rien que leurs auteurs. Les mauvaises pensées ont en réalité beaucoup plus d'effet que les méchantes paroles; elles peuvent affecter toute autre personne qui a en elle-même les germes du mal.

Comme un Maître l'écrivit : « L'Homme, sans cesse, peuple son ambiance d'un monde de sa création rempli des produits de son imagination, de ses désirs, de ses impulsions et de ses passions ».

Un Maître décrivit aussi l'Adepte comme étant capable « de projeter et de matérialiser dans le monde visible les formes que son imagination construit au moyen de la matière cosmique inerte du monde invisible. L'Adepte ne crée rien de nouveau, mais utilise les matériaux que la Nature tient à sa disposition, matériaux qui, au cours des âges, ont passé par toutes les formes. Il n'a qu'à choisir ceux dont il a besoin, et à les rappeler à l'existence objective ».

La différence entre un homme non développé et un homme développé réside dans ce fait que le dernier utilise consciemment le pouvoir de la pensée. Un tel homme est devenu capable de créer et de diriger consciemment une forme-pensée; sa puissance utile est donc devenue très grande, car il peut utiliser la forme-pensée pour travailler aux endroits qu'il ne peut pas encore visiter dans son corps mental. Ses formes-pensées, parfaitement maîtrisées par lui-même sont les agents de sa volonté.

L'exemple le plus magnifique de forme-pensée est sans doute ce que l'Eglise Chrétienne appelle l'Ange de la Présence. Ce n'est pas un membre du royaume des Anges, mais une forme-pensée du Christ, qui a Son apparence, et qui est une extension de la conscience du Christ Lui-même. C'est par l'intermédiaire de l'Ange de la Présence que s'effectue le changement de nature des éléments connu sous le nom de transsubstantiation.

Il se produit un phénomène analogue, mais à un niveau moins élevé, dans les Loges Maçonniques où l'on emploie un portrait du C. D. T. L. V. F. M. Cette forme-pensée est une partie de Lui-même à tel point que la Loge a le bénéfice de Sa présence et de Sa bénédiction exactement comme s'Il était là dans Sa forme physique.

Il est possible, par l'exercice du pouvoir de la volonté, de dissiper instantanément un élémental artificiel, ou une forme-pensée, exactement de la même manière qu'il est possible sur le plan physique de tuer un serpent venimeux pour qu'il ne puisse plus faire aucun mal. Mais l'occultiste ne le fait jamais, sauf dans des circonstances exceptionnelles. Pour comprendre la raison de ce fait, il est nécessaire de donner quelques explications supplémentaires au sujet de l'essence élémentale.

L'essence élémentale dont est construite une forme-pensée est, comme nous l'avons vu, en cours d'évolution, c'est-à-dire qu'elle apprend à vibrer de toutes les manières possibles. Par suite, quand une pensée la maintient en vibration pendant un certain temps, à un certain régime, elle contribue à lui enseigner ce régime, et la prochaine fois, lorsqu'une vibration analogue la frappera, elle répondra plus facilement.

Que la pensée soit bonne ou mauvaise, cela n'importe pas à l'essence élémentale. Son développement nécessite simplement qu'elle soit utilisée par la pensée. La différence entre le bien et le mal se manifeste par la qualité d'essence qui est affectée, la pensée ou le désir mauvais emploient la matière grossière, et la pensée ou le désir supérieurs nécessitent la matière subtile.

Ainsi évolue par degrés l'essence élémentale, grâce à l'action des pensées des hommes, des dévas, esprits de la nature, et même des animaux dans la mesure où ils pensent.

C'est donc pour ne pas faire obstacle à son évolution que l'occultiste évite, autant que possible, de détruire un élémental artificiel, et préfère se défendre lui-même ou défendre les autres en utilisant la protection d'une coque.

Bien entendu, il ne faudrait pas que l'étudiant s'imagine que son devoir comporte de nourrir des pensées grossières dans le but d'aider l'évolution des types les plus grossiers d'essence. Il ne manque pas de gens non développés pour entretenir des pensées basses. L'occultiste doit, au contraire, s'efforcer d'avoir des pensées pures et élevées pour aider l'évolution de la matière élémentale la plus fine, travaillant ainsi dans un domaine où il y a encore peu d'ouvriers.

Avant de quitter le sujet des formes-pensées, nous noterons encore que tous les sons font une impression sur la matière astrale et sur la matière mentale. Et cela non seulement en ce qui concerne les sons musicaux, mais aussi les sons de toute sorte. Quelques-uns d'entre eux ont été décrits dans *Le Corps astral,* chapitre VII.

La forme-pensée ou l'édifice construit sur les plans supérieurs pendant la célébration de l'Eucharistie Chrétienne diffère quelque peu des formes-pensées ordinaires; elle a beaucoup de traits communs avec les formes-pensées produites par la musique. Elle est construite au moyen de matériaux fournis par le prêtre et l'assistance pendant la première partie du service aux niveaux éthérique, astral et mental, la matière des niveaux supérieurs étant introduite dans la dernière partie du service principalement par les légions Angéliques.

L'édifice-pensée peut être comparé à un condenseur dans une usine de production d'eau distillée; dans un récipient refroidi par une circulation d'eau, la vapeur est condensée en eau, et cette eau refroidie. De même l'édifice eucharistique fournit un véhicule pour rassembler et condenser les matériaux apportés par les adorateurs; dans ce véhicule peut alors descendre une effusion spéciale de la force divine provenant de niveaux très supérieurs, et ce même véhicule permet aux Anges d'utiliser cette force à certains travaux définis dans le monde physique.

Les cérémonies de toutes les grandes religions tendent à produire certains résultats au moyen d'une action collective. Les cérémonies de la Franc-Maçonnerie produisent un résultat analogue, mais d'une manière différente. La forme-pensée construite par la cérémonie Maçonnique est le véritable « conopé céleste » que l'on peut aussi considérer comme l'aura d'un homme couché sur le dos. Ce symbolisme apparaît encore ailleurs, par exemple dans la robe de Joseph aux mille couleurs, dans la Robe de Gloire revêtue par l'initié, et aussi dans l'Augoeïdes (voir chapitre XXVII, *in fine*) des philosophes Grecs, le corps glorifié dans lequel l'âme habite dans le monde invisible.

CHAPITRE IX

Le mécanisme de la transmission de la pensée

Avant d'étudier les phénomènes de transmission de pensée et leurs effets sur les hommes, nous allons décrire le mécanisme au moyen duquel la pensée peut être transmise d'une personne à l'autre.

Le mot télépathie signifie littéralement « sentir à distance »; il aurait donc dû être employé exclusivement pour la transmission des sentiments ou des émotions. Mais il est généralement employé comme synonyme de transmission de pensée, et nous pouvons lui conserver le sens de : transmission d'images, pensées ou sentiments d'une personne à l'autre par des moyens non physiques.

La télépathie est possible de trois manières différentes : il peut y avoir communication : 1) entre deux cerveaux éthériques; 2) entre deux corps astrals; 3) entre deux corps mentals.

Dans la première manière, que nous pouvons appeler la méthode physique ou éthérique, une pensée produit des vibrations d'abord dans le corps mental, puis le corps astral, puis le cerveau éthérique, et enfin dans les molécules denses du cerveau physique. Les vibrations du cerveau affectent l'éther physique, et les ondes se propagent jusqu'à ce qu'elles atteignent un autre cerveau, où elles déclanchent des vibrations dans ses particules éthériques et denses. Ces vibrations du cerveau récepteur sont alors transmises aux corps astral et mental correspondants, et c'est ainsi qu'elles atteignent la conscience.

Si une personne pense fortement à une forme concrète dans son cerveau physique, elle construit cette forme au moyen de matière éthérique, et l'effort de construction de cette image produit en même temps des ondes éthériques dans toutes les directions. Ce n'est pas l'image elle-même qui est envoyée, mais un jeu de vibrations capables de reproduire cette image. Le phénomène est quelque peu semblable à ce qui se passe dans le téléphone, où la voix elle-même n'est pas transmise, mais où des vibrations électriques mises en jeu par la voix se propagent jusqu'au récepteur où elles reproduisent alors la voix.

La glande pinéale est l'organe de la transmission de la pensée, de même que l'œil est l'organe de la vue. Chez beaucoup de gens, la glande pinéale est rudimentaire, mais elle évolue, et il est possible d'activer son évolution de sorte qu'elle puisse remplir sa fonction naturelle comme elle la remplira chez tous les hommes dans l'avenir.

Si un homme pense d'une manière délibérée à une idée bien déterminée, avec une attention et une concentration soutenues, il finit par devenir conscient d'une sorte de frémissement dans la glande pinéale. Ce frémissement a son origine dans l'éther qui imprègne la glande pinéale; il en résulte un léger courant magnétique qui donne naissance à la sensation de frémissement dans les molécules denses de la glande. Lorsque la pensée est assez forte pour produire ce phénomène, alors le penseur sait qu'elle peut être transmise.

La vibration de l'éther de la glande pinéale met en jeu des ondes dans l'éther ambiant comme des ondes de lumière, mais plus rapides. Ces vibrations se propagent dans toutes les directions, et les ondes éthériques font vibrer l'éther de la glande pinéale d'un autre cerveau qui transmet ces vibrations au corps astral, puis au corps mental, comme nous l'avons décrit plus haut. Si la seconde glande pinéale n'est pas capable de reproduire les vibrations qui l'atteignent, la pensée passe inaperçue, de même que la lumière ne fait aucune impression sur l'œil d'un aveugle.

Dans la deuxième méthode, ou méthode astrale, le cerveau éthérique n'intervient pas, et la communication a lieu directement d'un corps astral à l'autre.

Dans la méthode mentale, le penseur, après avoir créé une pensée sur le plan mental, ne la fait pas descendre dans le cerveau, mais la dirige immédiatement vers le corps mental d'un autre penseur. Le pouvoir de faire cela délibérément implique un développement mental très supérieur à celui qui est nécessaire dans la méthode physique, car le transmetteur doit être conscient sur le plan mental pour pouvoir exercer cette faculté consciemment.

Lorsque l'humanité sera davantage évoluée, ce sera probablement la méthode normale de communication. Elle est actuellement employée par les Maîtres pour l'instruction de Leurs élèves, et, par ce moyen, Ils transmettent facilement les idées les plus complexes.

CHAPITRE X

La transmission de la pensée (Inconsciemment)

Dans les chapitres VII et VIII, nous avons traité de la production des ondes de pensées et des formes-pensées, et, dans une certaine mesure, de leurs effets sur les autres hommes. Ces effets constituent un groupe de phénomènes très important qui nécessite une étude spéciale. Nous traiterons d'abord de cette catégorie de transmission de la pensée qui est totalement ou partiellement inconsciente.

Il est clair, d'après ce que nous avons dit plus haut, que l'homme, partout où il va, laisse derrière lui une traînée de pensées. Par exemple, lorsque nous marchons dans la rue, nous y avançons dans l'océan des pensées des autres hommes; l'atmosphère en est remplie, et elles sont vagues et indéterminées.

Si l'homme laisse son esprit inactif pendant un instant, ces résidus de pensée, créés par d'autres hommes, s'y précipitent, et le traversent, la plupart du temps, sans produire d'effet notable, mais quelquefois en l'affectant sérieusement. Il arrive qu'une de ces pensées attire l'attention de l'homme, qui s'en empare, la fait sienne pour quelques instants, la renforce avec son énergie propre, et ensuite la rejette dans l'ambiance où elle va affecter quelqu'un d'autre.

L'homme n'est donc pas responsable des pensées qui flottent dans son esprit lorsqu'elles ont été créées par d'autres, mais il devient responsable s'il s'en empare, la nourrit et la renvoie après l'avoir fortifiée.

Une telle mixture de pensées d'origines diverses n'a aucune cohérence, mais l'une d'elles peut être le point de départ d'une chaîne d'associations d'idées et peut déclencher une activité propre de l'esprit. Bien des gens, s'ils pouvaient examiner le flot des pensées qui traverse leur esprit, seraient vraisemblablement très surpris de découvrir le grand nombre de fantaisies inutiles ou absurdes qui entrent et sortent pendant une période très petite. Leurs propres pensées ne forment même pas le quart de celles-là. Dans la plupart des cas, elles sont absolument inutiles, et leur tendance générale est plutôt mauvaise que bonne.

Ainsi les hommes affectent sans cesse leurs semblables par leurs pensées, qui, pourtant, sont projetées pour la plupart sans intention précise. L'opinion publique est en grande partie créée de cette manière. Elle est donc principalement le résultat de la transmission de la pensée. Beaucoup de gens pensent d'une certaine manière, non pas parce qu'ils ont attentivement médité certaines questions, mais parce qu'un grand nombre d'autres personnes pensent ainsi et les entraînent avec eux. La forte pensée du penseur exercé se propage dans le monde mental et est saisie par les esprits réceptifs. Ils reproduisent ses vibrations, renforcent la pensée et l'aident ainsi à affecter les autres, la pensée devenant de plus en plus forte et pouvant éventuellement influencer un grand nombre de personnes.

Si nous considérons ces formes-pensées dans leur ensemble, il est facile de voir l'importance de leur rôle dans la production des sentiments nationaux ou de race, dans la déformation des esprits et la création des préjugés. Nous grandissons tous dans une atmosphère peuplée des formes-pensées qui représentent certaines idées, préjugés nationaux, manières de voir nationales, types de pensées et de sentiments nationaux; tout cela agit sur nous depuis notre naissance, et même avant. Toute chose est vue à travers cette atmosphère, toute pensée est plus ou moins réfractée par elle, et nos propres corps mental et astral vibrent en harmonie avec elle. Presque tous les hommes sont dominés par l'atmosphère nationale; « l'opinion publique » une fois formée gouverne les esprits de la majorité : elle vient sans cesse frapper leurs cerveaux et y réveille des vibrations en harmonie avec les siennes. La plupart des gens ayant une nature réceptive et non créatrice, se comportent presque comme des reproducteurs automatiques des pensées qui les atteignent, et ainsi l'atmosphère nationale est continuellement intensifiée.

Une des conséquences inévitables de cet état de choses est que les nations qui reçoivent des impressions des autres nations les modifient par l'action de leurs propres vibrations. C'est pourquoi différentes nations, voyant les mêmes faits, y ajoutent séparément leurs préconceptions et accusent tout à fait sincèrement les autres de falsifier les faits et de pratiquer des méthodes peu honorables. Si cette vérité était reconnue, bien des querelles internationales seraient facilement arrêtées, et bien des guerres évitées. Alors chaque nation reconnaîtrait l'existence de « l'équation personnelle » et, au lieu de blâmer les autres à cause des différences d'opinions, chercherait un terrain d'entente sans insister sur son propre point de vue. La plupart des gens ne font jamais aucun effort de discrimination personnelle, car ils sont incapables de se libérer de l'influence de l'énorme foule des formes-pensées qui constituent l'opinion publique. C'est pourquoi ils ne voient jamais la vérité et n'ont pas même idée de son existence, puisqu'ils sont satisfaits par la forme-pensée monstrueuse de l'opinion publique. Pour l'occultiste, au contraire, la première nécessité est d'acquérir une vue claire sur toutes choses, de les voir comme elles sont réellement, et non comme une foule d'autres personnes les supposent être.

Pour acquérir cette clarté de vision, une vigilance incessante est nécessaire. Apprécier l'influence de l'immense nuage de pensée n'est pas la même chose que pouvoir s'en préserver. Sa pression agit partout et toujours, et nous pouvons nous y soumettre tout à fait inconsciemment dans un grand nombre de petites choses, même si nous sommes capables de nous en préserver au sujet des choses importantes. Nous sommes nés sous la pression de cette influence, de même que nous sommes nés sous la pression atmosphérique, et nous sommes aussi inconscients de l'une que de l'autre. Il faut absolument que l'occultiste apprenne à se libérer entièrement de cette influence, et à faire face à la vérité telle qu'elle est, soustraite aux déformations produites par les gigantesques formes-pensées collectives.

L'influence de ces agrégats de pensées ne se borne pas à leur action sur les véhicules subtils de l'homme. Les formes-pensées d'un caractère destructif agissent comme une énergie disruptive, et peuvent causer de grands maux sur le plan physique; elles sont la source de nombreux accidents, convulsions naturelles, tempêtes, cyclones, ouragans, tremblements de terre, inondations, etc.

Elles peuvent provoquer des guerres, des révolutions, des troubles sociaux ou des soulèvements de toutes sortes. Les épidémies de maladies ou de crimes, les cycles d'accidents ont une origine semblable. Les formes-pensées de colère aident la commission des crimes. Ainsi, partout et de toutes façons, les pensées mauvaises des hommes nuisent en réagissant sur eux-mêmes et sur les autres.

Revenons maintenant aux effets produits par les pensées individuelles. L'étudiant se souviendra sans doute que nous avons décrit, dans *Le Corps astral*, les effets produits sur le corps astral de l'homme, par un accès de dévotion. Un sentiment dévotionnel est généralement accompagné par des pensées de dévotion; celles-ci, qui naissent dans le corps mental, s'enveloppent d'une quantité importante de matière astrale, de sorte qu'elles agissent à la fois dans les mondes mental et astral. Par suite, un homme développé est un centre d'ondes dévotionnelles qui influencent les gens à la fois dans leurs pensées et dans leurs sentiments. Il en est de même dans les cas d'affection, colère, dépression, et tous autres sentiments.

Un autre exemple typique est celui des courants de pensée qui émanent d'un conférencier et des courants de compréhension et d'appréciation qui naissent dans l'assistance et rejoignent les premiers.

Il arrive souvent que le jeu des pensées du conférencier éveille une réponse harmonique dans les corps mentals des assistants, de sorte qu'ils comprennent fort bien le conférencier sur le moment, tandis que plus tard, quand le stimulus de l'orateur a cessé d'agir, ils oublient et ne peuvent plus comprendre ce qui auparavant leur paraissait si clair.

La critique, au contraire, met en jeu des vibrations contraires qui brisent le courant de pensée et y jettent la confusion. Il est dit que ceux qui ont pu voir cet effet n'oublient plus jamais cette leçon de choses.

Il peut arriver qu'en lisant un livre un homme attire l'attention de l'auteur s'il est dans son corps astral pendant le sommeil ou après la mort physique. L'écrivain peut alors être attiré par la pensée de l'étudiant et l'envelopper de son atmosphère d'une manière aussi efficace que s'il était lui-même physiquement présent.

La pensée de l'étudiant peut aussi attirer de la même manière les pensées des autres personnes qui ont étudié le même sujet.

Un exemple remarquable de l'effet des pensées des morts sur les vivants est celui d'un meurtrier exécuté qui prend sa revanche en poussant d'autres hommes au meurtre. Ceci est l'explication des cycles de meurtres qui de temps en temps se produisent dans certaines communautés.

L'effet des pensées sur les enfants est particulièrement important. Les corps mental et astral de l'enfant sont aussi plastiques que son corps physique. Le corps mental de l'enfant absorbe les pensées des autres comme une éponge absorbe l'eau, et s'il est trop jeune pour reproduire ces pensées, la semence porte ses fruits plus tard. D'où l'importance énorme de placer les enfants dans une atmosphère élevée et altruiste.

C'est un des spectacles les plus pénibles pour le clairvoyant que de voir de belles âmes ou auras d'enfants souillées, tachées, obscurcies en quelques années par les pensées impures des adultes qui les entourent. Le clairvoyant comprend immédiatement combien les caractères des enfants pourraient s'améliorer si seulement les adultes étaient meilleurs.

Il n'est jamais bon de s'efforcer de dominer la pensée ou la volonté d'un autre, même si c'est dans un but honorable, mais il est, au contraire, recommandable de fixer sa pensée sur les bonnes qualités d'un homme, de manière à les renforcer. Inversement, penser aux défauts d'un homme les renforce, et même développe des défauts qui n'existaient pas ou qui étaient latents.

Considérons par exemple un groupe de personnes qui bavardent ensemble et dont le sujet de conversation est la jalousie d'une autre personne. Ces gens mettent en jeu des courants de pensée dirigés vers leur victime et suggérant la jalousie. Si la victime a justement tendance à la jalousie, il est évident que cette tendance sera beaucoup fortifiée par une telle avalanche de pensées; mais même si elle n'est pas jalouse, ceux qui bavardent sur ce défaut imaginaire font tout ce qu'il faut pour créer en elle-même ce vice.

Le mal fait par la médisance et la calomnie est incommensurable, et l'étudiant se souviendra à ce sujet de l'avertissement énergique lancé contre ces vilaines habitudes dans *Aux pieds du Maître*. L'esprit critique du véritable occultiste s'exerce à la recherche des perles avec la même ardeur que l'esprit critique moderne s'exerce à la recherche des fautes.

Il est donc possible, et même inévitable, d'affecter les autres pour le bien ou pour le mal suivant notre choix, au moyen du pouvoir de la pensée.

Les images astro-mentales, c'est-à-dire les formes-pensées auxquelles sont associées des émotions où des sentiments jouent un rôle dans la formation des liens karmiques avec les autres personnes. Supposons par exemple qu'un homme ait, par une pensée de haine et de revanche, contribué à créer l'impulsion qui poussa un autre homme au crime. L'auteur de cette pensée est nécessairement lié par le karma au meurtrier, même s'il ne l'a jamais vu sur le plan physique. Ni l'ignorance ni l'absence de mémoire n'empêchent le jeu de la loi karmique et l'homme récolte toujours les conséquences de ses pensées et de ses sentiments, aussi bien que de ses actes physiques.

En général, les images mentales que forme l'homme contribuent dans une large mesure à déterminer son entourage futur. C'est ainsi que se forment les liens qui rassemblent les gens dans les vies futures, qui nous entourent d'amis ou d'ennemis, qui nous font rencontrer des aides ou des obstacles sur notre route, des gens qui nous aiment sans avoir été aimés de nous dans cette vie, ou qui nous haïssent sans que nous ayons rien fait contre eux dans cette vie. Nos pensées, non seulement construisent par action directe notre propre caractère, mais aussi contribuent, par leurs effets sur les autres, à déterminer quelles personnes nous rencontrerons dans l'avenir.

Il est possible de se protéger contre les pensées d'origine extérieure, en faisant un mur autour de nous avec la substance de l'aura. La matière mentale, comme nous l'avons vu, réagit facilement à l'impulsion de la pensée et peut être facilement moulée suivant la forme voulue. La même chose peut être faite avec la matière astrale comme nous l'avons vu dans *Le Corps astral.*

Cependant, l'emploi d'une coque pour son usage personnel est, dans une certaine mesure, un aveu de faiblesse. La meilleure protection est constituée par la pureté et la bonté stables qui rayonnent sur toutes choses et entraînent tout élément indésirable dans une puissante effusion d'amour.

Les cas dans lesquels il peut être nécessaire d'employer une coque pour soi-même sont : 1) Lorsque l'on traverse une foule composée d'éléments douteux; 2) Pendant la méditation; 3) A l'approche du sommeil; 4) Lorsque des conditions particulières des pensées inférieures sont susceptibles de surgir. Nous traiterons du cas 2 au chapitre XVI, du cas 3 au chapitre XVIII et du cas 4 au chapitre XIII.

Les coques sont souvent employées pour aider les autres, et les « aides invisibles » le font souvent, lorsqu'ils ont à protéger un homme qui n'est pas encore assez fort pour se garder lui-même des attaques délibérées ou de la pénible pression des pensées errantes.

Il semble bien que les animaux possèdent la faculté d'envoyer des impulsions émotionnelles à leurs semblables éloignés. William J. Long, dans son livre passionnant *How animals talk,* affirme qu'il a de bonnes raisons de croire que cette méthode de communication silencieuse constitue le langage usuel de tout le règne animal.

Ce sympathique observateur de la vie animale donne de nombreux exemples. Le setter dont le nom était Don semblait souvent avoir connaissance de l'approche de son maître, même lorsque celui-ci rentrait à la maison à des heures exceptionnelles. Il connaissait aussi l'approche du samedi et des jours de fête où son maître avait l'habitude de l'emmener dans les bois. Un autre chien nommé Watch, partait à la rencontre de son maître lorsque celui-ci se mettait en route dans une voiture tirée par un cheval très ami avec le chien, et cela quelle que soit l'heure du départ du maître.

Les cavaliers savent que la peur ou la nervosité se communiquent très facilement du cavalier au cheval. On a observé que si un louveteau s'éloigne de sa mère, celle-ci, au lieu de courir après lui, reste là où elle se trouve, lève la tête et regarde fixement dans la direction qu'il a prise; alors le louveteau hésite, s'arrête, puis revient vite vers sa mère. Un fox femelle semblait avoir toute sa famille sous son contrôle sans jamais donner de la voix : un regard sur ses petits et ceux-ci cessaient immédiatement de jouer, rentraient et ne bougeaient plus jusqu'au retour de leur mère. On cite le cas d'un loup blessé qui, après être resté sur place pendant quelques jours, s'en alla droit vers la carcasse d'un animal qui avait été tué dans l'intervalle à dix kilomètres de distance, sans qu'il y ait la moindre trace à suivre entre les deux endroits.

Le capitaine Rule a observé qu'au moment où il atteignait une baleine, toutes les autres baleines, dans un rayon de dix kilomètres, se débattaient comme si elles avaient aussi été harponnées. Il y a des oiseaux non apprivoisés qui n'apparaissent dans les cours de nos maisons qu'aux moments où l'on y donne à manger à d'autres oiseaux.

Bien des chasseurs ont remarqué que s'ils sortent sans fusil ou sans intention de tuer, ils rencontrent beaucoup d'animaux, tandis que s'ils sortent armés, et avec l'intention de tuer, les animaux qu'ils voient sont inquiets et difficiles à approcher. Un chasseur sachant que l'excitation se transmettait de l'homme aux animaux, réfréna son excitation physique et mentale, et put alors approcher ses victimes beaucoup plus facilement qu'auparavant; les nombreuses peaux de tigres qu'il a en sont la preuve.

Notre auteur va plus loin, et dit avoir rencontré beaucoup d'Indiens et autres possédant la faculté appelée en Afrique « chumfo » et qui fonctionne comme un sens distinct avertissant de l'approche du danger dans des conditions où l'avertissement par l'intermédiaire des cinq autres sens est impossible.

Les lecteurs qui sont particulièrement intéressés par ce sujet sont invités à lire *How animals talk* et les autres livres de William J. Long, dans lesquels ils trouveront des développements sur la vie animale en général.

CHAPITRE XI

La transmission de la pensée (Consciemment) et le traitement mental

Il est possible à presque tous les hommes, pourvu qu'ils s'en donnent la peine, et qu'ils soient capables de penser clairement et avec stabilité, de se convaincre de la réalité du phénomène de transmission de la pensée, et même d'acquérir une certaine habileté dans la pratique de cette transmission. Il existe une littérature abondante sur ce sujet, en particulier les *Transactions of the Psychical Research Society*.

Il suffit que les deux expérimentateurs conviennent d'une heure commode dans la journée, et consacrent à leurs essais par exemple dix à quinze minutes chaque jour. Chacun d'eux doit être pendant ce temps rigoureusement à l'abri de toute espèce d'interruption. L'un d'eux est le transmetteur, l'autre le récepteur; dans la plupart des cas, il est utile d'alterner ces rôles pour éviter que l'un des expérimentateurs devienne anormalement passif; malgré cela, on s'aperçoit en général que l'un des deux est meilleur transmetteur, et l'autre meilleur récepteur.

Le transmetteur choisit une pensée, qui peut être absolument quelconque, idée abstraite, objet concret, ou figure géométrique, puis il se concentre sur cette pensée, et il veut avec force l'imprégner sur l'esprit de son ami. Bien entendu, il faut que l'esprit soit parfaitement concentré, c'est-à-dire dans l'état décrit par Patanjali au moyen de l'expression « one-pointed », ce qui signifie en français « tourné vers une seule chose ». Il est bon que les débutants ne se concentrent pas pendant trop longtemps, pour éviter que l'attention faiblisse et qu'il s'établisse de mauvaises habitudes, ou encore tout simplement pour éviter la fatigue. Pour beaucoup, sinon pour toutes les personnes inexpérimentées, il vaut mieux commencer par quelques secondes que par quelques minutes.

Le récepteur, après s'être installé confortablement pour éviter toute distraction due à une gêne physique légère, doit calmer totalement l'activité de son esprit (ce n'est pas chose facile au commencement, mais lorsque l'habitude est prise, ce calme s'obtient très rapidement) et noter les pensées qui le traversent. Il écrit sur une feuille de papier ces pensées à mesure qu'elles apparaissent, tout en s'efforçant de rester passif, de ne rien rejeter, et de ne rien encourager.

Il faut aussi, bien entendu, que le transmetteur prenne note des pensées qu'il envoie; les deux comptes rendus écrits sont ensuite comparés à intervalles convenables.

A moins que les expérimentateurs aient une volonté et une maîtrise de la pensée anormalement faibles, un résultat est généralement obtenu en quelques semaines ou en quelques mois. L'auteur de ce livre (A. E. P.) a obtenu un résultat probant au premier essai.

L'étudiant de l'occultisme « blanc », dès qu'il a obtenu la satisfaction d'avoir réussi l'expérience académique cidessus, et qu'il est convaincu de la réalité du phénomène de la transmission de la pensée, ne se contentera plus de ces essais, ni du simple envoi de pensées affectueuses à ses amis, si utiles que puissent être ces dernières. Il lui est possible d'employer le pouvoir de sa pensée à des travaux beaucoup plus importants.

Ainsi, par exemple, supposons que l'étudiant veuille aider un homme qui est sous l'empire de l'habitude de boire. Il va d'abord s'enquérir des heures auxquelles l'esprit du patient est probablement inactif, ce sera, par exemple, l'heure à laquelle il va se coucher. Si l'étudiant peut profiter des heures auxquelles le patient dort, ce sera encore mieux.

L'étudiant s'installera confortablement et seul, au moment choisi, et se représentera le patient assis en face de lui. Il n'est pas indispensable d'obtenir une image absolument nette, mais l'opération est beaucoup facilitée si l'image est précise, détaillée et vivante.

Si le patient est endormi, il est attiré vers la personne qui pense à lui, et il anime l'image qui est formée de lui.

Alors l'étudiant, avec toute la concentration dont il est capable, fixe son attention sur l'image, et dirige vers elle les pensées qu'il veut imprimer sur l'esprit du patient. Il présente ces pensées en images mentales claires, tout comme s'il présentait au patient des arguments ou s'il plaidait devant lui en paroles.

Il faut prendre grand soin de ne pas influencer le moins du monde la volonté du patient; il faut seulement lui placer devant l'esprit des idées qui, lorsqu'elles seront assimilées par son intelligence et ses émotions, pourront l'aider à former un jugement correct et à faire un effort pour les appliquer.

Si l'étudiant s'efforce de lui imposer une ligne de conduite particulière, et qu'il réussit, alors le gain est bien petit, si même il n'est pas nul. En effet, tout d'abord l'affaiblissement de son mental résultant de la volonté qu'on lui a imposée peut lui faire plus de mal que le vice dont on l'a délivré. De plus, la tendance mentale à la satisfaction des vices n'est pas supprimée par le fait qu'un obstacle a été opposé à la satisfaction d'un vice particulier. Cette tendance arrêtée dans une direction, va en chercher une autre, et un nouveau vice va remplacer l'ancien. Ainsi, l'homme réduit à la tempérance par la domination de sa volonté n'est pas plus guéri que si on l'avait mis en prison.

En dehors de ces considérations pratiques, il est toujours mauvais, en principe, d'imposer sa volonté à un autre homme, même pour lui faire du bien. La véritable évolution n'est pas aidée par la contrainte extérieure; il faut que l'intelligence soit convaincue, les émotions élevées et purifiées avant qu'un gain réel puisse être enregistré.

Si l'étudiant désire aider par la pensée dans d'autres

cas, il procède d'une manière analogue. Comme nous l'avons vu au chapitre VIII, le vœu puissant pour le bien d'un ami, envoyé vers lui comme un agent de protection général, reste auprès de lui en tant que forme-pensée pendant un temps proportionnel à la force de la pensée, et le défend contre le mal comme un bouclier contre les pensées hostiles, et même l'avertit des dangers physiques. Une pensée de paix et de consolation envoyée de la même manière calme l'esprit et étend autour de son objet une atmosphère de paix.

Il est bien évident que le phénomène de la transmission de la pensée est étroitement associé au traitement mental dont le but est de transmettre des pensées bienfaisantes et puissantes de l'opérateur au patient. On en trouve de nombreux exemples dans la *Christian Science, Mental Science, Mind-healing,* etc.

Dans les méthodes où l'on s'efforce de guérir un homme simplement en croyant qu'il va mieux, on emploie fréquemment une quantité considérable de force hypnotique. Les corps mental, astral et éthérique de l'homme sont si étroitement associés que si un homme croit mentalement qu'il va mieux, son esprit est capable de contraindre son corps à se mettre en harmonie avec son état mental, d'où il résulte la guérison.

H. P. Blavatsky considérait comme légitime, et même comme sage d'utiliser l'hypnotisme pour libérer une personne de l'ivrognerie, par exemple, pourvu que l'opérateur en sache assez long pour briser la mauvaise habitude et libérer la volonté du patient de sorte qu'il puisse lutter lui-même contre le vice de l'ivrognerie. La volonté du patient a été paralysée par son abandon au vice de boire; l'opérateur emploie la force de l'hypnotisme comme un expédient pour permettre à l'homme de retrouver sa volonté.

Les maladies nerveuses cèdent très rapidement au pouvoir de la volonté, car le système nerveux a été formé pour l'expression des pouvoirs spirituels sur le plan physique. Les résultats les plus rapides sont obtenus lorsque l'on opère d'abord sur le système sympathique, car il se rapporte plus particulièrement à l'aspect désir de la volonté, tandis que le système cérébro-spinal se rapporte plus spécialement à l'aspect connaissance et volonté pure.

Dans une autre méthode de traitement, l'opérateur recherche d'abord ce qui va mal, se représente avec précision l'organe malade, et ensuite se représente cet organe tel qu'il devrait être. Dans la forme-pensée mentale qu'il a ainsi créée, il construit un organe sain, tout d'abord en matière astrale, puis, par la force du magnétisme, le densifie en matière éthérique, et, finalement, en matière physique dense, en utilisant les matériaux disponibles dans le corps et des matériaux extérieurs si c'est nécessaire.

Il est évident que cette méthode demande au moins quelques notions d'anatomie et de physiologie; mais dans le cas d'un homme très avancé, même s'il manque de connaissances spéciales dans sa conscience physique, sa volonté peut être guidée des plans supérieurs.

Les cures accomplies par cette méthode ne sont pas accompagnées des mêmes dangers que les précédentes plus faciles où l'on agit sur le système sympathique.

Il y a toutefois un certain danger dans l'exercice du traitement au moyen de la volonté, le danger de refouler la maladie dans un véhicule supérieur. La maladie est souvent l'effet de quelque mal qui préexiste sur les plans supérieurs, et il vaut mieux laisser s'accomplir cet effet que l'empêcher et rejeter l'énergie cause du mal dans un véhicule subtil.

Si la maladie est le résultat de mauvais désirs ou de mauvaises pensées, alors les moyens de guérison physiques sont préférables, car ils ne peuvent pas rejeter le trouble sur un plan supérieur, comme il pourrait arriver par l'emploi de moyens mentaux. C'est pourquoi, dans ce cas, le mesmérisme est une bonne méthode, car elle est physique. (Voir *Le Double éthérique*, chapitre XVIII.)

Une bonne méthode de traitement consiste à mettre

les corps mental et astral autant que possible en harmonie, mais cette méthode est plus difficile à appliquer et moins rapide que celle de la volonté. La pureté des émotions et de l'esprit signifie toujours bonne santé physique, et une personne dont l'esprit est parfaitement pur et équilibré n'aura pas de nouvelle maladie, bien qu'elle puisse avoir quelque karma à liquider, ou même qu'elle puisse prendre sur elle une partie des déséquilibres causés par d'autres.

Il y a bien d'autres manières d'employer le pouvoir de la pensée pour guérir, car l'esprit est un des grands pouvoirs créateurs de l'univers, divin dans l'univers. humain dans l'homme; et puisque l'esprit peut créer, il peut de la même façon restaurer; dès qu'un dommage apparaît, l'esprit peut tourner ses forces vers la réparation de ce dommage.

Notons en passant que le pouvoir de charmer (voir *Le Corps astral*, chapitre XX) consiste simplement à faire une forte image mentale et à la projeter dans l'esprit d'un autre.

L'aide qui est souvent donnée aux autres par la prière est en grande partie de même nature que par le traitement mental. Si les prières sont plus souvent effectives que les bons souhaits, cela est dû à la plus grande concentration qui accompagne la prière d'un croyant pieux. La même concentration et la même énergie sans la prière produisent des résultats analogues. L'étudiant doit comprendre que nous parlons ici des effets de la prière produits par le pouvoir de la pensée de celui qui prie. Il y a évidemment d'autres effets produits par la prière, qui sont dus au fait que la prière attire l'attention de quelque être humain évolué, ou de quelque intelligence surhumaine; il peut en résulter une aide directe donnée au moyen d'un pouvoir supérieur à celui que possède celui qui prie. Mais nous ne nous occuperons pas davantage dans ce chapitre de ce genre de « réponse à la prière ».

Tout ce qui peut être fait par la pensée pour les vivants, peut l'être encore plus facilement pour les

« morts ». Comme nous l'avons expliqué dans *Le Corps astral*, la tendance de l'homme après la mort est de tourner son attention vers l'intérieur, et de vivre dans ses sentiments et dans son esprit plutôt que dans le monde extérieur. De plus, la réorganisation du corps astral par l'élémental du désir tend à enfermer les énergies mentales et à empêcher leur expression extérieure.

Mais la personne ainsi empêchée de diriger ses énergies vers l'extérieur est tout à fait réceptive aux influences du monde mental, et peut, par suite, être aidée, réconfortée, et conseillée d'une manière beaucoup plus effective que lorsqu'elle était sur la terre.

Dans le monde de la vie post-mortem, une pensée d'amour est aussi sensible qu'ici-bas un mot d'amour ou une tendre caresse. Il est donc souhaitable que tous ceux qui disparaissent soient suivis de pensées d'amour et de paix, et de souhaits pour leur passage rapide dans les mondes supérieurs. Il y a malheureusement trop d'infortunés qui restent dans l'état intermédiaire plus longtemps qu'ils y resteraient s'ils avaient des amis sachant comment les aider.

Les occultistes qui fondèrent les grandes religions n'oublièrent pas les services dus par ceux qui restent sur la terre à ceux qui viennent de la quitter. D'où les cérémonies Hindoues du Shraddha, les messes et les prières chrétiennes pour les « morts ».

La transmission de la pensée peut s'effectuer de la même manière en sens inverse, c'est-à-dire des désincarnés à ceux qui sont physiquement vivants. Par exemple, la forte pensée d'un conférencier peut attirer l'attention d'entités désincarnées qui s'intéressent au sujet exposé; d'ailleurs, l'assistance contient souvent un plus grand nombre de personnes dans leurs corps astraux que dans leurs corps physiques.

Quelquefois, l'un de ces visiteurs astraux en sait plus long que le conférencier; alors il peut l'aider par des suggestions ou des exemples. Si le conférencier est clairvoyant, il peut voir celui qui l'assiste, et les idées nouvelles qui sont matérialisées en une matière subtile devant lui. S'il n'est pas clairvoyant, l'aide imprime les idées sur son cerveau, et, dans un tel cas, le conférencier peut croire que les idées lui appartiennent. Cette sorte d'assistance est souvent fournie par un « aide invisible ». (Voir *Le Corps astral,* chapitre XXVIII.)

La puissance mise en jeu par un groupe de personnes qui, toutes ensemble, pensent d'une manière délibérée sur un même sujet est bien connue à la fois des occultistes et de tous ceux qui ont quelques connaissances de la science profonde de l'esprit. Ainsi, dans certaines parties de la Chrétienté, il est d'usage de faire précéder l'envoi d'une mission destinée à évangéliser un pays, par des pensées bien définies et soutenues. De cette manière, on crée dans le pays en question une atmosphère de pensée très favorable à la propagation des enseignements, et les cerveaux réceptifs sont préparés à recevoir l'instruction qu'on va leur donner.

Les Ordres contemplatifs de l'Eglise Catholique Romaine font beaucoup de travail utile au moyen de la pensée, de même que les reclus des religions Bouddhique et Hindoue. Chaque fois qu'une intelligence bonne et pure se met délibérément au travail en diffusant à travers le monde des pensées nobles et élevées, il y a effectivement un service rendu à l'humanité, et le penseur solitaire devient un des sauveurs du monde.

Nous trouvons un autre exemple de la manière suivant laquelle l'atmosphère de pensée d'un homme peut affecter un autre homme dans l'association d'un disciple avec son gourou ou instructeur spirituel (alors le phénomène est partie conscient, partie inconscient).

Ceci est parfaitement compris en Orient où l'on reconnaît que la partie la plus importante et la plus effective de l'entraînement du disciple est due au fait qu'il vit constamment en présence de son instructeur et baigne dans son aura. Les divers véhicules de l'instructeur vibrent tous puissamment et d'une manière stable à un degré très supérieur à celui que peut atteindre l'élève, sauf par instants. Mais la pression constante des fortes ondes de pensée de l'instructeur élève graduellement la pensée de l'élève à leur niveau. La musique fournit une analogie : une personne qui a l'oreille peu musicale a peine à chanter juste, mais si elle se joint à un musicien exercé, il lui est alors beaucoup plus facile de chanter correctement.

Le point important est celui-ci : la note dominante de l'instructeur résonne sans cesse, et son action affecte l'élève jour et nuit sans qu'ils aient besoin d'y penser spécialement. Il en résulte que les véhicules subtils de l'élève se développent dans la bonne voie avec la plus grande facilité.

L'homme ordinaire qui agit automatiquement et sans intention définie ne peut pas produire le centième de l'effet que produit l'influence délibérée d'un instructeur spirituel. Mais le nombre peut compenser dans une certaine mesure le manque de puissance individuelle, de sorte que la pression incessante quoique inaperçue exercée sur nous par les opinions et sentiments de nos semblables nous fait souvent absorber sans le savoir certains de leurs préjugés, comme nous l'avons vu dans le chapitre précédent, au sujet des influences des races et des nations.

Un élève « accepté » d'un Maître est si étroitement en contact avec la pensée du Maître qu'il peut s'entraîner à voir à tout instant ce qu'est cette pensée sur un certain sujet; cette méthode peut lui éviter de commettre des erreurs. Le Maître peut à chaque instant envoyer une pensée à travers l'élève soit sous forme de suggestion, soit sous forme de message. Si, par exemple, l'élève est en train d'écrire une lettre ou de faire une conférence, le Maître en est averti par Son subconscient, et Il peut à tout instant projeter dans l'esprit de l'élève une phrase à inclure dans la lettre ou à employer dans la conférence. Au début, l'élève est souvent inconscient de ces interventions, et il suppose que les idées ont jailli spontanément dans son esprit, mais il apprend rapidement à reconnaître la pensée du Maître. Il est, d'ailleurs, très désirable qu'il apprenne à la reconnaître, car il y a beaucoup d'entités sur les plans astral et mental qui, avec les meilleures intentions, sont prêtes à faire des suggestions analogues, et il est évidemment nécessaire que l'élève apprenne à les distinguer de celles du Maître.

CHAPITRE XII

Les centres de pensées

Il y a dans le monde mental des centres de pensées localisées dans l'espace, c'est-à-dire des endroits séparés vers lesquelles les pensées du même type sont attirées par la similitude de leurs vibrations, de même que les hommes qui parlent la même langue sont attirés les uns vers les autres. Les pensées sur un sujet donné gravitent vers l'un de ces centres qui absorbe toutes sortes d'idées, cohérentes ou incohérentes, justes ou fausses, et le centre se comporte comme une sorte de foyer pour toutes les lignes de pensées convergentes sur ce sujet, celles-ci étant d'ailleurs reliées par des millions d'autres lignes à toutes sortes d'autres sujets.

La pensée philosophique, par exemple, a un royaume distinct qui lui est propre, avec des subdivisions qui correspondent aux principales idées philosophiques. Toutes sortes d'interrelations curieuses existent entre ces diverses subdivisions, qui montrent la manière suivant laquelle les divers systèmes philosophiques sont reliés entre eux. Ces collections d'idées représentent la totalité de ce qui a été pensé sur le sujet.

Toute personne qui pense profondément, par exemple à une question philosophique, se met en rapport avec ce groupe de tourbillons. Si elle est dans son corps mental, qu'elle soit endormie ou « morte », elle est attirée dans la région convenable du plan mental. Si elle est empêchée de faire ce déplacement par un corps physique, elle vibre en harmonie avec l'un ou l'autre de ces tourbillons, et elle en reçoit ce qu'elle est capable d'assimiler; mais alors le résultat est moins grand que si elle avait pu pénétrer dans le centre.

Il n'y a pas précisément de centre de pensée pour le

drame et la fiction, mais il y a une région pour ce que l'on peut appeler la pensée romantique. Cette région comprend un groupe très vaste de formes irrégulières, parmi lesquelles on trouve, d'une part, une légion de combinaisons vagues mais brillantes associées aux relations entre les sexes, d'autre part, les émotions caractéristiques de la chevalerie médiévale, et, en outre, une immense quantité d'histoires merveilleuses.

L'influence des centres de pensée sur les hommes est une des raisons pour lesquelles ils pensent en troupeaux comme des moutons. Car il est beaucoup plus facile à un homme de mentalité paresseuse d'accepter une pensée toute faite provenant de quelqu'un d'autre, que de se donner la peine d'examiner le sujet mentalement et de former un jugement personnel.

Le phénomène correspondant dans le monde astral est quelque peu différent. Les formes-émotions ne se rassemblent pas par centres, mais les formes de même nature qui sont proches les unes des autres s'agglomèrent et constituent d'énormes masses d'émotion flottant dans l'atmosphère un peu partout. L'homme vient très facilement en contact avec elles, et il est facilement influencé par elles. On trouve des exemples de cette influence dans les cas de panique, de fureur populaire, de neurasthénie générale, etc. Les courants d'émotion indésirables atteignent l'homme par l'intermédiaire du chakra ombilical. Les émotions nobles lui parviennent par le chakra du cœur.

Il est difficile de décrire l'apparence de ces réservoirs de pensée. Chaque pensée semble avoir tracé un chemin pour elle-même dans la matière du plan. Ce chemin, une fois tracé, peut être ouvert ou plutôt rouvert facilement, et ses particules revivifiées par un effort nouveau. Ce nouvel effort étant dirigé suivant le chemin en question, il lui est beaucoup plus facile de le suivre que d'en frayer un autre suivant une ligne différente, si voisine soit-elle de celle qui existe.

Le contenu de ces centres de pensée dépasse de beaucoup la faculté d'absorption d'un penseur ordinaire. Mais pour ceux qui sont suffisamment forts et persévérants, les centres de pensée offrent les possibilités suivantes :

Premièrement : Par l'intermédiaire de ces centres de pensée, il est possible d'atteindre l'esprit de ceux qui ont engendré leur force. C'est ainsi que tous ceux qui sont suffisamment sérieux, respectueux et capables de comprendre peuvent actuellement recevoir les enseignements des grands penseurs du passé au sujet des grands problèmes de la vie.

L'homme peut donc arriver à « voir » les différentes pensées d'un centre, suivre leurs traces jusqu'aux penseurs, avec qui elles sont reliées, et obtenir d'eux de nouveaux renseignements.

Deuxièmement : Il existe une chose que l'on peut appeler : la Vérité en soi. Si cette idée semble trop abstraite, on peut dire : la conception de cette Vérité dans l'esprit du Logos Solaire. Cette pensée peut être touchée par celui qui a atteint l'union consciente avec la Divinité, mais elle ne peut pas être atteinte par ceux qui sont encore au-dessous de ce niveau. Cependant, les reflets qu'elle projette de plan en plan peuvent être aperçus; bien entendu, ils sont de plus en plus sombres à mesure que l'on descend sur les plans inférieurs. Quelques-uns de ces reflets sont à la portée de l'homme dont la pensée peut s'élever jusqu'à eux.

L'existence de ces centres de pensée a une autre conséquence du plus gros intérêt. De nombreux penseurs peuvent être attirés simultanément par la même région mentale où ils puisent exactement les mêmes idées. Lorsque cela se produit, il est possible que l'expression de ces idées dans le monde physique ait lieu en même temps; alors l'ignorant peut accuser l'un d'eux de plagiat. Si cela n'arrive pas plus souvent, c'est parce que les cerveaux humains sont très denses et que, par suite, il est rare qu'ils puissent exprimer ce que les hommes apprennent sur les plans supérieurs.

Ce phénomène se produit non seulement dans la littérature, mais aussi dans le domaine des inventions, et l'on observe souvent dans les offices de brevets l'arrivée simultanée de plusieurs inventions identiques.

L'écrivain peut aussi puiser des renseignements dans les annales akasiques, mais cette question sera examinée plus loin.

CHAPITRE XIII

La conscience physique (ou la conscience de veille)

Dans ce chapitre, nous allons étudier le corps mental tel qu'il existe et est utilisé pendant la conscience « de veille » ordinaire, c'est-à-dire pendant la vie physique ordinaire.

Il est commode d'envisager successivement les trois facteurs qui déterminent la nature et le fonctionnement du corps mental pendant la vie physique, c'est-à-dire :

1) La vie physique;
2) La vie émotionnelle;
3) La vie mentale.

1) La vie physique

Dans *Le Corps astral,* chapitre VIII, nous avons énuméré et décrit les facteurs qui affectent le corps astral pendant la vie physique. Presque tout ce qui a été dit alors s'applique d'une manière analogue au corps mental. Par suite, nous allons simplement ici récapituler ces facteurs brièvement, en y ajoutant le minimum de commentaires indispensables.

Puisque toute particule du corps physique a une contre-partie astrale et une contre-partie mentale, un corps physique grossier et impur aura tendance à rendre les corps astral et mental grossiers et impurs.

Les sept sortes de matière mentale correspondant aux sept états de la matière physique, il semble que le corps mental soit affecté particulièrement par les états solide, liquide, gazeux et éthérique de la matière physique, c'est-à-dire par les quatre états inférieurs.

L'étudiant comprendra facilement que le corps mental composé des variétés grossières de matière mentale répondra aux pensées des types les plus grossiers plus facilement qu'aux pensées subtiles.

La nourriture et la boisson grossières tendent à produire un corps mental grossier. Les viandes, l'alcool et le tabac sont particulièrement nuisibles aux corps physique, astral et mental. Il en est de même de presque toutes les drogues. Lorsqu'une drogue, telle que l'opium, est prise pour calmer une grande douleur, il est bon d'en prendre le moins possible. Ceux qui ont la connaissance savent comment faire disparaître le mauvais effet de l'opium sur les corps astral et mental après qu'il a produit son effet sur le corps physique.

De plus, un corps nourri de viande et d'alcool est particulièrement susceptible d'être déséquilibré par l'éveil de la conscience supérieure. Les maladies nerveuses sont dues en partie au fait que la conscience supérieure cherche à s'exprimer à travers des corps encombrés de déchets de viande et empoisonnés par l'alcool.

La saleté est encore plus nocive dans les mondes supérieurs que dans le monde physique. Ainsi, par exemple, les contre-parties astrale et mentale des particules physiques qui sont constamment rejetées par la transpiration sont essentiellement indésirables.

Les bruits soudains, aigus ou très grands doivent être autant que possible évités par celui qui veut préserver la tranquillité de ses corps astral et mental. C'est une des raisons pour lesquelles la vie dans une grande ville ne convient pas aux étudiants en occultisme. Il en est de même pour les enfants dont les corps astral et mental très plastiques sont affectés d'une manière désastreuse par le bruit incessant de la cité. L'action prolongée du bruit sur le corps mental finit par produire une sensation de fatigue et de difficulté à penser clairement.

Le corps mental de l'homme est affecté par presque toutes les choses environnantes. Ainsi, par exemple, les tableaux suspendus aux murs de son appartement l'influencent, non seulement parce qu'ils offrent à sa vue l'expression de certaines idées, mais aussi parce qu'ils contiennent tout ce que l'artiste a mis de lui-même dans son œuvre, un fragment de ses pensées et de ses sentiments les plus intimes; nous pouvons appeler cela la contre-partie invisible du tableau, qui est clairement exprimée en matière astrale et en matière mentale, et qui émet des ondes exactement comme une fleur émet un parfum.

Les livres constituent des centres de formes-pensées particulièrement puissants, et leur influence sur la vie d'un homme est souvent très grande, bien qu'elle ne soit pas toujours remarquée. Il est par suite maladroit de conserver dans sa bibliothèque des livres d'un caractère mauvais.

Les talismans ou amulettes affectent la vie de l'homme dans une certaine mesure. Ils ont été décrits dans *Le double Ethérique* et dans *Le Corps astral.* Ils opèrent de deux manières : 1) Ils émettent des ondes qui sont essentiellement utiles; 2) La connaissance de la présence et du but du talisman éveille la foi et le courage de celui qui le porte, ce qui met en jeu la réserve de force de sa propre volonté.

Si le talisman est « relié » à celui qui l'a fait, et si le porteur fait appel mentalement à l'auteur, alors l'ego répond et renforce les vibrations du talisman par des ondes de pensée puissantes.

Un talisman fortement chargé de magnétisme peut constituer une aide d'une valeur inappréciable. Il faut que la nature physique soit maîtrisée aussi bien que les émotions et le mental, et la nature physique est sans aucun doute la plus difficile à traiter. Certaines personnes méprisent les talismans; mais d'autres trouvent le Sentier de l'occultisme si ardu qu'elles sont bien contentes de pouvoir profiter de l'aide qui leur est ainsi offerte.

Le talisman le plus puissant qui existe sur notre planète est probablement le Sceptre du Pouvoir qui est conservé à Shamballa et utilisé pendant les Initiations.

L'homme est aussi effecté par les couleurs des objets

qui l'entourent. Car, de même qu'un sentiment ou une pensée produisent dans la matière subtile une certaine couleur, inversement, la présence d'une couleur sur un objet physique exerce une pression continue qui tend à éveiller le sentiment ou la pensée correspondant à cette couleur. Ceci est la raison, par exemple, du choix de certaines couleurs par l'Eglise Chrétienne pour parer les autels, les vêtements du culte, etc., dans l'intention d'éveiller l'état d'esprit ou les sentiments qui correspondent à la cérémonie que l'on va célébrer.

L'homme est affecté par les murs et l'ameublement de son appartement pour la raison suivante : par ses pensées et ses sentiments, il magnétise inconsciemment les objets physiques qui l'entourent, de sorte qu'ils acquièrent le pouvoir de suggérer des pensées et des sentiments du même type à la fois en lui-même et en ceux qui viennent dans les limites de leur influence. On observe des exemples frappants de ce phénomène dans les prisons et autres endroits analogues.

C'est le même phénomène qui produit la valeur des « lieux saints » où l'atmosphère est véritablement d'une nature supérieure. Si l'on réserve une chambre pour la méditation, elle acquiert rapidement une atmosphère plus pure et plus subtile que le monde extérieur, et l'étudiant avisé prendra note de ce fait tant pour lui-même que pour l'aide de ceux qui l'entourent.

Un autre exemple de l'action de ce genre de formes-pensées nous est fourni par certains bateaux ou certaines machines qui ont la réputation de « porter malheur »? On connaît des cas où des séries d'accidents se produisirent sur un tel engin sans qu'on puisse en expliquer la fréquence.

Un tel effet peut avoir été produit de la manière suivante : il se peut que des sentiments de haine intense aient été entretenus contre le constructeur du navire ou contre le premier commandant; ces sentiments ne seraient sans doute pas suffisants à eux seuls pour produire des accidents maintenant.

Mais dans la vie d'un navire, il y a de nombreux cas où l'accident est tout juste empêché par la vigilance et la promptitude, et où un instant de retard ou de négligence suffirait à produire une catastrophe.

La masse de formes-pensées que nous venons de décrire est largement suffisante pour produire une hésitation momentanée ou un manque de vigilance temporaire, et voilà le chemin de moindre résistance que l'influence maligne peut suivre.

Il est bien évident que l'inverse peut aussi se produire et qu'une atmosphère de « chance » peut être construite autour d'objets matériels par les pensées optimistes et sereines de ceux qui emploient ces objets.

Il en est de même pour les reliques. Tout objet puissamment chargé de magnétisme personnel peut continuer à émettre son influence pendant des siècles avec une diminution de force insignifiante. Et même si la relique n'est pas authentique, la force qu'elle a accumulée pendant des siècles de dévotion l'a magnétisée et en a fait un centre d'énergie pour le bien.

Les recommandations suivantes, si étranges qu'elles paraissent au premier abord, sont pleines d'une grande sagesse : « Pétrissez l'amour dans le pain que vous cuisez; enveloppez de force et de courage le paquet que vous ficelez pour une cliente au visage fatigué; donnez la confiance et la simplicité en même temps que l'argent que vous comptez à l'homme au regard soupçonneux ». L'étudiant de la Bonne Loi a d'innombrables opportunités de distribuer des bénédictions tout autour de lui sans avoir d'obstacle à surmonter, et cela malgré le fait que les récepteurs soient inconscients de l'origine de ces bénédictions.

Comme nous l'avons dit au chapitre XI au sujet de la transmission de la pensée, la proximité physique d'une personne hautement évoluée constitue une aide considérable pour le développement du corps mental. De même que les radiations d'un grand feu réchauffent les objets environnants, les puissantes radiations-pensées d'un penseur plus fort que nous font vibrer notre corps mental en harmonie avec le sien, et nous sentons alors un accroissement temporaire de puissance mentale.

Ceci se produit souvent au cours d'une conférence : un auditeur comprend parfaitement pendant qu'il écoute le conférencier, mais plus tard, les idées qu'il avait comprises si facilement semblent s'obscurcir et il se peut même qu'il soit incapable de les reproduire. L'explication de ce phénomène est très simple : les puissantes vibrations du conférencier ont modelé les formes perçues par l'auditeur, mais, plus tard, le corps mental de l'auditeur ne peut pas reproduire les mêmes formes parce que son pouvoir n'est pas assez grand.

Le véritable Instructeur aide donc beaucoup mieux ses disciples en les gardant près de lui qu'en leur adressant n'importe quelles paroles.

Les entités invisibles de l'océan, de la montagne, de la forêt, de la chute d'eau, émettent des vibrations qui éveillent certaines parties des corps mental, astral et éthérique, et c'est pourquoi les voyages peuvent être très utiles à ces trois corps.

D'une manière générale, tout ce qui contribue à l'établissement et au maintien d'une bonne santé physique réagit favorablement sur les véhicules supérieurs.

Inversement, la vie émotionnelle et la vie mentale ont des effets très importants sur le corps physique. Car, si les corps mental et astral sont plus faciles à soumettre au contrôle de la pensée que le corps physique, il n'en est pas moins vrai que la matière physique elle-même peut être moulée par le pouvoir des émotions ou de la pensée. Ainsi, par exemple, il est bien connu que certaines habitudes de pensée, certaines vertus ou certains vices marquent leur trace sur le corps physique; ce phénomène est très commun, mais sa véritable signification passe souvent inaperçue. Un autre exemple est celui des stigmates qui apparaissent sur le corps des saints. La littérature moderne sur la psycho-analyse fournit des exemples innombrables de ce fait.

Chez l'homme hautement évolué de la Cinquième Race, de nos jours, le corps physique est largement influencé par le mental; c'est pourquoi l'anxiété, le souci et toutes les souffrances mentales produisent une tension nerveuse et troublent facilement les phénomènes organiques, produisent ainsi la faiblesse ou la maladie. La pensée vraie et l'émotion pure réagissent sur le corps physique et augmentent son pouvoir d'assimiler prana ou la vitalité.

La force mentale et la sérénité favorisent donc directement la santé physique, car l'homme évolué de la Cinquième Race vit sa vie physique littéralement dans son système nerveux.

2) La vie émotionnelle.

Les corps mental et astral sont si étroitement associés qu'ils réagissent puissamment l'un sur l'autre. La liaison intime qui existe entre Kama (le désir) et Manas (le mental), ainsi que leurs réactions mutuelles ont été étudiées au chapitre VI sur Kama-Manas. Dans ce chapitre, nous allons décrire les quelques autres phénomènes résultant de l'action du corps astral sur le mental, et aussi l'influence du corps mental sur le corps astral.

Lorsque le corps astral est soulevé par un flot d'émotion, il n'en résulte pas une action directe importante sur le corps mental, mais, pendant ce temps, l'activité du corps mental ne peut plus être transmise au cerveau physique. Cela n'est pas parce que le corps mental lui-même est affecté, mais parce que le corps astral, qui sert de pont entre le corps mental et le cerveau, est entièrement occupé à vibrer suivant le mode correspondant à l'émotion et est incapable de transmettre toute autre espèce de vibration.

Un exemple frappant de l'effet d'une émotion puissante sur l'activité mentale nous est fourni par un homme qui devient « amoureux »; dans ce cas, en effet, le jaune de l'intellect disparaît entièrement de son aura.

La sensualité grossière qui est exprimée dans le corps astral par une teinte particulièrement désagréable, n'a rien qui lui corresponde dans le corps mental. Ceci est un exemple du fait que la matière des différents plans, à mesure qu'elle s'affine, perd graduellement le pouvoir d'exprimer les qualités inférieures.

Ainsi, l'homme peut former une image *mentale* qui évoque chez lui des émotions sensuelles, mais la pensée et l'image s'expriment alors dans la matière astrale et non dans la matière mentale. Cette image fait une impression bien définie sur la couleur correspondante du corps astral, mais, dans le corps mental, elle intensifie les couleurs qui représentent l'égoïsme, ainsi que les nuances voisines.

Il arrive quelquefois que certains groupes de sentiments et de pensées, les uns bons et les autres mauvais, soient intimement liés entre eux. Ainsi, par exemple, il est bien connu que la dévotion profonde et une certaine forme de sensualité sont souvent inextricablement mélangées.

L'homme qui souffre de ce désagréable mélange peut récolter les bénéfices de la dévotion et éliminer en même temps la sensualité en entourant son corps mental d'une coque rigide faite de la matière des subdivisions inférieures. De cette manière, il cesse de subir les influences inférieures, et en même temps il reste sensible aux influences supérieures.

Ceci n'est qu'un exemple d'un phénomène très fréquent dans le monde mental sous des formes très variées.

L'action du corps mental sur le corps astral est très puissante et ce fait intéresse tout particulièrement l'étudiant. Il se souviendra que chaque corps est contrôlé par le corps immédiatement supérieur. Ainsi, le corps physique ne peut se gouverner lui-même, mais les passions et les désirs du corps astral peuvent le diriger.

Le corps astral à son tour doit être entraîné et placé sous le contrôle du corps mental, car c'est par la pensée que nous pouvons modifier le désir et commencer à le transformer en volonté, aspect supérieur du désir. C'est seulement le Soi dans sa manifestation Pensée qui peut dominer le Soi dans sa manifestation Désir.

La sensation de liberté que l'on éprouve en choisissant parmi les désirs montre l'existence de quelque chose de supérieur au désir, et ce quelque chose est Manas dans lequel réside la volonté, du moins en ce qui concerne les choses inférieures à Manas.

L'étudiant se souviendra aussi que les chakras ou centres de force dans le corps astral sont construits et contrôlés du plan mental, de même que les centres du cerveau physique sont construits du plan astral.

Toute impulsion envoyée du corps mental au cerveau physique doit passer par le corps astral, et, comme la matière astrale est plus sensible aux vibrations de la pensée que la matière physique, l'effet produit sur le corps astral est aussi beaucoup plus grand. Nous avons traité cette question dans *Le Corps astral,* chapitre VIII.

Comme les vibrations de la matière mentale excitent celles de la matière astrale, les pensées de l'homme tendent à éveiller ses émotions. Ainsi, par exemple, l'homme qui pense à ce qu'il considère comme étant ses propres fautes, se met facilement en colère. L'inverse est également vrai, bien que souvent oublié. En pensant avec calme, l'homme peut éviter la colère et les autres émotions indésirables.

Un exemple de l'effet des habitudes d'ordre de l'esprit nous est donné dans *L'Homme visible et invisible,* planche XX, qui représente le corps astral d'un homme du type scientifique. Les couleurs astrales ont tendance à se disposer en bandes régulières et les lignes de démarcation sont nettement indiquées. Dans certains cas extrêmes, le développement intellectuel conduit à l'élimination complète des sentiments dévotionnels, et réduit considérablement la sensualité.

Le développement du pouvoir de concentration et, en général, le développement du corps mental, affectent aussi la vie des rêves et ceux-ci deviennent clairs, continus, rationnels et même instructifs.

Le corps astral devrait être en réalité, et chez l'homme avancé il est, un simple reflet des couleurs du corps mental, prouvant ainsi que l'homme ne se permet de sentir que ce que sa raison lui dicte.

Inversement, aucune espèce d'émotion ne devrait affecter le corps mental, car il est le siège non des émotions, mais de la pensée.

3) La vie mentale

Dans la construction et l'évolution du mental de l'homme, une partie insignifiante du travail peut être accomplie par les forces extérieures; la presque totalité de ce travail résulte de l'activité de la propre conscience de l'homme. Si donc un homme veut avoir un corps mental fort, plein de vitalité, actif, capable de comprendre les pensées les plus élevées qui lui sont présentées, il faut qu'il se mette sérieusement au travail d'éducation de la pensée.

C'est l'homme lui-même qui affecte son propre corps mental de la manière la plus continue. Les autres hommes, les orateurs, les écrivains l'affectent occasionnellement, mais lui l'affecte constamment. Sa propre action sur la composition de son corps mental est beaucoup plus grande que celle de toute autre personne, et c'est lui-même qui détermine le mode vibratoire normal de son mental. Les pensées qui ne sont pas en harmonie avec ce mode sont repoussées lorsqu'elles touchent son mental. S'il pense vérité, le mensonge ne peut trouver aucune place dans son mental; s'il pense amour, la haine ne peut pas le troubler; s'il pense sagesse, l'ignorance ne peut pas le paralyser.

Il ne faut pas que le mental reste pour ainsi dire en jachère, car toute espèce de pensée pourrait y prendre racine et s'y développer. Il ne faut pas non plus qu'il vibre à sa fantaisie, car il répondrait à toutes les ondes qui passent.

Le mental de l'homme est sa propriété, et il ne devrait permettre de pénétrer qu'aux pensées que lui, l'ego, choisit.

La majorité des gens ne savent même pas penser, et même ceux qui sont un peu plus avancés pensent rarement d'une manière définie et avec force, sauf lorsqu'ils sont occupés à quelque travail qui nécessite toute leur attention. Par suite, un très grand nombre d'esprits sont toujours en jachère, toujours prêts à recevoir n'importe quelle espèce de semence.

La plupart des gens, s'ils surveillent leurs pensées attentivement, s'aperçoivent qu'elles forment un courant de pensées dont ils ne sont pas les auteurs et qui sont de simples fragments rejetés par les autres. C'est à peine si l'homme ordinaire sait exactement à quoi il pense à un instant donné, et pourquoi il y pense. Au lieu de diriger son esprit sur un sujet particulier, il lui permet de s'ébattre sans surveillance, ou bien il le laisse en jachère, de sorte que toute semence qui tombe sur lui peut y germer et donner des fruits.

L'étudiant qui s'efforce sincèrement de s'élever quelque peu au-dessus de la pensée de l'homme moyen, ne doit pas oublier qu'une très grande partie des pensées dont il subit la pression incessante est à un niveau inférieur au sien, et que, par suite, il doit se préserver de cette influence. Il existe un si vaste océan de pensées sur des sujets sans importance qu'il est nécessaire de s'efforcer énergiquement de les exclure. C'est pourquoi « Couvrir la Loge » est le « souci constant » de chaque Franc-Maçon.

L'homme qui se donne la peine de créer l'habitude de penser d'une manière soutenue et concentrée, s'aperçoit que son cerveau, dès qu'il est entraîné à écouter la voix de l'ego — le véritable Penseur — reste tranquille lorsqu'il n'est pas occupé, et ne répond plus aux courants éventuels de l'océan de pensées qui l'entoure. Par suite, il a cessé d'être insensible aux influences des plans supérieurs où la vue est plus pénétrante et le jugement plus sûr qu'ici-bas.

C'est seulement lorsque l'homme peut réduire son esprit à un état de tranquille quiétude, et l'y maintenir sans penser, que la conscience supérieure peut se manifester. Alors, l'homme est prêt à entreprendre le travail de la méditation et de la Yoga, comme nous le verrons plus loin.

Voilà le but de l'entraînement du corps mental. L'homme qui le pratique découvre bientôt que grâce à la pensée la vie peut être rendue plus noble et plus heureuse, et que grâce à la sagesse il est possible de mettre fin à la souffrance.

L'homme sage surveille ses pensées avec le plus grand soin, car il sait qu'il possède un puissant instrument et qu'il est responsable de l'usage qu'il en fait. C'est son devoir de gouverner sa pensée, pour cesser d'errer et de faire du mal à lui-même et aux autres. C'est son devoir de développer le pouvoir de la pensée au moyen duquel il peut faire tant de bien.

La lecture ne construit pas le corps mental; c'est la pensée qui le construit. La lecture n'est bonne que parce qu'elle fournit des matériaux à la pensée, et la croissance mentale de l'homme est en rapport avec la quantité de pensée qu'il met en jeu pendant ses lectures. L'exercice régulier et persistant — mais sans excès — fait croître le pouvoir de penser de même qu'il fait croître un muscle. Sans l'éducation de la pensée, le corps mental reste inorganisé; sans concentration — la faculté de fixer la pensée sur un certain point — le pouvoir de la pensée ne peut pas s'exercer efficacement.

La loi générale de la vie d'après laquelle la croissance résulte de l'exercice, s'applique aussi bien au corps mental qu'au corps physique. Au cours de l'entraînement du corps mental à vibrer sous l'action de la pensée, de la matière nouvelle est attirée de l'atmosphère mentale ambiante et est unie au corps mental qui, de cette manière, augmente de grandeur tandis que la complexité de sa structure s'accroît. C'est la quantité de pensée qui détermine la croissance du corps mental; le genre de matière employé à cette croissance est déterminé par la nature de la pensée.

Il est fort utile d'analyser en détail ce qui se passe pendant la lecture. Dans un livre écrit avec soin, chaque phrase ou chaque paragraphe contient une idée bien définie, qui est représentée par une forme-pensée créée par l'auteur. Cette forme-pensée est généralement entourée de formes secondaires qui expriment les corollaires ou déductions nécessaires de l'idée principale.

Dans l'esprit du lecteur devrait se construire une reproduction exacte de la forme-pensée de l'auteur, soit immédiatement, soit par degrés. L'apparition des formes secondaires dépend de l'esprit du lecteur, c'est-à-dire dépend de sa promptitude à voir les conséquences de l'idée principale.

Une personne non développée mentalement ne peut pas créer une forme précise; elle construit une masse amorphe au lieu d'une forme géométrique. D'autres personnes peuvent bâtir une forme reconnaissable, mais incomplète ou déformée.

D'autres encore sont capables de bâtir une sorte de squelette de la forme, montrant ainsi qu'elles ont saisi le principe de l'idée, mais non ses détails, et que l'idée n'est pas vivante dans leur esprit. Certaines personnes saisissent un côté de l'idée et construisent la moitié de la forme, ou bien elles en saisissent un seul point et négligent tout le reste.

L'étudiant sérieux doit pouvoir reproduire l'image de l'idée centrale exactement et du premier coup; les idées secondaires viendront plus tard et à mesure qu'il tournera l'idée centrale dans son esprit.

Une des causes les plus importantes de l'imperfection des images est le manque d'attention. Le clairvoyant peut voir l'esprit du lecteur occupé d'une demi-douzaine de sujets à la fois. Dans son cerveau s'agitent les soucis de la maison, les préoccupations au sujet de ses affaires, la mémoire ou l'espérance des plaisirs, la fatigue de l'étude, etc., tout cela forme les neuf dixièmes de son activité mentale; le dixième restant est formé par un effort désespéré pour comprendre l'idée exprimée dans le livre qu'il lit.

Le résultat d'une telle lecture est de remplir le corps mental d'une foule de petites formes-pensées sans aucune liaison entre elles, au lieu de construire un édifice ordonné.

Il est clair, par suite, que pour devenir capable de se servir de son corps mental et de son esprit efficacement, l'entraînement de l'attention et de la concentration sont essentiels, et que l'homme doit apprendre à délivrer son esprit de toute pensée étrangère pendant qu'il étudie.

Un étudiant entraîné peut, grâce à la forme-pensée de l'auteur, venir en contact avec l'esprit de l'auteur, et obtenir de lui des renseignements supplémentaires sur les points difficiles; mais si l'étudiant n'est pas très développé, il s'imaginera facilement que les pensées nouvelles qui lui viennent ainsi sont les siennes propres et non celles de l'auteur.

Nous rappelons ici que tout travail mental effectué sur le plan physique doit passer par le cerveau physique; il faut donc entraîner celui-ci, de sorte qu'il puisse servir d'instrument commode au corps mental.

Il est bien connu que certaines parties du cerveau sont en rapport avec certaines qualités de l'homme ou avec sa faculté de penser suivant certaines lignes. Toutes ces parties doivent être saines et en relation directe avec les zones correspondantes du corps mental.

L'étudiant de l'occultisme s'entraîne délibérément à l'art de penser. Par suite, sa pensée est plus puissante que celle de l'homme non entraîné, et il a la possibilité d'influencer un cercle plus grand et de produire des effets plus importants. Ceci se produit tout à fait en dehors de sa propre conscience et sans qu'il fasse aucun effort spécial dans ce but.

Mais justement parce que l'occultiste connaît l'énorme

pouvoir de la pensée, sa responsabilité dans l'emploi de cette puissance est grande et il s'efforce de l'utiliser à aider les autres.

L'avertissement suivant sera peut-être utile à ceux qui ont tendance à discuter. Qu'ils se souviennent que lorsqu'ils se précipitent sur le terrain de la discussion, ils abandonnent leur forteresse mentale toutes portes ouvertes et sans défense. Alors, toute force mentale qui se trouve à proximité peut entrer et se rendre maître de leur corps mental. Tandis que l'homme gaspille en vain ses forces pour des choses de peu d'importance, la stabilité de son corps mental est compromise par les influences qui le traversent. L'étudiant de l'occultisme devrait faire très attention lorsqu'il se permet de prendre part à une discussion. C'est un fait bien connu que la discussion a rarement pour résultat de faire changer d'avis l'une des parties; dans la plupart des cas, chacune d'elles tient davantage à sa propre opinion qu'avant la discussion.

Chaque instant de notre existence est une opportunité offerte à la conscience pour construire notre corps mental. Eveillés ou endormis, nous sommes toujours occupés à construire nos véhicules mentals. Tout frémissement de conscience, même s'il n'est dû qu'à une pensée passagère, attire dans le corps mental des particules de matière mentale et en rejette d'autres. Si l'on fait vibrer le corps mental au moyen de pensées pures et élevées, la rapidité des vibrations fait partir des particules de matière grossière, et leur place est prise par des particules plus fines. De cette manière, il est possible de rendre le corps mental de plus en plus pur et plus fin. Alors, le corps mental étant composé de matière subtile ne réagit plus aux pensées grossières et mauvaises; au contraire, un corps mental formé de matériaux grossiers serait affecté par toute énergie mauvaise qui passe, et resterait insensible aux énergies du bien.

Ce qui précède s'applique essentiellement au côté « forme » du corps mental. En ce qui concerne le côté

« vie », nous rappelons que l'essence même de la conscience est de s'identifier sans cesse avec le Non-Moi, et sans cesse également de s'affirmer de nouveau en rejetant le Non-Moi. En fait, la conscience est essentiellement constituée par ces affirmations et ces négations alternatives : « Je suis cela »; et « Je ne suis pas cela ». C'est pourquoi la conscience produit dans la matière ces attractions et répulsions que nous appelons vibrations. C'est donc la qualité des vibrations mises en jeu par la conscience qui détermine le degré de finesse ou de grossièreté de la matière attirée dans le corps mental.

Comme nous l'avons vu au chapitre XI, les vibrations-pensées d'un homme dont les pensées sont élevées, tendent, lorsqu'elles agissent sur nous, à éveiller dans notre corps mental les vibrations de l'espèce de matière qui leur correspond; en même temps, elles déplacent ou même rejettent une portion de la matière qui est trop grossière pour vibrer sous leur impulsion. Le bénéfice que nous retirons de la présence d'un autre dépend donc largement de nos pensées passées, puisque, pour être affectées par des pensées élevées, il faut que nous ayons déjà dans notre corps mental de la matière correspondant à ces pensées.

Le corps mental est soumis aux lois de l'habitude tout comme les autres véhicules. Si nous l'accoutumons à un certain genre de vibrations, il apprend à les reproduire facilement et rapidement. Ainsi, par exemple, si un homme prend l'habitude de penser du mal des autres, il lui devient rapidement beaucoup plus facile de penser au mal que de penser au bien qui se trouvent chez une autre personne. Souvent naissent de cette manière des préjugés qui aveuglent l'homme à un point tel qu'il ne voit plus chez les autres aucune bonne qualité, mais y voit seulement le mal considérablement amplifié.

Beaucoup de personnes, par ignorance, prennent l'habitude d'entretenir des pensées mauvaises; il est évidemment aussi facile d'en entretenir de bonnes. Ce n'est pas une chose difficile que de s'entraîner à rechercher chez les personnes que nous rencontrons les bons côtés plutôt que les mauvais. Il en résultera l'habitude d'aimer les gens au lieu d'être dégoûtés par eux. Notre esprit commencera à travailler plus facilement dans la voie de l'admiration au lieu de rester dans celle de la suspicion et du mépris. L'usage systématique du pouvoir de la pensée nous rendra la vie plus facile et plus agréable, et construira notre corps mental au moyen de la matière la plus souhaitable.

Bien des gens n'exercent pas leurs facultés mentales comme ils le devraient; leurs esprits sont récepteurs et non créateurs; ils absorbent sans cesse les pensées des autres au lieu d'en créer eux-mêmes.

La claire compréhension de ces faits pousse l'homme à changer l'attitude de sa conscience dans la vie journalière et à surveiller l'activité de son mental. Tout d'abord il se peut que l'homme éprouve une grande détresse lorsqu'il s'aperçoit qu'une grande partie de ses pensées ne sont pas littéralement à lui; que les pensées lui viennent il ne sait d'où et s'en vont il ne sait pas où; et qu'en somme son mental n'est guère plus qu'un lieu de passage pour les pensées errantes.

Ayant atteint ce stade préliminaire de soi-conscience, l'homme doit ensuite observer quelle différence il y a entre la nature des pensées qui entrent dans son esprit et la nature de celles qui sortent, c'est-à-dire ce qu'il y a ajouté pendant qu'elles ont séjourné chez lui. Par ce moyen son esprit devient rapidement actif et il développe son pouvoir créateur.

Ensuite, l'homme doit choisir délibérément ce qu'il permet à son esprit de garder. Alors, lorsqu'il trouve dans son esprit une pensée qu'il juge bonne, il porte son attention sur elle, la renforce, puis la renvoie comme un agent pour le bien; lorsqu'il y trouve une pensée qu'il juge mauvaise, il la rejette rapidement.

Si l'homme laisse par négligence sa pensée s'occuper d'idées indésirables, c'est un jeu très dangereux, car il en résulte la formation d'une tendance vers ces choses indésirables, et cette tendance conduit souvent à des actes. L'homme qui joue avec l'idée d'une mauvaise action peut fort bien tout à coup s'apercevoir qu'il est en train d'accomplir cette mauvaise action, sans avoir eu le temps de se rendre compte de ce qui lui arrive. Lorsque s'ouvre la porte de l'opportunité, l'énergie mentale se précipite et l'action s'accomplit. Car toute action procède de la pensée. Même quand l'action est accomplie, comme nous disions, sans penser, elle est toujours l'expression instinctive de pensées, désirs et sentiments que l'homme a laissé croître en lui dans les jours passés.

Après avoir pratiqué pendant quelque temps ce choix des pensées l'homme s'apercevra que les pensées mauvaises qui entrent dans son esprit sont de plus en plus rares; et que ces pensées finissent par être repoussées automatiquement par son esprit lui-même. Son esprit commence alors à se comporter comme un aimant vis-à-vis des pensées qui l'entourent. L'homme rassemble donc dans son corps mental une masse de bons matériaux et son corps mental s'enrichit d'année en année.

Nous voyons donc que le grand danger à éviter est la création d'images-pensées sous les impulsions extérieures; il ne faut pas que les stimuli du monde extérieur fassent naître des images dans le corps mental et moulent la matière mentale créatrice en formes-pensées chargées d'une énergie qui cherchera nécessairement à se dépenser en réalisant ces pensées. C'est dans cette activité indisciplinée du corps mental que réside la source de presque toutes nos luttes intérieures et nos difficultés spirituelles. C'est l'ignorance qui permet le fonctionnement indiscipliné du corps mental; que l'ignorance soit remplacée par la connaissance, et nous apprendrons à contrôler notre corps mental, de sorte qu'il ne soit pas mis en activité de l'extérieur, mais qu'il soit bien à nous et que nous l'utilisions suivant notre volonté.

Une grande quantité de souffrance est causée par l'imagination indisciplinée. Le manque de contrôle des passions inférieures (particulièrement du désir sexuel) provient du manque de discipline de l'imagination, et non d'une volonté trop faible. Même lorsque l'homme éprouve un puissant désir, c'est de la pensée créatrice que procède l'action. Il n'y a aucun danger à regarder simplement l'objet du désir et à y penser, mais dès que l'homme se représente en train de satisfaire son désir et permet au désir de renforcer l'image qu'il avait créée, alors commence le danger. Il est très important de bien comprendre que l'objet du désir ne possède en lui aucun pouvoir tant que nous ne mettons pas en jeu notre imagination qui, elle, est créatrice. Si nous la mettons en jeu, il est certain qu'une lutte en résultera.

Dans cette lutte nous pouvons faire appel à ce que nous croyons être notre volonté, et essayer d'échapper aux conséquences de l'activité de notre imagination par une résistance acharnée. Mais bien peu ont appris que la résistance frénétique ou anxieuse inspirée par la peur est très différente de la volonté. Le mieux est d'employer la volonté tout d'abord pour contrôler l'imagination, nous attaquons ainsi la cause de nos troubles elle-même.

Comme nous le verrons dans un chapitre suivant, les matériaux que nous rassemblons dans cette vie sont, après la mort, élaborés en facultés mentales qui trouveront leur expression dans les vies futures. Le corps mental de la prochaine incarnation dépend du travail que nous faisons dans le corps mental actuel. Le Karma nous donne la récolte qui correspond à ce que nous avons semé; nous ne pouvons pas isoler nos vies les unes des autres, ni créer miraculeusement quelque chose avec rien.

Comme il est écrit dans le *Chandagyopanishad,* « L'homme est une créature de réflexion; ce qui fait l'objet de ses réflexions dans cette vie, il le devient dans le futur ».

Pour modifier nos habitudes de pensée, il faut rejeter du corps mental une partie de ses particules et les remplacer par d'autres d'un type supérieur; cela est évidemment difficile au début, de même qu'il est difficile de changer les habitudes physiques. Mais c'est chose possible, et à mesure que l'ancienne forme se modifie, la pensée droite devient de plus en plus facile, jusqu'à ce qu'enfin elle soit spontanée.

Il ne semble pas y avoir de limite aux possibilités qui sont offertes à l'homme décidé à se refaire par l'activité mentale concentrée. Comme nous l'avons vu, les écoles de traitement mental — telles que la *Christian Science,* la *Mental Science* et d'autres — utilisent ce puissant moyen pour produire leurs résultats, et leur utilité dépend en grande partie des connaissances de l'opérateur en ce qui concerne les forces qu'il emploie. Des succès innombrables prouvent l'existence de cette force. Les échecs montrent que l'emploi de cette force était maladroit, ou que l'opérateur n'était pas capable de se procurer une quantité de force suffisante pour le travail qu'il avait à accomplir.

En d'autres termes, la pensée est la manifestation de la faculté de créer, le Troisième Aspect de la trinité humaine. Dans la terminologie Chrétienne, la volonté est la manifestation de Dieu le Père; l'amour, de Dieu le Fils; et la pensée, ou activité créatrice, de Dieu le Saint-Esprit. C'est la pensée qui en nous agit, crée, exécute les décrets de la volonté. Si la volonté est le Roi, la pensée est le Premier Ministre.

L'occultiste applique son pouvoir créateur à activer l'évolution humaine. La Yoga Orientale est l'application des lois générales de l'évolution de l'esprit à l'activation de l'évolution d'une conscience particulière. Il a été prouvé, et cela peut toujours l'être, que la pensée, en se concentrant attentivement sur une idée, la construit dans le caractère du penseur; ainsi l'homme peut créer en lui-même n'importe quelle qualité par la pensée attentive et soutenue, par la méditation.

Connaissant cette loi, l'homme peut construire son propre corps mental comme il le désire, absolument comme un maçon peut construire un mur. Le processus de la construction du caractère est aussi scientifique

que le développement de la puissance musculaire. La mort même n'arrête pas le travail, comme nous le verrons dans les chapitres suivants.

Dans ce travail, la prière peut être très efficace. L'exemple le plus remarquable de cette efficacité est sans doute dans la vie du Brahmane. La totalité de cette vie est pratiquement une prière continue. Bien que plus étudié et plus détaillé, son contenu est analogue à celui des prières utilisées dans certains couvents Catholiques où l'on enseigne au novice à prier à chaque fois qu'il mange pour que son âme soit nourrie par le pain de vie; à chaque fois qu'il se lave pour que son âme reste pure; à chaque fois qu'il entre dans une église pour que sa vie puisse être un long service, etc. La vie du Brahmane est analogue, mais sa dévotion est plus étendue et entre davantage dans les détails. L'homme qui obéit réellement et honnêtement à ces instructions est sans doute profondément affecté, et cela d'une manière continue, par son activité mentale.

Comme nous l'avons vu au chapitre IV, le corps mental offre cette particularité d'augmenter de taille et d'activité à mesure que l'homme se développe. Le corps physique reste sensiblement le même depuis très longtemps; le corps astral croît dans une certaine mesure; mais le corps mental (ainsi que le corps causal) s'étend énormément dans les dernières étapes de l'évolution, manifestant un éclat magnifique avec ses lumières multicolores qui brillent dans une splendeur indescriptible lorsqu'il est au repos, et émettent des éclairs éblouissants lorsqu'il est en activité.

Chez une personne non développée, le corps mental est à peine visible; il est si peu important qu'il faut faire un effort pour l'apercevoir. Un grand nombre de personnes sont incapables de penser clairement, particulièrement en Occident, au sujet des choses religieuses. Tout est pour eux vague et nébuleux. Mais le développement occulte n'a rien de commun avec le vague et nébuleux. Il faut que nos conceptions soient précises et nos images-pensées bien définies. Ces qualités sont essentielles dans la vie de l'occultiste.

L'étudiant doit bien comprendre aussi que chaque homme voit nécessairement le monde extérieur à travers son propre esprit. Le résultat peut être judicieusement comparé à ce qui se produit quand on regarde un paysage à travers un verre coloré. Un homme qui n'aurait jamais vu le monde autrement qu'à travers des verres rouges n'aurait aucune idée des changements que ces verres apportent aux véritables couleurs. De la même façon, l'homme est habituellement inconscient de la distorsion apportée dans sa vision par son propre esprit. C'est dans ce sens que l'esprit a été appelé « le créateur d'illusion ». L'étudiant de l'occultisme a nettement devant lui le devoir de purifier et développer son corps mental, d'éliminer les « verrues » (voir chapitre V) et les préjugés, de sorte que ce corps mental réfléchisse la vérité avec un minimum de distorsion dû à ses propres défauts.

L'influence de l'homme sur les animaux doit être exposée ici brièvement pour que notre étude soit complète.

Si un homme dirige des pensées affectueuses vers un animal, ou bien s'il fait des efforts pour lui enseigner quelque chose, il y a un effet direct et voulu produit par le corps astral ou mental de l'homme sur le véhicule correspondant de l'animal. Mais cela est relativement rare, car, en général, les effets produits ne sont pas délibérément voulus de part ou d'autre, ils sont simplement la conséquence inévitable de la proximité des deux entités en question.

Le caractère de l'homme a une grande importance sur la destinée de l'animal. Si les influences en jeu sont principalement émotionnelles, il est probable que l'animal développera surtout son corps astral et que la rupture finale avec l'âme-groupe animale sera due à un accès soudain d'affection intense qui atteindra l'aspect bouddhique de la monade flottant au-dessus, d'où résultera la formation de l'ego.

Si les influences réciproques sont surtout mentales, le corps mental naissant de l'animal sera stimulé et l'animal s'individualisera vraisemblablement par l'intellect.

Si l'homme a une forte volonté ou une spiritualité intense, l'animal s'individualisera sans doute par stimulation de sa volonté.

Individualisation par l'affection, par l'intellect et par la volonté, voilà les trois méthodes normales. Mais il est possible d'arriver à l'individualisation par des moyens moins souhaitables, par l'orgueil, la peur, la haine ou le désir du pouvoir.

Ainsi, par exemple, un groupe d'environ deux millions d'egos individualisés dans la Septième Ronde de la Chaîne Lunaire, le furent uniquement par l'orgueil, sans autre qualité qu'une certaine adresse, et leurs corps causals n'ont presque pas de coloration en dehors de l'orange.

L'arrogance et l'indiscipline de ce groupe apportèrent le trouble dans toutes les périodes de l'histoire, causant bien des souffrances à eux-mêmes et aux autres. Quelques-uns d'entre eux devinrent les « Seigneurs de la Face Noire » d'Atlantis, d'autres devinrent des conquérants dévastateurs ou des millionnaires sans scrupule bien dénommés « les Napoléons de la finance ».

Quelques-uns de ceux qui s'individualisèrent par la peur engendrée par la cruauté devinrent les inquisiteurs du moyen âge et ceux qui torturent les enfants de nos jours.

Le mécanisme de l'individualisation est décrit plus en détail dans *Etude sur la conscience*, par le Dr Besant. Il sera également décrit dans *Le Corps causal.*

CHAPITRE XIV

Facultés

Au cours de l'évolution, le corps mental sera, comme le corps astral, éveillé à l'activité consciente, et il apprendra à répondre aux vibrations de la matière de son propre plan, découvrant ainsi à l'ego un monde nouveau et immense de connaissance et de pouvoir.

Toutefois, il ne faut pas confondre le plein développement de la conscience dans le corps mental avec la possibilité beaucoup plus restreinte d'utiliser le corps mental dans certaines limites. L'homme utilise son corps mental à chaque fois qu'il pense, mais il y a loin de là à l'emploi du corps mental comme véhicule indépendant à travers lequel la conscience peut s'exprimer complètement.

Comme nous l'avons vu au chapitre IV, le corps mental de l'homme moyen est beaucoup moins évolué que son corps astral. Chez la majorité des hommes, la partie supérieure du corps mental est encore en sommeil même quand la partie inférieure est en pleine activité. Le corps mental de l'homme moyen ne constitue pas en réalité un véhicule, car l'homme ne peut pas s'en servir pour se déplacer, et il ne peut pas employer ses sens pour recevoir des impressions à la manière ordinaire.

Parmi les personnes à l'esprit scientifique de notre époque, le corps mental est généralement très développé, mais ce développement correspond principalement à l'utilisation par la conscience de veille, et l'utilisation directe sur les plans supérieurs reste très imparfaite.

Très peu de gens, à part ceux qui ont été délibérément entraînés par des instructeurs appartenant à la Grande Fraternité des Initiés, travaillent consciemment dans leur corps mental. Ceux qui en sont capables ont derrière eux des années de pratique de la méditation et d'efforts spéciaux.

Jusqu'à l'époque de la Première Initiation, l'homme travaille pendant la nuit dans son corps astral, mais dès qu'il est capable d'utiliser complètement le corps mental, le travail dans ce corps commence. Quand le corps mental est complètement organisé, il constitue un véhicule beaucoup plus souple que le corps astral, et bien des choses impossibles sur le plan astral peuvent être accomplies dans ce nouveau véhicule.

Le pouvoir de fonctionner librement dans le monde mental doit être acquis par le candîdat avant la Seconde Initiation, car celle-ci a lieu sur le plan mental inférieur.

De même que la vision sur le plan astral est différente de celle du plan physique, la vision sur le plan mental est différente des deux précédentes. Dans le cas du plan mental, nous ne pouvons plus parler de sens séparés comme la vue et l'ouïe, mais il nous faut postuler un sens général qui réagit si parfaitement aux vibrations qui l'atteignent, que, lorsqu'un objet vient à sa portée, il le voit, l'entend, le sent, et connaît tout ce qu'il est possible de savoir à son sujet, ses causes, ses effets, ses possibilités, du moins en ce qui concerne le monde mental et les mondes inférieurs, tout cela instantanément, en une seule opération. L'action directe de ce sens supérieur n'est pas affligée par le doute, l'hésitation ou le retard. S'il pense à un endroit déterminé, il y est; s'il pense à un ami, celui-ci est devant lui. Il n'y a plus de malentendus, plus d'erreurs, l'homme ne peut plus être trompé par les apparences extérieures, car les pensées et les sentiments de son ami s'offrent à lui comme les pages d'un livre ouvert sur le plan physique.

Si l'homme est avec un ami dont le sens supérieur est aussi développé, leurs rapports atteignent une perfection dont nous n'avons pas idée sur la terre. Pour eux la distance et la séparation n'existent plus. Leurs sentiments ne sont plus cachés ni imparfaitement exprimés par des mots maladroits; les questions et les réponses sont inutiles, car les images-pensées sont lues dès qu'elles sont créées et l'échange des idées est aussi rapide que leur naissance instantanée dans l'esprit.

Cette faculté merveilleuse diffère de celles dont nous disposons actuellement, par le degré de développement et non par l'essence. Car sur le plan mental comme sur le plan physique, les impressions sont transmises au moyen des vibrations qui vont de l'objet à l'observateur. Il n'en est pas de même sur le plan bouddhique, mais nous ne nous occuperons pas de ce plan dans le présent livre.

Il n'y a pas grand chose qui puisse ou qui doive être dit au sujet de la clairvoyance mentale, car il est peu probable que des exemples de cette clairvoyance puissent être observés en dehors du cercle des élèves délibérément entraînés dans les écoles supérieures d'occultisme. Devant eux s'ouvre un monde nouveau au sujet duquel tout ce que nous pouvons imaginer de plus glorieux n'est pour eux que l'existence ordinaire.

Tout ce que ce nouveau monde peut offrir est à la portée de l'étudiant entraîné, mais le clairvoyant non entraîné a bien peu de chances d'atteindre ce monde. Il n'y a sans doute pas un clairvoyant ordinaire sur mille qui soit arrivé à toucher ce nouveau monde. Cela peut se produire lorsque pendant la trance mesmérique le sujet échappe au contrôle de l'opérateur, mais c'est très rare, car cela nécessite des qualifications presque surhumaines sur le chemin de l'aspiration spirituelle, et une pureté absolue de pensée et d'intention de la part de l'opérateur et du sujet. Même dans ce cas, le sujet ne rapporte sur le plan physique guère plus que le souvenir intense d'une félicité indescriptible, généralement coloré par ses propres convictions religieuses.

Non seulement toute connaissance — du moins celle qui ne dépasse pas le plan mental — est à la portée de ceux qui fonctionnent sur le plan mental, mais le passé du monde leur est aussi accessible que le présent, car ils disposent de la mémoire indélébile de la nature (voir chapitre XXVIII).

Ainsi, par exemple, pour celui qui fonctionne librement sur le plan mental, il est possible de prendre connaissance d'un livre autrement qu'en le lisant. Le plus simple est de lire dans l'esprit de quelqu'un qui a étudié le livre, mais alors on n'obtient que la conception de l'étudiant.

Une autre méthode consiste à examiner l'aura du livre. Chaque livre est entouré d'une aura mentale construite par les pensées de ceux qui l'ont lu et étudié. En examinant cette aura on obtient généralement une idée assez exacte et complète du contenu du livre, malgré les franges constituées par les opinions des divers lecteurs, opinions non exprimées dans le livre lui-même.

Comme nous l'avons dit au chapitre VIII, de nos jours, les lecteurs n'étudient pas avec autant de soin qu'autrefois, de sorte que les formes-pensées reliées à un livre moderne sont rarement aussi claires que celles qui entourent les manuscrits d'autrefois.

Une troisième méthode consiste à dépasser le livre pour atteindre l'esprit de l'auteur, comme nous l'avons décrit au chapitre X.

Une quatrième méthode nécessite des pouvoirs plus étendus : elle consiste à « voir » le sujet du livre comme dans le phénomène de psychométrie et à visiter mentalement le centre de pensée où convergent tous les courants de pensée relatifs à ce sujet. Cette question a été traitée au chapitre XII sur les centres de pensée.

Pour être capable de faire des observations sur le plan mental, il faut savoir arrêter ses pensées de sorte que les créations de l'esprit n'influencent pas la matière sensible qui l'entoure.

Il ne faut pas confondre l'état ci-dessus dans lequel l'esprit est en suspens, avec l'état de passivité que l'on obtient au moyen d'un si grand nombre de pratiques de Hatha Yoga. Dans ce dernier cas, l'esprit est amené à la passivité absolue, à peu près comme chez un médium.

Au contraire, dans le premier cas, l'esprit est tout à fait alerte et aussi positif qu'il lui est possible; il retient ses pensées simplement pour éviter de mêler des éléments personnels aux observations qu'il désire faire.

Les chakras, ou centres de force, existent dans le corps mental comme dans les autres véhicules. Ce sont les points de communication par où passe la force qui va d'un véhicule à l'autre. Les chakras du corps éthérique ont été décrits dans *Le Double éthérique,* chapitres III et suivants, et ceux du corps astral dans *Le Corps astral,* chapitre V. Nous ne possédons jusqu'à présent que peu de renseignements sur les chakras du corps mental.

Chez l'homme d'un type particulier, le chakra du sommet de la tête est courbé jusqu'à ce que son tourbillon coïncide avec l'organe atrophié connu sous le nom de glande pinéale. Pour ce type, l'organe est vivifié et il forme une communication directe avec le mental inférieur sans passer auparavant par le plan astral à la manière ordinaire. C'était pour ces gens que Mme Blavatsky insistait tant sur l'importance de l'éveil de cet organe.

La faculté de grossissement appelée par les Hindous « anima » appartient au chakra situé entre les sourcils. La partie centrale de ce chakra projette ce que l'on pourrait appeler un microscope dont l'objectif est formé d'un seul atome, ce qui constitue un appareil dont les dimensions correspondent à celles des particules très petites à observer.

L'atome employé ainsi peut être physique, astral ou mental, mais quel qu'il soit, il exige une préparation spéciale. Il faut que tous ses spirilles soient en activité comme cela sera pour tous les atomes à la septième Ronde de notre Chaîne.

La faculté ci-dessus appartient au corps causal, de sorte que si l'objectif en question est un atome du niveau inférieur, il faut y ajouter un dispositif capable de réfléchir les contreparties des niveaux inférieurs au niveau causal. L'atome peut être adapté à n'importe quel sous-plan, de sorte qu'il permet le grossissement de n'importe quel objet.

La même faculté permet aussi à l'opérateur de concentrer sa conscience dans l'atome-objectif, ce qui lui procure la vision à distance.

Toujours le même pouvoir peut être utilisé d'une manière différente pour réduire les images perçues lorsque l'on désire voir d'un seul coup un ensemble si vaste qu'il échappe à la vision ordinaire. Cette faculté est appelée par les Hindous « mahima ».

La clairvoyance mentale n'est bornée que par les limites du plan mental lui-même, qui, comme nous le verrons au chapitre XXVII, ne s'étend pas jusqu'aux plans mentaux des autres planètes. Cependant, la clairvoyance mentale permet d'obtenir pas mal de renseignements sur les autres planètes.

Lorsqu'on échappe à l'influence troublante de l'atmosphère terrestre, la vision devient beaucoup plus claire. De plus, il devient alors facile de mettre en œuvre un pouvoir grossissant considérable qui permet d'obtenir des informations astronomiques très intéressantes.

Prana, ou la vitalité, existe sur le plan mental comme sur tous les plans que nous connaissons. Il en est de même de Koundalini ou le Feu-Serpent, et aussi de Fohat ou l'électricité, et de la force vitale désignée dans *Le Double éthérique* sous le nom de « Force Primaire ».

Nous ne savons pas grand'chose actuellement de Prana ni de Koundalini sur le plan mental. Toutefois, nous savons que Koundalini vivifie tous les véhicules.

La Force Primaire dont il est question ici est l'une des expressions de la Deuxième Effusion, du Deuxième Aspect du Logos. Sur le plan bouddhique, elle se manifeste comme le principe Christique de l'homme. Dans les corps mental et astral, elle vivifie diverses couches de matière, apparaissant à la partie supérieure du corps astral sous forme de nobles émotions, et à la partie inférieure sous forme d'un simple flux de force vivifiant la matière astrale. Dans sa manifestation la moins élevée, elle s'enveloppe de matière éthérique, lorsqu'elle sort du corps astral et pénètre dans les chakras qui sont à la surface du corps éthérique, où elle rencontre Koundalini qui jaillit de l'intérieur du corps humain.

L'étudiant se souviendra (voir *Le Double éthérique*, chapitre VIII) que le courant de Prana violet stimule la pensée et l'émotion spirituelles, la pensée ordinaire étant stimulée par l'action du courant bleu mélangé d'une partie de jaune; et aussi que dans certains cas d'idiotie le flux de vitalité dans le cerveau (à la fois jaune et bleu-violet) est presque entièrement arrêté.

Depuis la publication du *Double éthérique*, un nouveau livre de Mgr Leadbeater est paru, *Les Chakras aux centres de force dans l'homme*, qui contient quelques nouveaux renseignements intéressants au sujet des chakras, en particulier en ce qui concerne leurs relations avec les différents plans. Pour cette étude, le tableau suivant peut être utile :

TABLEAU DES CHAKRAS

N°	Nom français	Nom sanscrit	Situation	Nombre de rayons	Groupe	Force correspondante
1	Base col. vertébr.	Muladhara.	Base col. vertébr.	4	I	Koundalini.
2	Splénïq.	—	Au dessus de la rate.	6	Physiologiq.	Prana.
3	Ombilical.	Manipura.	Ombilic, au-dessus du plexus solaire	10	II	Astrale infér.
4	Cardiaque.	Anahata.	Au dessus du cœur.	12	Personnel.	Astrale supér.
5	Gorge.	Visuddha.	Devant la gorge.	16		Mentale infér.
6	Frontal	Ajna	Entre les sourcils.	96	III	Forces supér. à travers le corps pituitaire
7	Coronal.	Sahasrara.	Sommet de la tête.	12 960	Spirituel.	Forces supér. à travers la glande pinéale.

Le tableau ci-dessus montre que la Force Primaire, Prana et Koundalini ne sont pas directement en rapport avec la vie mentale et émotionnelle de l'homme, mais seulement avec son bien-être corporel. D'autres forces pénètrent dans les chakras, que l'on peut appeler psychiques et spirituelles. Les chakras de la base de la colonne vertébrale et de la rate en sont dépourvus, mais le chakra ombilical et les chakras supérieurs sont les portes d'entrée pour les forces qui affectent la conscience *humaine.*

Il semble bien qu'il y ait une certaine correspondance entre les couleurs des flux de Prana qui traversent les divers chakras et les couleurs assignées par H. P. Blavatsky aux principes de l'homme dans *La Doctrine Secrète*, comme il résulte du tableau suivant :

Couleurs du Prana	Chakras traversés	Couleurs indiquées dans la *Doctrine Secrète*	Principes représentés
Bleu clair.	Gorge.	Bleu.	Atma (enveloppe aurique).
Jaune.	Cœur.	Jaune.	Bouddhi.
Bleu foncé.	Sourcils.	Indigo ou bleu foncé.	Manas supérieur.
Vert.	Ombilic.	Vert.	Kama-Manas : mental inférieur.
Rose.	Rate.	Rouge.	Kama-Roupa.
Violet.	Coronal.	Violet.	Double éthérique.
Orangé-rouge (avec un autre violet).	Base col. (ensuite vers sommet de la tête).	—	—

Koundalini appartient à la Première Effusion venant du Troisième Aspect. Au centre de la terre, Koundalini opère dans un vaste globe dont seules les couches extérieures peuvent être approchées; elles sont en relation avec les couches de Koundalini dans le corps humain. C'est pourquoi l'on dit que Koundalini dans le corps humain provient du « laboratoire du Saint-Esprit » au plus profond de la terre. Il appartient au feu souterrain qui fait un contraste frappant avec le feu de Prana ou vitalité. Prana appartient à l'air, à la lumière et à l'espace libre; le feu souterrain est beaucoup plus matériel, comme le feu d'un fer rouge. Cette force puissante présente d'un certain point de vue un aspect terrible : elle donne l'impression de descendre de plus en plus profondément dans la matière, poursuivant son mouvement lentement, mais irrésistiblement, avec une inflexible certitude.

Il ne faut pas oublier que Koundalini est la puissance de la Première Effusion sur le chemin du retour, et qu'il travaille en contact étroit avec la Force Primaire mentionnée plus haut, ces deux forces ensemble amenant la créature qui évolue au point où elle peut recevoir l'effusion du Premier Logos et devenir un ego humain.

L'éveil prématuré de Koundalini a des conséquences très désagréables. Il intensifie toutes choses dans la nature humaine, et il stimule les qualités inférieures plus facilement que les bonnes. Dans le corps mental, par exemple, l'ambition est rapidement excitée, et elle se développe d'une manière incroyable. En même temps, on peut observer une grande intensification de l'intellect, mais qui est accompagnée d'un orgueil satanique inconcevable. L'homme ne devrait jamais essayer d'éveiller Koundalini sans être guidé par un instructeur compétent, et si l'éveil se produit par accident, l'homme ferait bien de consulter immédiatement quelque personne expérimentée. Il est dit dans *Hathayogapradipika :* « Il donne la libération aux Yogis et l'esclavage aux fous ».

La conquête de Koundalini doit être répétée à chaque incarnation, puisque les véhicules sont renouvelés à chaque nouvelle naissance, mais après une première victoire complète, il est très facile de recommencer. L'action de Koundalini se manifeste de diverses manières suivant les individus : Certains, par exemple, voient le soi supérieur, tandis que d'autres entendent sa voix. De plus, le rattachement au soi supérieur se fait en plusieurs étapes; pour la personnalité, il signifie l'influence de l'ego, mais pour l'ego il signifie l'influence de la monade; pour la monade enfin, il signifie devenir une expression consciente du Logos.

Pour pouvoir utiliser les pouvoirs du corps mental,

il est nécessaire de concentrer la conscience dans ce corps. La conscience de l'homme ne peut être concentrée que dans un seul véhicule à la fois, bien que nous puissions être conscients à travers les autres d'une manière vague en même temps. Ainsi, l'homme qui possède la vue mentale et la vue astrale peut concentrer sa conscience dans le cerveau physique; alors il voit parfaitement les corps physiques de ses amis et perçoit en même temps leurs corps mentaux et astraux obscurément. En un instant il peut changer son centre de conscience, et voir le monde astral parfaitement; alors il voit les corps physiques et mentaux d'une manière quelque peu confuse. Il en est de même de la vue mentale et de la vue des plans supérieurs.

Pour transmettre au cerveau physique ce qui a été vu sur le plan mental, il faut accomplir deux fois de suite la difficile opération du transfert d'un plan au plan inférieur, car la mémoire doit traverser le plan astral intermédiaire. Même quand l'homme est capable d'utiliser les facultés mentales tandis qu'il est éveillé dans son corps physique, il est paralysé dans l'incapacité du langage physique à exprimer ce qu'il voit.

Pour faire descendre la conscience du corps mental dans le cerveau physique, il faut avoir développé la liaison entre les différents corps. Cette liaison existe sans que l'homme en ait conscience, mais elle n'est pas vivifiée : elle est dans un état analogue à celui des organes rudimentaires du corps physique qui seront développés plus tard par l'usage. Cette liaison réunit les corps dense et éthérique au corps astral, et l'astral au mental, et le mental au causal. L'action de la volonté commence à la vivifier, et, dès qu'elle fonctionne, l'homme l'utilise pour transférer la conscience d'un véhicule à l'autre. L'emploi de la volonté pour vivifier cette liaison libère Koundalini, le Feu Serpent.

L'organe de liaison entre le corps physique et le corps astral est le corps pituitaire; entre le corps physique et le corps mental, c'est la glande pinéale. Comme nous l'avons indiqué plus haut, certaines personnes développent d'abord le corps pituitaire, d'autres la glande pinéale, chacun doit suivre la méthode prescrite par son propre gourou, ou instructeur spirituel.

Lorsque l'homme a appris à quitter le corps physique en pleine conscience, comme le développement de la liaison entre les véhicules le lui permet, il a évidemment supprimé la solution de continuité entre la vie physique et le sommeil. Ceci est facilité par l'entraînement du cerveau à répondre aux vibrations du corps mental; alors le cerveau devient un instrument de plus en plus obéissant à la volonté de l'homme, et il répond à la plus légère impulsion.

Le travail préparatoire pour recevoir dans le véhicule physique les vibrations de la conscience supérieure peut être utilement résumé comme suit : purification des corps inférieurs par une nourriture pure et une vie pure; domination complète des passions; culture d'un esprit et d'un caractère calmes et bien équilibrés, non affectés par les vicissitudes et le tumulte de la vie extérieure; l'habitude de la méditation tranquille (voir chapitres XV à XVII) sur des sujets élevés; la cessation de l'agitation, particulièrement de cette agitation de l'esprit qui maintient le cerveau constamment tendu sur des sujets sans cesse renouvelés; l'amour véritable des choses du monde supérieur, de sorte que l'esprit reste constamment en leur compagnie comme celle d'un ami bien-aimé.

Lorsque l'homme est capable d'utiliser les facultés mentales pendant la conscience de veille ordinaire, il est évidemment capable de recevoir des impressions de toutes sortes du monde mental, de sorte qu'il perçoit toutes les activités des autres hommes aussi bien que leurs mouvements corporels. En apprenant à employer les pouvoirs du corps mental, l'homme ne perd pas l'usage des pouvoirs inférieurs, car ils sont compris dans les supérieurs.

Arrivé à ce stade, l'homme peut considérablement accroître son utilité en créant et dirigeant consciemment des formes-pensées qu'il utilise pour accomplir des travaux en certains endroits qu'il ne peut pas, momentanément, visiter dans son corps mental. Il dirige ces formes-pensées à distance; il surveille leur travail, et elles sont les agents fidèles de sa volonté.

Lorsque l'homme commence son développement occulte, la totalité de son corps mental doit être purifiée et apte au travail organisé. Il est absolument nécessaire qu'il soit capable de créer des formes-pensées claires et fortes; de plus, c'est pour lui une aide très grande s'il est capable de les voir nettement.

Il ne faut pas confondre, en effet, les deux choses : la formation d'une pensée résulte directement de l'action de la volonté agissant à travers le corps mental; la faculté de voir une pensée est celle qui permet de voir par clairvoyance la forme qui vient d'être créée. Lorsqu'un homme pense fortement à un objet, l'image est dans son corps mental, qu'il soit capable de la voir ou non.

Ainsi, l'étudiant doit continuellement s'efforcer de conserver cette pureté morale et cet équilibre mental élevés, sans lesquels la clairvoyance est une malédiction et non une bénédiction pour son possesseur.

Le développement de la conscience du corps mental transforme la vie de l'homme et sa mémoire en un ensemble continu à travers les incarnations successives.

Lorsque l'homme est capable de fonctionner consciemment dans son corps mental, apprenant à connaître ses pouvoirs et leurs limitations, il apprend évidemment aussi à distinguer entre le véhicule qu'il utilise et lui-même. Au stade suivant, il apprendra à percevoir le caractère illusoire du « moi » personnel, le « moi » du corps mental, et à s'identifier avec l'homme réel, l'individualité ou ego qui vit dans le corps causal.

Ce pas franchi, la conscience ayant atteint le niveau de l'ego sur le plan mental supérieur, l'homme acquiert alors la mémoire de ses vies passées.

Mais avant que l'homme puisse briser la barrière qui pour lui sépare le plan astral du plan mental, de sorte qu'il jouisse d'une mémoire continue, il faut qu'il ait pratiqué depuis longtemps l'usage du corps mental comme véhicule séparé. (Par analogie nous voyons que l'ego doit être conscient et actif sur son propre plan pendant longtemps avant que la conscience de cette existence arrive au cerveau physique.)

Le corps mental est incapable de fatigue. Il n'y a rien que l'on puisse appeler la fatigue de l'esprit. Ce que l'on désigne au moyen de cette expression, c'est uniquement la fatigue du cerveau physique à travers lequel l'esprit s'exprime.

Cependant la fatigue purement physique peut avoir une influence sur le corps mental. Ainsi, l'homme qui est très fatigué perd en grande partie le pouvoir de coordination des idées. Toutes les cellules physiques souffrent, et il en résulte dans les autres véhicules (éthérique, astral et mental) la formation d'un grand nombre de petits tourbillons vibrant chacun à sa manière, de sorte que tous les corps perdent leur cohésion et leur puissance de travail. Dans l'état actuel de nos connaissances, le fonctionnement de la mémoire ordinaire est un phénomène que nous ne savons pas analyser. Cependant, il est clair qu'il comporte une vibration du corps mental, plus autre chose que nous ne connaissons pas, et que le corps causal n'est pas en jeu.

Il y a des milliers d'années, certains hommes employaient une cérémonie dans le but d'éveiller les facultés des corps supérieurs. Dans une chambre obscure, l'officiant prononçait le mot « Om » ce qui mettait tous les assistants en harmonie avec lui, tous partageant les sentiments qui remplissaient son esprit. Lorsque l'officiant prononçait le mot « Bhour » la chambre se remplissait, pour leurs sens, de lumière ordinaire. Au son d'un autre mot, la vue astrale était temporairement éveillée chez les assistants; un autre mot éveillait de la même manière la vue mentale. Ces effets étaient temporaires, mais il en résultait une plus grande facilité de les reproduire à l'occasion.

-ès important pour l'étudiant d'apprendre à dis-..guer entre l'impulsion et l'intuition. Comme toutes deux arrivent au cerveau, de l'intérieur, elles semblent identiques au premier abord; c'est pourquoi il faut beaucoup d'attention pour les séparer. Quand les circonstances le permettent, il est sage d'attendre avant d'agir, car les impulsions vont habituellement en s'affaiblissant, tandis que les intuitions ne sont pas affectées par le temps. Une impulsion est généralement accompagnée d'excitation, et il s'y rattache quelque chose de personnel; une véritable intuition, même si elle est très forte, est accompagnée d'une sensation de calme puissance. L'impulsion provient du corps astral. L'intuition est un fragment de connaissance transmis par l'ego à la personnalité; elle provient donc du plan mental supérieur, et même quelquefois du plan bouddhique.

Pour pouvoir distinguer entre l'impulsion et l'intuition avant d'avoir parfaitement équilibré le caractère, il est nécessaire de se livrer à un examen tranquille, et il est essentiel d'attendre, comme nous venons de le dire. Le calme et la sérénité permettent au mental inférieur d'entendre plus clairement la voix de l'intuition et de mieux sentir sa puissance. Ainsi, l'intuition ne perd rien, au contraire, elle gagne du fait de l'attente sereine.

De plus, l'intuition est toujours en rapport avec quelque chose d'altruiste. S'il y a quelque trait d'égoïsme dans l'impulsion qui provient d'un plan supérieur, nous pouvons être sûrs qu'il s'agit d'une impulsion astrale, et non d'une véritable intuition bouddhique.

L'intuition, qui ressemble quelque peu à la vision directe sur le plan physique prend éventuellement la place de la raison que l'on peut comparer au sens du toucher. L'intuition naît du raisonnement de la manière que la vue naît du sens du toucher, par évolution progressive, sans changement de nature.

Mais l'intuition de l'être inintelligent est impulsion, née du désir; elle est inférieure au raisonnement.

CHAPITRE XV

La concentration

Il résulte des considérations qui précèdent au sujet du mécanisme et du pouvoir de la pensée, que le contrôle du mental est d'une importance généralement insoupçonnée, à la fois pour l'homme lui-même et pour les autres.

Le contrôle de la pensée est une condition préliminaire essentielle pour le développement des pouvoirs de l'âme.

Dans *La Voix du Silence,* il est écrit : « Le mental est le destructeur du réel; que le disciple détruise le destructeur ». Ceci ne veut pas dire, bien entendu, que le mental doive être détruit, car il est indispensable à l'homme, mais qu'il doit être dominé et maîtrisé; il n'est pas l'homme lui-même, mais un instrument au service de l'homme.

L'étudiant doit apporter le plus grand soin dans le choix des pensées et des émotions qu'il se permet d'entretenir. L'homme ordinaire pense rarement à essayer de dompter une émotion, sauf peut-être dans sa manifestation extérieure; quand il la sent surgir en lui, il s'y abandonne, et il trouve naturel de faire ainsi. L'étudiant de l'occultisme doit adopter une attitude toute différente : au lieu de permettre à ses émotions de l'entraîner dans leur course, il faut qu'il les contrôle parfaitement, et ceci est réalisé grâce au développement et au contrôle du corps mental. L'un des premiers pas vers ce but est la réalisation du fait que le mental n'est pas l'homme lui-même, mais un instrument dont il doit apprendre l'emploi.

L'étudiant a donc devant lui le double travail de maîtrise de ses émotions et de son mental; il faut qu'il sache exactement à quoi il pense et pourquoi, de sorte qu'il puisse à chaque instant disposer de son mental comme il l'entend, de même qu'un escrimeur exercé dirige son arme où il veut et la tient aussi fermement qu'il est nécessaire. En d'autres termes, il faut que l'étudiant acquière le pouvoir de concentration qui est le préliminaire nécessaire à tout travail mental.

Il faut qu'il apprenne à penser intensément et avec suite, sans permettre à son esprit de courir d'un sujet à l'autre, ni laisser son énergie s'effriter sur un grand nombre de pensées insignifiantes.

La plupart des gens s'aperçoivent que toutes sortes de pensées errantes traversent leur conscience sans avoir été invitées, et comme ils n'ont aucun entraînement au contrôle du mental, ils sont impuissants à endiguer ce torrent de pensées. Ces gens ne savent pas ce qu'est la véritable concentration de la pensée; et c'est ce manque absolu de concentration, cette faiblesse d'esprit et de volonté qui rendent si pénibles les premiers pas sur le chemin du développement occulte. De plus, comme dans l'état de choses actuel, il flotte dans l'atmosphère un plus grand nombre de mauvaises pensées que de bonnes, cette faiblesse mentale voue l'homme à toutes sortes de tentations qui auraient pu être évitées avec un peu de soin et d'efforts.

Si l'on considère le côté forme, se concentrer, c'est maintenir le corps mental moulé sur une image stable; si l'on considère le côté vie, c'est diriger fermement son attention sur cette forme pour la reproduire en soi-même. C'est la force de la volonté qui contraint l'esprit à conserver la même forme, à rester moulé sur la même image en restant insensible à toutes les influences extérieures.

Plus brièvement, la concentration consiste à centrer l'esprit sur une idée et à l'y maintenir.

Encore plus simplement, se concentrer, c'est *faire attention.* Si l'homme fait attention à ce qu'il est en train de faire, alors son esprit est concentré.

Le chakra de la gorge, qui est en rapport avec les

formes supérieures d'audition, est aussi étroitement en rapport avec la faculté d'attention à laquelle tous les systèmes occultes attachent une très grande importance. C'est pourquoi dans l'école de Pythagore, par exemple, les élèves devaient rester pendant quelques années dans la section des « Akoustikoï » ou Auditeurs, et il leur était formellement défendu de se lancer sur le terrain périlleux de la création avant qu'ils aient parfaitement assimilé les principes de la philosophie. C'est pour des raisons analogues que dans les Mystères de Mithra la classe inférieure était celle des pies, ainsi appelée parce que ses membres n'étaient autorisés qu'à répéter ce qu'ils avaient entendu, comme les pies ou les perroquets. Le Franc-Maçon reconnaîtra facilement la correspondance des catégories précédentes avec les Degrés de E. A. dans son système.

Lorsqu'un homme appelle à son aide une classe particulière d'intelligences non-humaines du monde subtil au moyen du s... du E. A., il faut que l'opération soit faite tout à fait correctement et en lieu propre. Si l'homme opère négligemment et sans penser à ce qu'il fait, il peut alors s'abandonner à des influences dont il n'a pas conscience et auxquelles il n'est pas préparé. Lorsque l'homme emploie de telles formes de « magie », il faut qu'il soit sur ses gardes, sans quoi il ouvre la porte à des influences désagréables.

L'étudiant fera bien de penser aux contractions musculaires qui accompagnent souvent la concentration mentale, par exemple le froncement des sourcils. Une telle tension n'a pas seulement pour effet de fatiguer le corps; elle est aussi un obstacle aux flux des forces spirituelles. Par suite, l'étudiant fera bien, périodiquement pendant sa méditation, et aussi pendant la vie journalière, de porter son attention sur son corps et de le « relâcher » délibérément. Un instant de relâchement complet suffit à procurer à l'organisme tout entier un repos appréciable.

Les personnes douées d'une nature forte ont particulièrement besoin de porter leurs efforts sur le relâchement, et il leur est souvent utile de pratiquer certains exercices dans le but d'acquérir l'habitude de se relâcher parfaitement. Bien des livres traitent ce sujet; l'un des meilleurs est *Power through repose,* par Annie Payson Call.

La concentration n'est pas le résultat d'un effort physique; dès que l'esprit se tourne vers une pensée, il est concentré sur elle. Il ne s'agit pas non plus de maintenir de force l'esprit sur une certaine pensée, mais de laisser l'esprit sur cette pensée dans une parfaite quiétude. L'étudiant ne doit pas oublier que le siège de la pensée n'est pas dans le cerveau, mais dans le corps mental. Par suite, la concentration concerne le corps mental beaucoup plus que le cerveau physique.

La concentration n'est pas un état passif; au contraire, c'est un état d'activité intense et bien réglée. On peut lui comparer dans le monde physique le fait de rassembler ses membres pour le salut, ou de tendre ses muscles en vue d'un gros effort.

Il est très important pour le commençant de ne pas dépasser cinq ou dix minutes d'attention soutenue, car un effort plus long pourrait fatiguer le cerveau. Cette durée sera allongée très progressivement jusqu'à quinze, vingt ou trente minutes.

Il ne faut pas pousser la concentration ou la méditation jusqu'à percevoir une sensation d'obscurité ou de lourdeur dans le cerveau, car ces symptômes sont les signaux avertisseurs du danger que l'homme court en faisant dans la matière des divers corps des changements trop rapides pour la conservation de sa santé.

Beaucoup de gens trouvent qu'il est plus difficile de maîtriser la pensée que de maîtriser l'émotion; c'est sans doute parce qu'ils ont été élevés dans l'idée que l'on ne doit pas permettre aux émotions de s'exprimer librement, tandis qu'ils ont toujours permis à leurs pensées de défiler suivant la fantaisie de l'imagination.

Lorsque l'homme commence à essayer de maîtriser son esprit, il se trouve aux prises avec les vieilles habitudes de son corps mental. De même que la conscience collective de son corps astral forme ce que l'on appelle l'élémental du désir (voir *Le Corps astral,* chapitre VIII), il y a un élémental mental dans le corps mental de l'homme. Cet élémental mental a pris l'habitude de suivre son propre chemin et de passer d'un sujet à l'autre à sa fantaisie.

La lutte contre l'élémental mental est quelque peu différente de celle que l'homme a engagée contre l'élémental du désir. L'élémental mental étant en arrière d'une étape dans l'évolution sur l'élémental du désir, est moins intéressé par les choses matérielles; il est donc plus actif que l'élémental du désir, on pourrait dire plus agité, mais moins puissant et moins précis.

Il est donc par nature plus facile à maîtriser, mais moins apte à être commandé, de sorte qu'il faut pour maîtriser une pensée dépenser moins de force que pour maîtriser un désir, mais il faut appliquer cette force pendant plus longtemps.

En outre, l'esprit est sur son propre terrain lorsqu'il opère sur le plan mental, et il se sert de sa propre matière, de sorte qu'il n'y a pour lui qu'une simple question d'entraînement pour apprendre à commander parfaitement à l'élémental mental. Au contraire, lorsque nous essayons de dominer l'élémental du désir, nous faisons descendre l'esprit dans un monde qui lui est étranger.

L'importance des considérations ci-dessus est si grande que nous allons les récapituler brièvement. Le contrôle du mental est en lui-même une chose plus facile que le contrôle des émotions. Mais en général, nous avons derrière nous un certain entraînement au contrôle des émotions, et rien du tout en ce qui concerne l'esprit. C'est pourquoi l'exercice mental nous semble si difficile. Cependant, les deux buts ci-dessus constituent une tâche beaucoup plus facile que la maîtrise parfaite du corps physique. Mais nous nous exerçons à cette maîtrise depuis un grand nombre de vies bien que nous n'ayons pas encore obtenu un succès complet. Tout ceci est très encourageant pour l'étudiant. Celui qui comprend parfaitement ces choses doit sentir vivement la vérité de cette remarque de *La Voix du Silence* d'après laquelle notre terre est le seul enfer véritable que l'occultiste connaisse.

Que l'étudiant considère la difficulté qu'il y a à guérir un mal de dents, par exemple, par le pouvoir de la pensée (cela même peut être fait dans certaines conditions); il est évidemment beaucoup plus facile de vaincre par le pouvoir de la pensée la dépression, la colère, la jalousie ou toute autre émotion pénible, et encore plus facile de détourner la pensée d'un sujet désagréable ou inutile et de la diriger vers quelque chose de bien, ou même d'arrêter l'activité mentale.

Nous allons maintenant étudier en détail les obstacles à la concentration. Ils peuvent être rangés en deux groupes principaux : Le premier est en rapport avec Kama; le second est en rapport avec la nature de la matière mentale elle-même.

La difficulté du contrôle du mental fut admirablement décrite il y a 5.000 ans par Arjouna dans son immortel dialogue avec Shri Krishna (voir *Bhagavad Gîtâ,* VI, 34, 35) :

« Cette Yoga que Tu nommes équilibre, ô destructeur de Madhu, je ne vois aucune fondation stable pour elle, à cause de l'agitation incessante; car le mental est très agité, ô Krishna. Il est impétueux, puissant et difficile à courber. Je le crois aussi difficile à courber que le vent. »

Et voici la réponse vraie, celle qui montre le *seul* chemin qui mène au succès.

« Il est vrai, ô homme puissamment armé, que le mental est difficile à courber; mais il peut l'être par *la continuité de l'effort* (abhyasa) et par *l'indifférence* (vairagya). »

Nous allons étudier les deux obstacles et les remèdes soulignés ci-dessus dans l'ordre inverse :

1) *L'INDIFFERENCE.* — Il est clair que ceci se rap-

porte au pouvoir de Kama, ou désir, qui influence le mental et peut même le dominer. Au chapitre VI, nous avons étudié en détail la relation qui existe entre Kama et Manas, et nous avons vu comment le désir sans cesse agit sur l'esprit et s'efforce d'en faire le ministre des plaisirs. L'esprit est ainsi poussé à rechercher ce qui procure le plaisir et à éviter ce qui cause la douleur. C'est donc seulement en courbant ou maîtrisant les émotions qu'on peut les empêcher d'entraîner l'esprit loin de la tâche qu'il s'est imposée lui-même.

Il est bon que l'étudiant pense qu'il est indigne d'un être raisonnable d'être la proie d'un chaos d'émotions méprisables, et qu'il est absolument inconcevable que l'homme, étincelle Divine, se laisse dominer par l'élémental du désir, qui n'est même pas encore un minéral.

Nous voyons deux chemins principaux qui permettent d'acquérir l'indifférence et l'utiliser comme moyen de concentration. Nous les appellerons : *a*) La méthode philosophique; *b*) La méthode dévotionnelle.

a) *La méthode philosophique.* — Elle consiste à modifier et raffermir l'attitude de l'homme envers toutes choses qui normalement l'attirent et l'asservissent, de telle façon que Kama ou désir soit complètement maîtrisé. L'homme devient alors indifférent à toutes choses, qu'elles soient extérieures, ou qu'elles lui soient présentées intérieurement par l'esprit. Cette méthode, d'après les observations de l'auteur, semble difficile aux personnes de tempérament Occidental, pour qui elle crée souvent plus de perplexités nouvelles qu'elle n'en résout; cependant, elle ne semble pas présenter de grosses difficulté pour les personnes de tempérament Oriental (cette classification des tempéraments n'est pas précise, mais elle est très commode).

Pour exposer cette méthode complètement, il faudrait écrire un traité de philosophie. Nous nous bornerons à donner en quelques mots une idée de la méthode.

La philosophie du système est décrite dans les discours 5 et 6 de la *Bhagavad Gîtâ* qui sont appelés respectivement laYoga de la Renonciation à l'Action et la Yoga de la Domination du Soi.

Dans ce système, l'homme « cesse de haïr et de désirer; ... il est libéré des paires d'opposés; ... il perçoit que les sens se meuvent parmi les objets de sensation; ... il place toutes les actions dans l'Eternel, abandonnant l'attachement; ... il renonce mentalement à toutes les actions; ... il a le même respect pour un Brahmane élevé par sa culture et son humilité, et pour une vache, un éléphant, ou même un chien et un paria; ... il ne se réjouit jamais d'obtenir ce qui est agréable ni ne s'attriste d'obtenir ce qui est pénible; ... il est détaché des contacts extérieurs et trouve sa joie dans le Soi; ... il est capable d'endurer ... la force née du désir et de la passion ... harmonisé ... heureux ... appliqué au bien-être de toutes les créatures ... libéré du désir et de la passion ».

« Il fait son devoir indépendamment du fruit de l'action ... il a renoncé à la volonté qui agit sur les formes ... équilibré et paisible, toujours le même dans la chaleur, le froid, le plaisir, la peine, aussi bien que dans l'honneur ou le déshonneur; ... il considère impartialement ceux qui aiment, les amis et les ennemis, les étrangers, les neutres, la famille, et aussi le juste et l'injuste; ... il est libéré de l'espoir et de la convoitise;... il a cessé de souhaiter les choses désirables; ... il est comme une lampe à l'abri des vents; ... il n'est pas ébranlé même par une grande peine; ... il abandonne sans réserve tous les désirs nés de l'imagination; ... peu à peu, il acquiert la tranquillité... car son esprit habite le Soi; ...il voit le Soi résider dans tous les êtres, tous les êtres dans le Soi; ... il est ... l'harmonie parfaite. »

Ce qui précède constitue une simple esquisse de ce que nous avons appelé la méthode philosophique. Cette méthode peut, et en fait doit être modifiée et adaptée dans de larges limites suivant les individus et leurs tempéraments particuliers.

Mais comme nous l'avons dit, la méthode philosophique est pour beaucoup de gens un sentier dur et semé de perplexités; comme « le dharma d'un autre est plein de danger », que ces gens suivent la seconde méthode, moins énergique.

b) *La méthode dévotionnelle.* — Dans cette méthode, au lieu de s'efforcer d'éliminer Kama, c'est-à-dire le désir ou l'attachement, l'étudiant emploie la force de Kama elle-même pour fixer le mental. Ceci est par excellence la méthode du dévot qui cultive Kama dans sa forme la plus élevée, à un degré tel que tous les autres attachements deviennent relativement insignifiants, et par suite impuissants à distraire son attention.

Celui qui a un tempérament dévotionnel peut atteindre son but en fixant son esprit sur un objet aimé ou une image, et c'est le plaisir même qu'il éprouve à contempler cette image qui l'aide à tenir l'esprit fixé sur elle; même si l'esprit est entraîné de force loin de cette image, il y revient sans cesse. De cette manière, le dévot atteint un degré de concentration très élevé.

Tandis que le dévot utilise l'élément d'attraction vers une personne, un homme à l'esprit plus philosophique peut employer comme image attractive quelque idée profonde ou même un problème; car pour lui, l'intérêt intellectuel, le profond désir de connaître fournissent la force d'attraction qui fixe l'esprit.

Nous plaçant à ce point de vue, nous pouvons donner de la concentration la définition suivante : l'exercice mental appelé concentration consiste à dominer le mental, à le dominer par un état d'âme qui lui est imposé par la volonté, de façon que tout le processus mental soit dirigé vers le but que vous avez choisi.

Pour ceux qui ne sont pas précisément dévotionnels, la méthode ci-dessus peut être considérablement modifiée; et c'est cette méthode modifiée qui est probablement la plus facile pour la majorité des gens, car elle est souvent employée dans la vie ordinaire. Elle consiste à s'intéresser et à s'absorber tant dans le sujet choisi que toutes les autres pensées sont *ipso facto* exclues du mental. Le mental doit être si absorbé qu'il en résulte un état de concentration très intense. L'étudiant doit apprendre à réaliser cet état à volonté, et il y réussira d'autant mieux qu'il aura davantage cultivé la faculté d'observer les choses extérieures avec attention.

Qu'il prenne un objet, l'examine et l'étudie minutieusement à un grand nombre de points de vue. Aucun objet n'est absolument dépourvu d'intérêt; si l'un d'eux semble l'être, c'est à cause de notre manque d'attention ou de faculté de perception qui nous empêche d'apprécier sa beauté.

Il faut acquérir un certain degré de maîtrise dans l'exercice élémentaire ci-dessus pour pouvoir efficacement visualiser, c'est-à-dire reproduire mentalement un objet avec ses détails exacts sans qu'il soit visible aux yeux. La visualisation correcte est une faculté nécessaire pour certains travaux occultes, par exemple ceux qui se rapportent aux cérémonies.

Si l'on choisit au lieu d'un objet concret une idée, par exemple une vertu, elle doit éveiller l'enthousiasme et la dévotion chez l'étudiant et, dans ce cas, la concentration est principalement celle des sentiments et moins visiblement celle du mental. Il est plus facile d'avoir l'unité dans les sentiments que dans la pensée, car la pensée est beaucoup plus subtile et active; mais si l'on obtient la concentration des sentiments, le mental suit dans une certaine mesure.

Dans la pratique de la concentration ainsi que de la méditation, il se peut que le débutant ait l'attention fréquemment détournée par une foule de petits désirs non satisfaits et de problèmes non résolus. Pour vaincre ces obstacles, il est inutile d'essayer de les supprimer. Il vaut mieux leur accorder l'attention qui leur est due, choisir une heure pour cela, et résoudre les questions en suspens. Un esprit qui ne peut pas dominer la vacillation résultant des problèmes non résolus ne saurait réussir dans la concentration.

Il faut que l'étudiant arbitre lui-même les problèmes qui se présentent à lui, s'en tienne à ses propres décisions, et ensuite refuse de revenir maintes et maintes fois sur la même question. La faculté de réaliser cela croît avec l'exercice et avec l'habitude de mettre ses décisions en pratique.

2) *LA CONTINUITE DE L'EFFORT.* — Il s'agit là de dominer l'agitation qui est une propriété de la matière et de l'essence élémentales. En fait, l'essence élémentale mentale est en grande partie responsable de nos pensées errantes, parce qu'elle court sans cesse d'un sujet à l'autre.

Mais comme la matière mentale est soumise aux lois de l'habitude comme toute matière, il est possible de lui faire acquérir, par un exercice continu, la qualité opposée à l'agitation, et d'en faire le serviteur obéissant de l'homme réel, du Penseur.

Le meilleur moyen et le plus rapide pour dominer les écarts du mental est certainement l'emploi de la volonté. Quelle que soit la méthode choisie, il faut toujours employer la volonté dans une certaine mesure. Il y a des gens qui se reposent uniquement sur la force de la volonté (et il n'y a aucune limite au développement de la volonté), tandis que d'autres préfèrent assister leur force de volonté par la philosophie, la dévotion, ou tout autre moyen dont ils ont découvert eux-mêmes l'efficacité.

Il est possible de former une coque autour de soi pour exclure les pensées extérieures; mais l'usage permanent de cette méthode n'est pas recommandé, car les coques ne sont en somme que des béquilles pour les infirmes.

Si l'on emploie une telle coque, il ne faut pas oublier qu'elle n'empêche pas les pensées errantes de naître dans le propre mental de l'homme; mais elle arrête le flot des pensées abandonnées dans l'ambiance par les autres personnes.

Il est bon de n'employer que la matière mentale inférieure pour construire une coque, sans quoi les bonnes pensées seraient exclues et les pensées que l'homme luimême dirige vers son Maître seraient arrêtées.

Dans la Franc-Maçonnerie, le processus correspondant est celui de Couvrir la Loge, qui est employé sur le plan correspondant au Degré dont il s'agit.

Le pouvoir de concentration peut, et doit être acquis dans la vie ordinaire. Quoi que nous fassions, nous devrions centrer notre attention sur notre travail, et le faire avec toutes nos facultés, aussi bien que possible. Si nous écrivons une lettre, par exemple, il faut le faire avec soin, et il faut éviter que par négligence dans les détails nous en fassions une chose insignifiante. Un livre doit être lu avec toute notre attention, et un effort sérieux pour comprendre la pensée de l'auteur. Qu'aucun jour ne s'écoule sans un exercice mental défini. Car c'est uniquement par l'exercice que nous acquérons de la force; l'inaction signifie toujours faiblesse et éventuellement atrophie.

Il est souhaitable que l'étudiant réalise parfaitement le mécanisme du souci et la manière de l'éliminer. Le travail ou l'exercice quand il n'est pas excessif, ne fait aucun mal à l'appareil mental; au contraire, il le fortifie. Mais le processus mental du souci blesse le mental, et il en résulte au bout d'un certain temps l'épuisement et l'irritabilité qui rendent tout travail mental soutenu impossible.

Le souci est la répétition de la même suite de pensées, continuellement, avec des modifications insignifiantes, sans aboutir à un résultat, et même souvent sans poursuivre un but défini. C'est la reproduction continue de formes-pensées créées par le corps mental et le cerveau, mais non par la conscience, et imposées par eux à la conscience.

Le Penseur qui n'a pas résolu son problème, n'est pas satisfait; la crainte, l'appréhension le maintiennent dans un état anxieux et agité. Sous cette influence, qui n'est pas dirigée par le Penseur, le corps mental et le cerveau continuent à projeter les images qui viennent d'être formées et rejetées. Dans le souci, le Penseur est l'esclave au lieu d'être le maître de ses corps.

Le souci étant dû en majeure partie à l'automatisme, cette propriété même de la matière peut être utilisée pour dominer le souci. Le meilleur moyen de débarrasser du « canal du souci » est peut-être d'en creuser un autre dans la direction opposée. Ceci peut être réalisé en méditant sur une pensée telle que la suivante : « Le Soi est Paix; je suis le Soi. Le Soi est Force; je suis le Soi ». A mesure que le méditant nourrit cette pensée, la Paix qu'il contemple naît en lui, et il est bientôt rempli de la Force qu'il a imaginée dans son esprit. Nous ne formulons pas d'une manière précise les idées utiles à la méditation, car cela doit être fait par chaque individu lui-même.

Il faut non seulement que l'étudiant apprenne à penser, mais aussi qu'il apprenne à cesser de penser à volonté. Lorsque le travail de la pensée est terminé, il faut l'arrêter complètement et ne pas tolérer une activité flottante qui tantôt effleure la conscience, tantôt s'en éloigne, comme un bateau ballotté par les vagues heurte de temps en temps les rochers. L'homme ne laisse pas tourner ses machines lorsqu'elles ont fini de travailler, pour ne pas les user inutilement. Il devrait en être de même pour la machine mentale, dont la valeur est immense, et qu'il ne faut pas laisser tourner sans but, l'usant sans résultat utile. De même que les membres fatigués croissent dans le repos complet, l'esprit prend des forces quand on lui permet de se reposer parfaitement.

Lorsque l'étudiant a fini son travail de pensée, il faut qu'il cesse de penser, et si d'autres pensées apparaissent qu'il en détourne son attention.

Une autre méthode, que l'auteur emploie avec succès, consiste moins à détourner son attention (ce qui est un acte positif) qu'à ne pas s'intéresser aux pensées qui surgissent. Laissez venir les pensées comme elles veulent, mais restez complètement indifférents. Au bout d'un temps très court, aucune vie nouvelle ne leur étant infusée, elles cessent d'apparaître et l'homme jouit d'un calme parfait, entièrement libéré de toute espèce de pensée, ce qui est extrêmement reposant pour les corps astral et mental.

(Cette méthode peut aussi être utilisée pour guérir l'insomnie; l'auteur l'a trouvée très efficace dans un grand nombre de circonstances.)

La cessation de la pensée est un préliminaire indispensable au travail sur les plans supérieurs. Quand le cerveau a appris la tranquillité, alors s'ouvre devant la conscience la possibilité de quitter le vêtement physique.

L'étudiant doit être maintenant en mesure de comprendre la signification profonde de l'aphorisme de Patanjali d'après qui, pour pratiquer la Yoga, l'homme doit arrêter « les modifications du principe pensant ». L'œuvre à accomplir est l'acquisition d'un tel contrôle sur le corps mental ou « principe pensant » qu'il ne peut pas être modifié sans le consentement donné délibérément, de l'homme lui-même, le Penseur.

Le terme employé par Patanjali pour définir la Yoga est « chitta vritti-nirodha » qui signifie contrainte (nirodha) des tourbillons (vritti) du mental (chitta).

Il faut que l'homme devienne capable de se servir de son mental, puis de le laisser comme un outil; quand il en est arrivé là, alors s'ouvre devant lui la possibilité de se retirer du corps mental lui-même.

La Yoga est donc l'inhibition de toutes les vibrations et toutes les modifications propres du corps mental. Dans le corps mental d'un Maître, il n'y a pas d'autre changement de couleur que ceux qui ont une cause intérieure. La couleur de Son corps mental est comme « le clair de lune sur l'Océan ». Dans cette blancheur résident toutes les possibilités de colorations, mais rien dans le monde extérieur n'est capable de produire la plus petite variation de nuance dans cette radiation persistante. Son corps mental est simplement une enveloppe extérieure qu'Il utilise lorsqu'Il a besoin de communiquer avec le monde inférieur.

Un des résultats de la concentration est que le Connaissant, tandis qu'il contemple avec son esprit concentré, une seule image à la fois, obtient une bien plus grande connaisance de l'objet qu'au moyen de n'importe quelle espèce de description verbale. L'esquisse grossière que crée la description faite en paroles est complétée petit à petit à mesure que l'image se forme dans le corps mental, et la conscience vient progressivement en contact avec la chose décrite.

Pour plus de détails sur la théorie et la pratique de la concentration et du pouvoir de la pensée, l'étudiant est prié de se référer à *Le Pouvoir de la Pensée, sa maîtrise et sa culture,* par Annie Besant, et à l'admirable manuel pratique sur la concentration de M. Ernest Wood, *La Concentration.*

CHAPITRE XVI

La méditation

La concentration ne constitue pas une fin par elle-même, mais un moyen en vue d'une fin. La concentration façonne l'esprit en un instrument qui peut être utilisé à la volonté de son possesseur. Lorsque l'esprit concentré est fermement dirigé vers un objet, dans l'intention de percer le voile et d'atteindre la vie, puis d'unir cette vie avec la vie à laquelle l'esprit appartient, tout cela est méditation. La concentration est la formation de l'organe; la méditation est son usage.

Comme nous l'avons vu, concentration signifie fixation de l'esprit sur un seul point, sans aucun écart, et sans subir l'influence des distractions d'origine extérieure, ni celle de l'activité des sens ou de l'esprit lui-même. Il faut que l'esprit soit amené à un état de fermeté et de fixité inébranlables, jusqu'à ce qu'il ait appris à retirer son attention du monde extérieur et du corps à un tel point que les sens restent parfaitement tranquilles, tandis que l'esprit animé d'une vie intense, toutes ses énergies tournées vers l'intérieur, s'élance vers un seul point de pensée, le plus haut qu'il puisse atteindre. Quand il est capable de se dresser ainsi avec une certaine facilité, alors il est prêt pour un nouveau progrès. Au moyen d'un effort puissant mais calme de la volonté, il peut s'élancer au delà de la plus haute pensée qu'il puisse atteindre, tandis qu'il travaille dans le cerveau physique, et dans cet effort il s'élève jusqu'à la conscience supérieure et s'unit avec elle; il est alors libéré du corps physique.

Ainsi, toute personne qui est capable de *faire attention*, de penser fermement sur un sujet donné pendant quelque temps sans laisser l'esprit errer, est prête pour commencer la méditation.

Nous pouvons définir la méditation comme l'attention soutenue de l'esprit concentré sur un objet de dévotion, sur un problème qui nécessite l'illumination pour être intelligible, sur toute chose, enfin, dont la vie doit être comprise et assimilée, plutôt que la forme. C'est la manière d'envisager un sujet ou de le tourner dans l'esprit pour en apercevoir les différents aspects.

Une autre définition de la méditation est la suivante : c'est l'effort pour amener à la conscience de veille (l'esprit dans son activité normale) un fragment de la compréhension de la conscience supérieure, pour créer par le pouvoir de l'aspiration un canal à travers lequel l'influence du principe divin ou spirituel — l'homme véritable — peut irradier la personnalité inférieure. C'est l'élan de l'esprit et des émotions vers un idéal, et l'ouverture des portes de la conscience inférieure emprisonnée à l'influence de cet idéal. La méditation, disait H. P. Blavatsky, « est l'inexpressible aspiration de l'homme intérieur vers l'infini ». Saint Alphonse de Ligori disait : « c'est le foyer béni où les âmes sont enflammées de l'amour divin ».

L'idéal choisi peut être abstrait comme une vertu; il peut être la Divinité dans l'homme; il peut être personnifié par un Maître ou Instructeur Divin. Mais dans tous les cas, il est essentiellement une élévation de l'âme vers sa source divine, le désir du soi individuel de s'unir au Soi Universel.

La méditation est à la vie spirituelle ce que la nourriture est à la vie physique. L'homme qui médite est toujours celui dont l'influence est la plus grande dans le monde. Lord Rosebery, parlant de Cromwel, le décrivait comme un « mystique pratique », et il déclarait qu'un mystique pratique était la plus grande force du monde. La concentration de l'intellect, le pouvoir de se retirer du tumulte extérieur, tout cela signifie puissance de travail considérablement accrue, plus de fermeté, de maîtrise de soi et de sérénité. L'homme qui médite est celui qui ne perd pas de temps, ne gaspille aucune énergie, ne manque aucune opportunité. Un tel homme commande aux événements parce qu'en lui se trouve le pouvoir dont les événements sont l'expression extérieure. Il partage la vie divine et, par suite, partage le pouvoir divin.

Comme nous l'avons dit plus haut, lorsque le mental est moulé sur une seule image, et que le Connaissant la contemple avec persistance, il obtient de l'objet une connaissance bien plus grande qu'au moyen d'aucune description verbale. Pendant la concentration, l'image est formée dans le corps mental; la concentration sur l'esquisse provenant, par exemple, d'une description verbale, y ajoute progressivement les détails, et la conscience vient petit à petit en contact avec la chose décrite.

Toutes les religions recommandent la méditation, et toutes les écoles de philosophie en reconnaissent l'utilité. De même qu'un homme fait des exercices déterminés pour développer ses muscles, l'étudiant de l'occultisme qui veut développer ses corps astral et mental fait des exercices appropriés.

Il y a évidemment bien des sortes de méditation, de même qu'il y a de nombreux types d'hommes. Il est clair qu'une seule méthode de méditation ne pourrait pas produire des résultats également bons chez tous les individus. Chaque personne doit trouver pour elle-même le type de méditation qui lui convient le mieux.

La méditation a de nombreux objets; les principaux sont les suivants :

1) Il en résulte qu'au moins une fois par jour l'homme pense à des choses saintes et élevées, et que ses pensées se retirent des mesquineries de la vie journalière, de ses frivolités et de ses soucis.

2) Elle habitue l'homme à penser à ces choses, de sorte qu'au bout d'un certain temps, elles forment un fond auquel l'esprit retourne avec plaisir quand il est libéré des exigences immédiates de la vie journalière.

3) Elle sert de gymnastique astrale et mentale, pour conserver ces corps supérieurs en bonne santé et pour que le courant de la vie divine continue à les traverser. C'est pourquoi la *régularité* des exercices est d'une importance capitale.

4) Elle peut être utilisée pour développer le caractère, pour y construire les diverses qualités de vertus.

5) Elle élève la conscience aux niveaux supérieurs, et la conscience commence à englober les choses supérieures et subtiles; grâce à la méditation, l'homme peut s'élever jusqu'à la présence du Divin.

6) Elle ouvre la nature aux bénédictions des plans supérieurs.

7) C'est le premier pas sur le chemin qui conduit au développement supérieur et à la connaissance, à la clairvoyance et, éventuellement, à la vie supérieure au delà du monde physique.

La méditation est la méthode la plus rapide et la plus sûre pour développer la conscience supérieure. Il est absolument certain que l'homme, au cours des temps, en méditant, par exemple, sur le Logos ou sur le Maître, peut s'élever jusqu'au niveau astral, puis jusqu'au niveau mental. Mais nul ne peut dire combien de temps il faut, car cela dépend du passé de l'étudiant et des efforts qu'il fait.

L'homme profondément occupé à l'étude des choses supérieures s'élève au-dessus de lui-même et crée une puissante forme-pensée dans le monde mental, qui est immédiatement utilisée comme un canal par l'énergie potentielle du monde supérieur.

Lorsque plusieurs personnes se réunissent pour créer des pensées de cette nature, le canal qu'elles font est extraordinairement plus large que la somme des canaux individuels. Une telle assemblée est une inestimable bénédiction pour la communauté dans laquelle elle travaille.

Grâce à leurs études intellectuelles, ces personnes peuvent être la cause dans le monde mental inférieur d'une effusion de force appartenant au monde mental supérieur.

Si leurs pensées sont d'ordre éthique, et traitent du développement de l'âme dans ses divers aspects, elles peuvent former un canal d'essence supérieure à travers lequel la force du monde bouddhique descend dans le monde mental.

Ces personnes sont donc susceptibles de faire bénéficier des influences supérieures bien des gens qui sont insensibles à ces forces tant qu'elles restent au niveau où elles ont leur origine.

Et ceci est la plus noble fonction d'une organisation telle qu'une Loge de la Société Théosophique, — fournir un canal pour la distribution de la Vie Divine. Car chaque Loge de la Société Théosophique attire l'attention des Maîtres de la Sagesse et de Leurs élèves. Par suite, les pensées des membres de la Loge, lorsqu'ils étudient, discutent, etc. peuvent être utilisées par les Maîtres pour la diffusion d'une force très supérieure à celle que les membres eux-mêmes sont capables de mettre en jeu.

Il est intéressant pour les membres de la Société Théosophique de se souvenir de cette affirmation du Docteur Besant : lorsqu'une personne est reçue dans la Société, nous a dit un Maître, elle est reliée à Eux par un minuscule cordon de vie. Ce cordon de vie constitue un lien magnétique avec le Maître, et l'étudiant peut, par un effort soutenu, par la dévotion et le service altruiste, fortifier et élargir ce lien jusqu'à ce qu'il devienne une ligne de lumière vivante.

Il est possible de faire descendre une bénédiction d'un niveau encore plus élevé. La Vie et la Lumière de la Déité pénètrent la totalité de Son système, et la force correspondant à chaque plan est strictement limitée à ce plan. Mais si un canal spécial lui est préparé, elle peut descendre à un niveau inférieur et l'illuminer.

Un tel canal est toujours construit lorsqu'une pensée ou un sentiment ont un aspect entièrement altruiste.

Le sentiment égoïste se meut sur une courbe fermée, et rapporte sa propre réponse à son propre niveau. Au contraire, une émotion absolument altruiste est une effusion d'énergie qui ne revient pas, mais qui, dans son mouvement ascendant, fournit un canal pour la descente de la Puissance divine du niveau immédiatement supérieur. Là est la réalité qui réside au fond de l'idée de réponse à la prière.

Pour le clairvoyant, ce canal est visible comme un gigantesque tourbillon. Il est impossible d'en donner une description plus approchée dans le monde physique, mais on peut ajouter que la force, en traversant ce canal, s'unit pour ainsi dire avec lui, et en sort colorée par lui et portant les marques distinctives du tourbillon, ce qui montre par quel canal elle a passé.

Par la méditation, les corps astral et mental de l'homme cessent graduellement d'être un chaos et commencent à manifester l'ordre; ils croissent lentement, et apprennent à répondre à des vibrations de plus en plus élevées. Chaque effort contribue à diminuer l'épaisseur du voile qui sépare l'homme du monde supérieur et de la connaissance directe. Ses formes-pensées deviennent de jour en jour plus précises, et la vie qui leur est infusée d'en haut est de plus en plus riche.

La méditation facilite l'entrée des types de matière supérieurs dans les véhicules. Elle conduit souvent à des émotions élevées, celles-ci ayant leur origine au niveau bouddhique et étant reflétées par le corps astral. Mais elle nécessite, en outre, le développement des corps mental et causal pour que l'homme acquière l'équilibre et la stabilité. Sans quoi les émotions bonnes qui poussent l'homme dans la bonne direction pourraient fort bien dévier et le pousser dans une voie moins désirable. L'équilibre et la stabilité ne peuvent pas être réalisées au moyen des sentiments seuls. L'homme au besoin du pouvoir directeur du mental et de la volonté aussi bien que de la force déterminatrice de l'émotion.

La connaissance des cinq états mentaux décrits par

Patanjali peut être utile à l'étudiant qui pratique la méditation. Toutefois, il ne faut pas oublier que ces états ne se rapportent pas seulement au plan mental; ils existent, sous la forme appropriée, sur chaque plan. Ce sont :

1) *Kshipta :* la conscience du papillon qui vole constamment d'un objet à l'autre. Elle correspond à l'activité sur le plan physique.

2) *Mudha :* l'état confus dans lequel l'homme est mû par les émotions; il correspond à l'activité dans le monde astral.

3) *Vikshipta :* l'état de préoccupation par une idée; l'homme est possédé, nous pourrions presque dire obsédé, par une idée. Cela correspond à l'activité dans le monde mental inférieur. L'homme doit alors apprendre Viveka (voir chapitre XXXIII) qui se rapporte à l'aspect connaissance de la conscience.

4) *Ekagrata :* unité de but; dans cet état l'homme possède une idée au lieu d'être possédé par elle. Cela correspond à l'activité sur le plan mental supérieur. Alors l'homme doit apprendre Vairagya (voir chapitre XXXIII) qui se rapporte à l'aspect activité de la conscience.

5) *Niruddha :* maîtrise de soi; s'élevant au-dessus des idées, l'homme choisit comme il veut, suivant sa Volonté illuminée. Cela correspond à l'activité sur le plan bouddhique. L'homme doit alors apprendre Shatsampatti (voir chapitre XXXIII) qui se rapporte à l'aspect Volonté de la conscience.

Lorsque l'homme a acquis une parfaite maîtrise de soi, de sorte qu'il commande à tous les mouvements de l'esprit, il est prêt pour le Samadhi qui correspond à la Contemplation dont nous parlerons plus en détail dans le chapitre suivant. Mais pour compléter notre exposition, nous allons donner ici une idée préliminaire du Samadhi.

Etymologiquement, Samadhi signifie rassembler; on peut le traduire en français par l'expression « se recueillir », c'est-à-dire rassembler les forces de l'esprit, et écarter toute distraction. La Yoga, dit Vyasa « est le recueillement de l'esprit ». Telle est la signification originale de Samadhi; mais ce mot est souvent employé pour désigner l'état de trance qui est la conséquence naturelle du recueillement parfait.

Il y a deux sortes de Samadhi : 1) *Samprajnata Samadhi,* c'est-à-dire Samadhi avec conscience, conscience tournée vers les objets extérieurs; 2) *Asamprajnata Samadhi,* c'est-à-dire Samadhi sans conscience ou conscience tournée vers l'intérieur, retirée en elle-même de sorte qu'elle passe dans le véhicule immédiatement supérieur.

Le tableau ci-dessous présente l'ensemble des faits que nous venons de décrire :

N°	ETAT MENTAL		QUALITÉ	ASPECT
	SANSCRIT	FRANÇAIS	A ACQUÉRIR	DE LA CONSCIENCE
1	Kshipta.	Conscience du papillon.	—	—
2	Mudha.	Confusion.	—	—
3	Vikshipta.	Préoccupation.	Viveka (discrimination).	Connaissance.
4	Ekagrata.	Unité de but.	Vairagya (détachement).	Activité.
5	Niruddha.	Maîtrise de soi.	Shatsampatti (les six qualifications mentales.	Volonté.
6	Samadhi.	Recueillement de l'esprit, conduisant à la trance.		

Il peut être également intéressant pour l'étudiant de connaître les quatre états mentaux énumérés par la Yoga. Ce sont :

1) *Jagrat :* conscience de veille.

2) *Svapna :* conscience du rêve; c'est la conscience à l'œuvre dans le corps astral et apte à imprimer ses expériences sur le cerveau.

3) *Sushupti :* conscience du sommeil profond; c'est la conscience à l'œuvre dans le corps mental, et incapable d'imprimer ses expériences sur le cerveau physique.

4) *Turiya :* conscience de la trance; si éloignée du cerveau qu'on ne peut pas en rapporter le souvenir facilement.

Ici s'impose une remarque essentielle : ces quatre états de conscience existent sur chaque plan. Le tableau suivant donne des exemples de ces quatre états dans la conscience physique :

LES QUATRE ÉTATS DE CONSCIENCE

NOM SANSCRIT	NOM FRANÇAIS	EXEMPLES DANS LA CONSCIENCE PHYSIQUE	
Jagrat.	Veille.	Lire un livre.	Regarder une montre.
Svapna.	Rêve.	Percevoir la signication des mots.	Imaginer la montre.
Sushupti.	Profond sommeil.	Toucher l'esprit de l'auteur.	Concevoir la montre idéale.
Turiya.	Trance.	Pénétrer l'esprit e l'auteur.	Passer à l'idée abstraite du temps.

De plus, il faut prendre les termes que nous venons d'employer dans un sens relatif. Ainsi, pour la plupart des gens, jagrat ou la conscience de veille, est la fraction de la conscience totale qui fonctionne dans le cerveau et le système nerveux, et qui est bien sûrement soi-consciente. Nous pouvons nous représenter la conscience totale comme un grand œuf de lumière dont une extrémité seulement est insérée dans le cerveau; cette extrémité est la conscience de veille.

Mais à mesure que la soi-conscience se développe dans le monde astral, et que le cerveau se développe suffisamment pour répondre à ses vibrations, la conscience astrale commence à faire partie de la conscience de veille. Alors c'est la conscience mentale qui est svapna ou conscience de rêve.

De même, quand la soi-conscience mentale s'est développée et que le cerveau y répond, alors la conscience de veille comprend la conscience mentale. Et ainsi de suite jusqu'à ce que la conscience sur les cinq plans soit tout entière comprise dans la conscience de veille.

Cet élargissement de la conscience de veille sous-entend le développement des atomes du cerveau ainsi que de certains organes du cerveau, et des moyens de communication entre cellules.

Pour que la conscience astrale puisse faire partie de la conscience de veille, il faut que le corps pituitaire soit développé et que le quatrième jeu de spirilles dans les atomes soit totalement éveillé.

Pour que la conscience mentale puisse faire partie de la conscience de veille, il faut que la glande pinéale soit active et que le cinquième jeu de spirilles soit bien éveillé.

Tant que ces développements physiques ne sont pas effectués, les consciences astrale et mentale ne peuvent pas s'exprimer à travers le cerveau et restent des phénomènes superconscients au sens ordinaire du mot.

D'autre part, si un homme ne possède pas de corps physique, sa conscience de veille ou jagrat est la conscience astrale. Ainsi la définition la plus générale de jagrat est : fragment de la conscience totale qui est à l'œuvre dans le véhicule extérieur.

Nous pouvons considérer Samadhi du même point de vue. Samadhi est l'état de conscience dans lequel le corps est insensible mais l'esprit est pleinement conscient, et d'où il revient au cerveau physique avec la mémoire de ses expériences superphysiques.

Si un homme se met lui-même en état de trance et qu'il est alors actif sur le plan mental, son Samadhi est mental.

L'homme qui pratique le Samadhi peut donc se retirer du corps physique, le laisser insensible, et conserver la pleine conscience sur le plan qu'il atteint.

Samadhi est aussi un terme relatif. Ainsi, pour un

Maître, le Samadhi commence sur le plan d'Atma, et de là s'élève jusqu'aux plans cosmiques supérieurs.

Le mot Samadhi est employé quelquefois pour désigner la condition immédiatement supérieure au niveau où l'homme est capable de rester conscient. Ainsi, pour un sauvage qui est évidemment conscient sur le plan physique seulement, le plan astral serait son Samadhi. D'après cette définition, quand l'homme revient à son véhicule inférieur, il ne rapporte aucune connaissance nouvelle, ni aucun pouvoir nouveau. Cette sorte de Samadhi n'est pas encouragée dans les écoles supérieures d'occultisme.

S'endormir et entrer en Samadhi sont deux choses peu différentes, mais la première est un phénomène ordinaire sans signification particulière, tandis que la seconde est le résultat de l'action d'une volonté entraînée, et elle constitue un pouvoir d'une valeur inestimable.

Les moyens physiques sont tels que l'hypnotisme, les drogues, le fait de fixer un point noir sur un fond blanc, ou fixer la pointe du nez, etc., appartiennent aux méthodes de la Hatha Yoga pour produire la trance; ils ne sont jamais employés en Raja Yoga.

La différence entre un sujet mesmérisé et un Yogi qui s'est mis lui-même en état de trance apparaît immédiatement au clairvoyant. Chez le sujet mesmérisé ou hypnotisé, tous les « principes » sont présents, Manas supérieur paralysé, Bouddhi séparé de Manas par cette paralysie, et le corps astral entièrement soumis à Manas inférieur et à Kama.

Chez le Yogi, au contraire, les « principes » du quaternaire inférieur disparaissent complètement, sauf les vibrations à peine perceptibles du Prana nuancé d'or et d'une flamme violette striée d'or qui s'élève du sommet de la tête et se termine en pointe.

La personne mesmérisée ou hypnotisée ne rapporte à son cerveau aucun souvenir de ses expériences; au contraire, le Yogi se souvient de tout ce qui lui est arrivé.

Nous allons donner maintenant des exemples pratiques pour illustrer quelques-unes des méthodes employées dans la méditation.

L'étudiant fera bien de commencer par cultiver la pensée d'après laquelle le corps physique est un instrument de l'esprit, et cela jusqu'à ce que cette pensée devienne habituelle. Il pensera au corps physique, à la manière de le maîtriser et de le diriger, puis il s'en séparera en pensée comme s'il le rejetait.

Ensuite, percevant la possibilité de maîtriser les émotions et désirs, il rejettera de même le corps astral avec ses désirs et émotions. Puis il se représentera dans le corps mental et commencera à envisager la possibilité de maîtriser et diriger ses pensées; alors il rejettera son corps mental et planera dans la libre atmosphère de l'Esprit où réside la paix éternelle (le mot Esprit est pris ici dans le sens de : principe supérieur au corps mental; dans les pages précédentes, nous avons employé le mot esprit comme équivalent approché du mot mental. N. d. T.) ; il s'efforcera de faire durer cette pensée et de réaliser que c'est Cela qui est le véritable Soi.

Revenant ensuite à la conscience ordinaire, il s'efforcera de rapporter à ses différents véhicules la paix spirituelle.

Un autre exercice consiste à diriger la méditation vers la construction du caractère en choisissant dans ce but une vertu, par exemple l'innocuité (*harmlessness*, qualité de celui qui n'est jamais nuisible). L'attention ayant été concentrée, le sujet est envisagé dans ses différents aspects, par exemple innocuité en paroles, en pensées, en actes, en désirs; comment cette qualité s'exprimerait dans la vie de l'homme idéal; comment elle affecterait sa vie journalière, comment il se comporterait vis-à-vis des autres personnes s'il avait parfaitement acquis cette vertu, et ainsi de suite.

Ayant ainsi médité sur l'innocuité, l'étudiant apportera dans sa vie journalière un état d'esprit qui s'exprimera bientôt dans ses actes et dans ses pensées. Les autres qualités peuvent, évidemment, être traitées de la même manière. Quelques mois seulement d'efforts sérieux dans cette direction produisent des changements merveilleux dans la vie de l'homme, suivant les paroles mémorables de Plotin « Retire-toi en toi-même et regarde. Si tu ne te trouves pas encore assez beau, fais comme le sculpteur qui achève une statue : il coupe ici, il adoucit là, il rend cette ligne plus légère, cette autre plus pure, jusqu'à ce que l'ensemble soit beau. Fais-en autant. Coupe ce qui est excessif, redresse ce qui est tordu, remets en lumière ce qui est dans l'ombre, travaille enfin pour que la beauté resplendisse sur toutes les parties de toi-même, et ne cesse pas de ciseler la statue avant qu'elle brille de la splendeur divine de la vertu et que tu sois bien certain d'abriter la perfection finale dans un sanctuaire sans tache. »

La méditation sur une vertu fait ainsi naître et se développer cette vertu dans le cœur de l'homme; c'est ce que disent les Ecritures Hindoues : « Ce à quoi l'homme pense, il le devient; par suite, pense à l'Eternel. » et encore : « L'homme est la création de la pensée. »

Un exemple de ce qui peut être accompli de cette manière par la méditation, est celui de cet homme qui depuis quarante ans méditait chaque jour sur la vérité; il était tellement uni à la vérité qu'il percevait toujours les mensonges que l'on disait devant lui à cause de la discordance que cela faisait naître en lui. Cet homme était un juge, et la faculté qu'il avait ainsi acquise lui était très utile.

Dans ce genre de travail, l'homme emploie son imagination, le principal outil de la Yoga. S'il se représente lui-même en pensée comme possédant une certaine qualité, il est à mi-chemin de la possession de cette qualité. S'il se représente comme débarrassé d'un certain défaut, il est à mi-chemin de la libération de ce défaut. L'imagination bien entraînée constitue une arme si puissante que l'homme peut, grâce à elle, se débarrasser de la moitié de ses peines et de ses défauts.

Il n'est pas sage de penser souvent à ses fautes, parce

que cela tend à encourager la dépression et les sentiments morbides, et cela équivaut à la création d'un mur qui arrête les influences spirituelles. Dans la pratique, il vaut beaucoup mieux ignorer chaque faute autant que possible, et se concentrer sur la construction de la vertu opposée. Le succès dans la vie spirituelle s'acquiert beaucoup moins par la lutte ardente contre la nature inférieure que par la culture progressive de la connaissance et de la joie des choses supérieures. Car, dès que nous avons suffisamment expérimenté la bénédiction et la joie de la vie supérieure, par contraste, les désirs inférieurs pâlissent et perdent leur puissance attractive. Un grand Instructeur a dit que la meilleure forme du repentir au sujet d'une faute était de regarder l'avenir avec courage et confiance, le cœur rempli de la ferme résolution de ne plus commettre cette faute.

Supposons maintenant que le but de la méditation soit de comprendre intellectuellement un objet et ses rapports avec les autres objets.

Il est essentiel pour l'étudiant de se souvenir que le premier travail du Connaissant est d'observer exactement; c'est de la précision de l'observation que dépend en grande partie la valeur de la pensée; si l'observation est inexacte, de cette erreur première résultera toute une série d'erreurs impossibles à corriger sauf en revenant à l'origine même.

L'objet ayant été observé avec soin, le courant de pensée est dirigé sur lui pour en saisir tous les aspects naturels, superphysiques et métaphysiques, et un effort est fait pour éclaircir ce qui, dans la conscience, est encore nébuleux.

Prenons, par exemple, comme objet de la méditation, l'harmonie. Considérons-la dans ses rapports avec les divers sens; envisageons l'harmonie dans la musique, dans les couleurs, dans un nombre de phénomènes aussi grand que possible; cherchons à découvrir les principales caractéristiques de l'harmonie, et comment l'idée d'harmonie diffère des idées analogues et des idées contraires;

cherchons quelle part elle joue dans la succession des événements, quels sont ses usages, et ce qui résulte de son absence. Ayant répondu à toutes ces questions et à bien d'autres, faisons un effort pour rejeter toutes les images et pensées concrètes, et penser à l'idée abstraite d'harmonie.

Il faut que l'étudiant se souvienne de ce que la vue mentale est aussi réelle et satisfaisante que la vue physique. Ainsi, il est possible d'entraîner l'esprit à voir mentalement, par exemple, l'idée d'harmonie ou la racine carrée du nombre deux, aussi clairement et avec autant de certitude que l'on voit habituellement une chaise ou un arbre dans la vue physique.

Prenons pour troisième exemple la méditation dévotionnelle. Pensons à l'homme idéal, au Maître, ou à la Déité, ou encore à une manifestation de la Déité. Que la pensée joue sur ce sujet dans ses différents aspects, de façon qu'elle éveille constamment l'admiration, la gratitude, la vénération, l'adoration. Arrêtons-nous sur toutes les qualités manifestées par le sujet et envisageons-les sous tous leurs aspects et dans tous leurs rapports.

D'une manière générale, un idéal abstrait et une personnalité sont également bons pour la méditation. Les gens au tempérament intellectuel préfèrent d'habitude l'idée abstraite; ceux dont le tempérament est émotionnel ont besoin de la personnification concrète de leur pensée. L'inconvénient de l'idée abstraite est de ne pas toujours soutenir l'aspiration. L'inconvénient de la personnification est de tomber quelquefois au-dessous de l'idéal.

Ici s'impose une remarque spéciale au sujet des résultats de la méditation sur un Maître. Elle crée un lien défini avec le Maître, lien que le clairvoyant est capable de voir comme une sorte de ligne lumineuse. Le Maître sent toujours d'une manière subconsciente l'impact de cette ligne, et il y répond par l'envoi d'un courant persistant de magnétisme dont l'effet se fait sentir longtemps après que la méditation est terminée.

Si l'on emploie une image pour la méditation, il peut arriver que l'expression de cette image change. C'est parce que la volonté est capable d'agir sur la matière physique : les particules physiques de l'image employée sont affectées par le pouvoir de la pensée soutenue agissant pendant longtemps.

Il existe une autre forme de méditation appelée méditation mantrique.

Un mantram est une série de sons arrangée d'une certaine manière par un occultiste dans le but de produire certains résultats. Ces sons, répétés rythmiquement toujours dans le même ordre, synchronisent les vibrations des véhicules avec eux-mêmes. Un mantram est donc un moyen mécanique d'arrêter certaines vibrations ou de mettre en jeu les vibrations désirées. Son efficacité dépend des phénomènes de résonances (voir *Le Corps astral,* chapitre XVII).

Plus le mantram est répété, plus puissant est le résultat. C'est ce qui fait la valeur de la répétition des formules ecclésiastiques, et du rosaire, qui permet à la conscience d'être pleinement concentrée sur ce qui est fait et dit sans être distraite par le fait de compter.

Dans cette méthode de méditation qui est beaucoup pratiquée dans l'Inde, le dévot dirige son esprit, par exemple, vers Shri Krishna, le Dieu incarné, l'Esprit d'Amour et de Connaissance dans le monde. La même phrase est répétée ou chantée sans cesse tandis que sa signification profonde et vaste est sérieusement examinée. Ainsi, le dévot vient en contact avec le Grand Seigneur Lui-même.

Ce qui précède constitue une description très succincte de certaines formes de méditation. Pour plus de détails, l'étudiant est prié de se référer à l'excellent ouvrage de Ernest Wood, *Concentration,* au livre de J. I. Wedgwood, *La Méditation à l'usage des commençants,* et aux admirables chapitres consacrés par le Dr Besant à la maîtrise de la pensée et à la construction du caractère dans *Vers le temple.*

J. J. Van Der Leeuw donne, dans son livre *Dieux en exil,* une excellente méthode appelée « Méditation sur l'Ego » décrite à la fin de cet admirable petit livre.

Beaucoup de gens méditent seuls chaque jour avec succès. Mais les possibilités offertes sont beaucoup plus grandes lorsque plusieurs personnes à la fois concentrent leur esprit sur le même sujet. Il en résulte un effet sur l'éther physique aussi bien que sur les matières astrale et mentale, qui équivaut à la création d'un chemin dans la direction envisagée. Par suite, au lieu d'avoir à lutter contre l'ambiance comme d'habitude, celle-ci est une aide, pourvu que tous les méditants réussissent à empêcher leur esprit d'errer. Un esprit errant dans une telle assemblée produit une coupure du courant et, au lieu d'obtenir une puissante masse de pensée qui se meut en un flux majestueux, le courant est brisé comme celui d'un torrent l'est par des rochers.

Nous allons maintenant envisager le côté physique de la méditation. La posture du corps physique est une chose importante. Il faut que le corps soit mis dans une position confortable et ensuite qu'on l'oublie. S'il n'est pas à son aise, il ne peut pas être oublié, car il appelle sans cesse l'attention sur lui.

De plus, certaines pensées et émotions ont tendance à s'exprimer par des mouvements caractéristiques du corps; inversement, certaines positions du corps ont tendance à faire naître des états d'esprit déterminés; elles peuvent donc aider l'homme à conserver les états d'esprit correspondants.

Pour la majorité des Occidentaux, la position la plus confortable est la position assise dans un fauteuil dont le dossier n'est pas trop incliné. Les mains peuvent s'appuyer sur les bras du fauteuil ou bien reposer tout simplement sur les genoux. Les pieds peuvent être rassemblés ou croisés l'un sur l'autre. Ce rassemblement des extrémités s'oppose à la fuite du magnétisme par les mains ou les pieds.

La position doit être très confortable, le corps en état de relaxation, la tête équilibrée et non pas tombant sur la poitrine, les yeux et la bouche fermée, la colonne vertébrale (le long de laquelle circule le plus de magnétisme) droite.

Les Orientaux s'assoient habituellement les jambes croisées sur le sol ou sur une chaise basse; cette position est, dit-on, un peu plus avantageuse parce que tout le magnétisme libéré tend à s'élever au-dessus du corps en formant une coque protectrice.

Un autre facteur à envisager dans la détermination de la position favorable à la méditation, est la possibilité de perdre conscience physiquement. L'Indien qui est assis sur le sol tombe simplement en arrière sans se blesser. Ceux qui méditent dans un fauteuil devront choisir un fauteuil à bras, de sorte qu'ils ne puissent pas tomber s'ils perdent conscience.

Sauf dans des cas très rares, la position couchée doit être évitée à cause de la tendance naturelle au sommeil qui en résulte.

Un bain froid ou une promenade animée avant la méditation, sont utiles pour empêcher toute tendance à une circulation paresseuse du sang, ce qui serait un obstacle à l'activité du cerveau.

Il y a un rapport étroit entre la méditation profonde et la respiration. A mesure que l'on pratique la méditation, on s'aperçoit que le corps s'harmonise et que la respiration devient plus profonde, plus régulière et rythmique, jusqu'à ce qu'elle arrive progressivement à être si lente et si tranquille qu'elle est presque imperceptible. La Hatha Yoga renverse l'ordre des phénomènes, et cherche à harmoniser les fonctions du corps par la régulation délibérée de la respiration; il devrait en résulter l'harmonisation des fonctions de l'esprit.

Mais l'étudiant est mis en garde contre la pratique des exercices respiratoires. Il vaut beaucoup mieux apprendre à maîtriser la pensée suivant les instructions de la Raja-Yoga; les efforts accomplis dans la méditation produiront automatiquement leur effet normal sur le corps physique.

Cependant, si certains exercices respiratoires sont très dangereux, il n'y a aucune objection à élever contre la respiration profonde simple, pourvu que l'étudiant ne fatigue pas les poumons ni le cœur, et qu'il ne fasse aucun effort pour concentrer sa pensée sur les divers centres ou chakras du corps.

L'encens de bonne qualité est aussi avantageux, car il a tendance à purifier « l'atmosphère » au point de vue occulte. L'étudiant peut enfin s'aider aussi de belles couleurs, de fleurs, d'images et de tous autres moyens susceptibles d'élever son esprit et ses émotions.

Il est utile d'appliquer certaines restrictions diététiques (voir *Le Corps astral,* chapitre VIII) et, si cela peut être fait sans nuire à la santé, de s'abstenir de viande et d'alcool.

Chez les personnes qui boivent de l'alcool, la méditation est susceptible de faire naître des symptômes d'inflammation dans le cerveau, et en particulier dans le corps pituitaire (voir *Le Corps astral,* chapitre VIII).

Le meilleur moment pour la méditation est probablement le matin de bonne heure, parce que les désirs et les émotions sont habituellement plus tranquilles après le sommeil et avant que l'homme se soit plongé dans le tumulte du monde. Mais quel que soit le moment choisi, il faut que l'homme ait l'assurance de ne pas être dérangé. De plus, comme nous l'avons déjà fait remarquer, il faut que la méditation ait toujours lieu à la même heure, car la régularité est un facteur essentiel de l'efficacité de la méditation.

Les anciens choisissaient pour la méditation le lever du soleil, midi et le coucher du soleil parce que ces heures sont magnétiquement les plus favorables. Il est bon de cultiver l'habitude de diriger l'esprit pendant quelques instants, à chaque fois qu'une heure sonne dans la journée, vers la réalisation de l'Homme Spirituel en soi-même. Cette pratique conduit à ce que les mystiques chrétiens appelaient « le recueillement intérieur », et elle aide l'étudiant à entraîner son esprit à revenir automatiquement aux pensées spirituelles.

Il n'est pas indiqué de méditer immédiatement après un repas parce qu'il en résulte une tendance à retirer le sang des organes digestifs. Il n'est pas bon de méditer la nuit, parce que les corps sont fatigués et que le double éthérique est plus facilement déplaçable; de plus, l'influence négative de la lune opère alors, de sorte que des résultats indésirables pourraient se produire plus facilement.

Il peut arriver que la méditation soit moins effective que d'habitude à cause de l'action d'influences astrales ou mentales défavorables.

Certaines personnes disent aussi que les influences planétaires agissent de manières différentes suivant les époques. Un astrologue a dit que la position de Jupiter par rapport à la lune produisait dans certains cas une extension de l'atmosphère éthérique d'où il résultait une plus grande facilité de méditation. Certains aspects de Saturne, au contraire, compriment, dit-on, l'atmosphère éthérique, et rendent la méditation plus difficile.

Les systèmes de méditation que nous venons d'esquisser brièvement ont pour but le développement spirituel, mental et éthique, ainsi que la maîtrise du mental et des sentiments. Ils n'ont pas pour but le développement des facultés psychiques; mais ils peuvent avoir comme conséquence naturelle l'éclosion d'une forme de psychisme intuitif chez les personnes dont l'organisation sensitive est favorable. Cette éclosion se manifeste par l'augmentation de la sensibilité à l'influence de certaines personnes ou de certains lieux, dans le souvenir fragmentaire de certaines expériences astrales pendant le sommeil, dans une faculté de réponse plus rapide aux directives de l'ego, dans la faculté de reconnaître l'influence des Maîtres ou des personnes développées spirituellement, etc.

La méditation peut avoir pour conséquence l'illumination et celle-ci peut être de trois sortes : 1) Par la pensée intense et profonde sur un certain sujet, l'homme peut arriver lui-même à certaines conclusions; 2) Il peut obtenir l'illumination du soi supérieur, découvrant ainsi ce que l'ego pense sur son propre plan à ce sujet; 3) Il peut, s'il est hautement évolué,venir en contact avec les Maîtres ou les Dévas. Dans un seul cas (1), ses conclusions sont susceptibles d'être viciées par ses propres formes-pensées; le soi supérieur est au-dessus de cette possibilité d'erreur, et il en est de même d'un Maître ou d'un Déva.

Ce que nous accomplissons pendant la méditation dépend de ce dont nous sommes capables dans la vie ordinaire. Si, par exemple, nous avons des préjugés, nous ne leur échappons pas du fait que nous nous mettons à méditer.

La méditation physique se rapporte évidemment à l'entraînement des véhicules inférieurs et non de l'ego. Pendant la méditation, l'ego accorde à la personnalité un peu plus d'attention que d'ordinaire — d'habitude il est un peu dédaigneux vis-à-vis de la personnalité.

Si l'ego est développé, il médite à son propre niveau, mais il n'est pas nécessaire que sa méditation soit synchrone avec celle de la personnalité.

La méditation est un moyen d'acquérir l'art de quitter le corps physique en pleine conscience. La conscience étant amenée à un état de fermeté et de fixité inébranlables, l'attention est graduellement retirée du monde extérieur et du corps, les sens restant calmes tandis que l'esprit est très attentif, mais toutes ses énergies étant dirigées intérieurement, prêtes à être lancées vers une pensée unique, la plus élevée qu'il puisse atteindre. Lorsqu'il est capable de se tenir là avec une certaine aisance, il peut, par un effort puissant mais calme de la volonté, se projeter au delà de la pensée la plus élevée qu'il puisse atteindre, tandis qu'il travaille dans le cerveau physique, et, dans cet effort, s'élever jusqu'à la conscience supérieure et s'unir à elle; il est alors libéré du corps physique. Lorsque cela est accompli, il n'y a plus ni sommeil ni rêve, ni aucune perte de conscience; l'homme se trouve en dehors de son corps avec la sensation de s'être débarrassé d'un vêtement encombrant, et non pas avec la sensation d'avoir perdu une partie de lui-même.

Il y a d'autres moyens de se séparer du corps. Par exemple, par l'intensité de la dévotion, ou par des méthodes spéciales qui peuvent être indiquées par un grand instructeur à son élève.

L'homme peut revenir à son corps à volonté. Dans ces conditions, il peut imprimer sur le cerveau la mémoire des expériences vécues en dehors du corps physique.

La véritable méditation comporte un effort sérieux; elle n'a rien de commun avec la sensation de bonheur qui résulte de l'état de demi-sommeil ou de la plénitude physique engendrée par la bonne santé. De même, elle est absolument différente de la médiumnité passive développée par le spiritisme.

Il n'y a aucune contradiction entre les deux recommandations de s'ouvrir aux influences spirituelles, et en même temps de rester positif. Un effort positif est nécessaire au début; il élève la conscience à un niveau élevé où les influences supérieures peuvent agir; alors, mais alors seulement, l'effort d'élévation peut être relâché en toute sécurité pour réaliser la paix acquise. La phrase « s'ouvrir aux influences spirituelles » peut-être comprise de la manière suivante : conserver une attitude de calme profond à un niveau spirituel élevé, comme l'oiseau qui, en apparence passif et immobile, s'appuie sur le vent par un effort puissant et continu de ses ailes.

CHAPITRE XVII

La contemplation

La contemplation est la troisième étape d'une série qui comprend :

1) La concentration, ou action de fixer l'attention sur un objet.

2) La méditation, ou éveil de l'activité de la conscience en ce qui concerne cet objet exclusivement, considération de cet objet à tous les points de vue, essai de pénétration de sa signification, d'atteindre une pensée nouvelle et plus profonde ou bien de recevoir quelque lumière intuitionnelle sur cet objet.

3) La contemplation, ou action de centrer sur cet objet la conscience active, tandis que toutes les activités de conscience inférieures sont arrêtées, et fixation de l'attention pendant un certain temps sur la lumière reçue. C'est en somme la concentration au sommet de la ligne de pensée de la méditation.

Dans la terminologie hindoue, ces étapes sont désignées comme suit :

1) *Pratyahara :* l'étape préliminaire comprenant le parfait contrôle des sens.

2) *Dharana :* la concentration.

3) *Dhyana :* la méditation.

4) *Samadhi :* la contemplation.

Dharana, Dhyana et Samadhi sont compris dans le nom collectif Sannyama.

Dans la méditation, nous découvrons ce qu'est l'objet. comparé aux autres objets, et dans ses rapports avec eux. Nous poursuivons ce processus de raisonnement jusqu'à ce que nous ne puissions plus raisonner ni trouver d'argument nouveau à propos de l'objet; alors nous arrêtons le processus, et, toute comparaison et toute argumentation stoppées, nous fixons activement l'attention sur l'objet en nous efforçant de pénétrer l'infini qui nous semble l'entourer. Voilà la contemplation.

Le commençant fera bien de ne pas oublier que l'apprentissage de la méditation peut être l'affaire d'une vie entière; il est donc sage de ne pas s'attendre à atteindre le niveau de la pure contemplation dans les premiers efforts.

On peut encore définir la contemplation comme étant le fait de maintenir la conscience sur un objet et de l'attirer en soi de sorte que le penseur devienne un avec cet objet.

Quand le mental est bien entraîné et est capable de rester concentré sur un objet pendant un certain temps, s'il peut se détacher de l'objet tout en maintenant le mental dans cette attitude d'attention fixe, mais sans que l'attention soit dirigée sur quoi que ce soit, alors le stade de la contemplation est atteint.

Dans cette condition, le corps mental ne présente aucune image; ses matériaux sont là, solidement tenus; il ne reçoit aucune impression, il est parfaitement calme comme la surface d'un lac tranquille. Cet état ne peut pas durer; il est forcément limité à un temps très court, de même que l'état critique des chimistes, le point de séparation entre deux états de la matière.

Autrement dit, lorsque le corps mental est calme, la conscience s'en échappe en traversant le « centre laya » ou point neutre de contact entre le corps mental et le corps causal.

Ce passage est accompagné d'un évanouissement momentané, ou perte de conscience, résultat inévitable de la disparition des objets de conscience familiers, suivie de l'activité de la conscience dans le corps supérieur. La disparition des objets de conscience appartenant aux mondes inférieurs est ainsi suivie de l'apparition des objets de conscience du monde supérieur.

L'ego peut alors façonner le corps mental suivant ses propres pensées élevées, et le pénétrer de ses propres vibrations. Il peut le façonner d'après les visions qu'il a pu obtenir de plans supérieurs au sien, et ainsi faire descendre dans la conscience inférieure des idées auxquelles le corps mental aurait été sans cela incapable de répondre.

Telles sont les inspirations du génie qui surgissent dans l'esprit avec une lumière éclatante, et qui illuminent tout un monde. L'homme qui les communique au monde pourrait à peine dire lui-même, dans son état d'esprit ordinaire, comment elles lui sont venues; il sait seulement que par quelque étrange manière,

« ..... la puissance qui vibre en moi-même
« Parle par mes lèvres et fait mouvoir ma main. »

L'extase et les visions des Saints de tous les âges, et de tous les credos, sont de même nature. Dans ce cas, la prière prolongée dans laquelle le Saint s'est absorbé, a produit les conditions nécessaires en ce qui concerne le cerveau. Les avenues des sens ont été fermées par l'intensité de la concentration intérieure, et l'état réalisé délibérément par le Raja Yogi est alors atteint involontairement et spasmodiquement.

On a décrit la transition entre la méditation et la contemplation comme étant le passage de la méditation « avec semence » à la méditation « sans semence ». Le mental étant pacifié, il est maintenu fermement sur le point le plus élevé du raisonnement, le dernier maillon de la chaîne des arguments, ou la pensée centrale de tout le processus. Cela est la méditation avec semence.

Alors l'étudiant se détache de toutes choses, mais en maintenant le mental alerte et vigoureux sur la position acquise, le plus haut point atteint. Cela est la méditation sans semence. Restant en équilibre, attendant dans le silence et dans le vide, l'homme est dans le « nuage ». Alors, brusquement se produit un changement indescriptible et inoubliable. Cela est la contemplation qui conduit à l'illumination.

Ainsi, par exemple, l'étudiant qui pratique la contemplation sur l'homme idéal, sur un Maître, ayant formé une image du Maître, la contemple avec extase, et il est rempli de sa gloire et de sa beauté. Alors, tendant ses efforts vers Lui, il essaye d'élever sa conscience jusqu'à l'idéal, de s'immerger dans cet idéal et de ne faire qu'un avec lui.

L'évanouissement momentané mentionné plus haut est appelé en Sanscrit le Dharma-Megha, ou le nuage de la vérité; les mystiques Occidentaux l'appellent « le nuage sur la montagne », ou « le nuage sur le sanctuaire », ou « le nuage sur le siège de miséricorde ». L'homme a la sensation d'être entouré d'un brouillard dense; il a conscience de ne pas être seul, mais il est incapable de voir. Alors le nuage se dissipe progressivement, et la conscience du plan supérieur s'éveille. Mais avant d'en arriver là, il semble à l'homme que sa vie lui échappe, qu'il est suspendu dans le vide le plus obscur, effroyablement seul. Mais « reste calme, et sache que je suis Dieu ». Dans le silence profond, la Voix du Soi sera entendue, la Beauté du Soi sera vue. Le nuage disparaîtra et le Soi pourra enfin se manifester.

Avant qu'il soit possible de passer de la méditation à la contemplation, les désirs et les espoirs doivent être entièrement abandonnés, du moins pendant les périodes d'exercice, autrement dit, il faut que Kama soit complètement maîtrisé. Le mental ne peut pas être un taudis que le désir occupe : chaque désir est une semence d'où peut naître la colère, l'erreur, l'impureté, le ressentiment, la convoitise, la négligence, le mécontentement, la paresse, l'ignorance, etc. Tant que le désir ou l'espoir subsistent, toutes ces violations de la loi sont possibles.

Tant que durent les souhaits et les désirs non satisfaits, l'homme peut être entraîné hors du chemin qu'il s'est tracé. Le courant de pensée cherche toujours à s'écouler par les petits canaux laissés ouverts par les désirs non satisfaits et les pensées indécises. Tous les désirs non satisfaits, tous les problèmes non résolus ouvrent une bouche avide pour demander votre attention; il en résulte ceci : lorsque pendant la méditation le courant de pensée rencontre une difficulté, il se détourne pour faire face à ces appels. Remontons jusqu'à la source de ces chaînes de pensée interrompues, et nous trouverons des désirs non satisfaits et des problèmes non résolus.

La contemplation commence lorsque l'activité consciente s'exerce pour ainsi dire à angle droit de l'activité ordinaire qui cherche à comprendre une chose par rapport aux autres choses de même nature (du même plan). Dans la contemplation, l'activité consciente, au contraire, traverse les différents plans d'existence de cette chose et pénètre jusqu'à sa nature subtile intérieure. Dès que l'attention cesse d'être divisée par les activités de la comparaison, le mental se meut tout d'une pièce, et il paraît immobile comme une toupie qui tourne rapidement sur son axe.

Dans la contemplation, l'homme cesse de penser à l'objet; il vaut même mieux éviter de commencer par considérer l'objet et le soi comme deux choses différentes en rapport l'une avec l'autre, car il en résulterait une tendance à colorer l'idée par des sentiments. Il faut s'efforcer d'atteindre un détachement de soi tel que la contemplation parte de l'intérieur de l'objet lui-même, tout en conservant un enthousiasme et une énergie mentale inaltérables tout le long de la ligne de pensée. Il faut que la conscience se tienne là bien équilibrée, comme l'oiseau qui plane, regardant droit devant soi, sans jamais penser à rebrousser chemin.

Dans la contemplation, la pensée est poussée intérieurement jusqu'à ce qu'elle ne puisse plus avancer; elle est ensuite maintenue au point qu'elle a atteint, sans revenir en arrière, sans tourner à droite ou à gauche, sachant qu'il y a quelque chose là, bien qu'elle soit incapable de saisir clairement ce que c'est. Dans cette contemplation, il n'y a rien qui ressemble au sommeil ou à l'inaction mentale; c'est, au contraire, une recherche ardente, un effort prolongé pour voir dans le vague quelque chose de défini, sans pour cela descendre dans les régions inférieures de l'activité consciente ordinaire où la vision est habituellement claire et précise.

Un dévot pratiquerait la contemplation d'une manière analogue, mais son activité serait alors du domaine émotionnel au lieu d'être du domaine de la pensée.

Dans la contemplation de sa propre nature intérieure, l'étudiant rejette l'idée d'identité de lui-même avec les corps extérieurs et le mental. En faisant cela, il ne se prive pas d'attributs; il se débarrasse de limitations. Le mental est plus vif et plus libre que le corps, et au delà du mental se trouve « l'Esprit » qui est encore plus vif et plus libre. L'amour s'épanouit plus facilement dans la quiétude du cœur que dans n'importe quelle expression extérieure, mais dans l'Esprit au delà du mental, son épanouissement est divinement certain. La raison et le jugement corrigent toujours les données douteuses des sens; la vision de l'Esprit discerne la vérité sans organe et sans l'aide du mental.

La clef du succès à toutes les étapes de la pratique est la suivante : stopper les activités inférieures et, en même temps, laisser subsister dans toute sa plénitude le flux de l'énergie consciente. En premier lieu, il faut rendre le mental inférieur vigoureux et alerte, puis il faut stopper son activité et utiliser l'élan obtenu à exercer et à développer les facultés supérieures.

Suivant les enseignements de l'antique science de la Yoga, lorsque les processus du mental pensant sont stoppés par la volonté active, l'homme se trouve dans un état de conscience nouveau qui dépasse la pensée ordinaire et la gouverne, de même que la pensée dépasse les désirs et fait un choix parmi eux, de même que le désir pousse à des actions ou à des efforts particuliers. Cet état de conscience supérieur ne peut pas être décrit en termes du mental inférieur; mais sa réalisation signifie que l'homme est conscient d'être quelque chose de supérieur au mental et à la pensée, et cela bien que l'activité mentale continue, de même que les gens cultivés reconnaissent qu'ils ne sont pas leur corps physique, même pendant que ce corps est actif.

Il y a donc un autre état d'existence, ou plutôt une autre conception féconde de la vie qui dépasse le mental avec ses processus fastidieux de discernement, de comparaison et de relations de cause à effet entre les choses. Cet état supérieur ne peut être réalisé que quand les activités de la conscience sont poussées avec toute leur vigueur et leur ferveur terrestres, au delà de la vie ralentie dans laquelle elles s'exercent normalement. Cette conscience supérieure sera acquise par tous les hommes tôt au tard; quand elle vient à quelqu'un, toute sa vie lui paraît changée.

A mesure que l'étudiant s'enrichit en expériences spirituelles grâce à la méditation, il découvre de nouvelles phases de conscience qui s'ouvrent à lui graduellement. En fixant son aspiration sur un idéal, il commence par devenir conscient de l'influence que cet idéal rayonne sur lui. Et tandis qu'il fait un effort extrême pour atteindre l'objet de sa dévotion, pendant un court instant, les portes du Ciel s'ouvrent devant lui, et il est uni à son idéal et imprégné de sa gloire. Il dépasse les formes du mental et il fait un effort intense pour aller plus loin. Alors il réalise cet état d'extase de l'Esprit dans lequel les limites de la personnalité ont disparu, et toute ombre de séparativité s'évanouit dans l'union parfaite de l'objet et du chercheur.

Comme il est dit dans *La Voix du Silence :* « Tu ne peux marcher sur le Sentier avant dêtre devenu ce Sentier lui-même... Vois, tu es devenu la lumière, tu es devenu le son, tu es ton Maître et ton Dieu. Tu es toi-même l'objet de tes recherches; la voix ininterrompue qui résonne pendant l'éternité, sans changement, sans péché, les sept sons dans l'un.»

Il serait vain d'essayer de décrire ces expériences, car elles sont bien au delà de toute description verbale. Les mots ne sont que des poteaux indicateurs qui montrent le chemin vers la gloire ineffable pour que le pèlerin sache où diriger ses pas.

CHAPITRE XVIII

La vie pendant le sommeil

Bien des gens sont gênés par des courants de pensées errantes lorsqu'ils essayent de s'endormir. Dans un tel cas, une coque mentale peut les délivrer des pensées d'origine extérieure. Cette coque n'a pas besoin de durer longtemps, car elle est nécessaire seulement pendant que l'homme s'endort.

L'homme emporte cette coque mentale avec lui quand il quitte son corps physique, mais elle a accompli le travail auquel elle était destinée, car son seul objet était justement de permettre à l'homme de quitter son corps.

Tant que l'homme est dans son corps physique, l'action mentale sur les particules du cerveau peut facilement l'empêcher de quitter son corps. Mais dès qu'il l'a quitté, la même action ne peut pas l'y faire revenir.

Lorsque la coque se désagrège, le courant de pensées errantes reprend généralement son influence, mais comme l'homme n'est plus dans son corps physique, le repos de celui-ci n'est pas troublé.

Il est très rare qu'une personne ordinaire endormie ou une personne psychique en état de trance atteigne le plan mental. Il faut que la personne en question ait une pureté de vie et d'intentions très grande, et même dans ce cas, il n'y a pas pleine conscience, mais simplement faculté de recevoir des impressions.

Voici un exemple illustrant la possibilité d'atteindre le plan mental pendant le sommeil. Une personne au mental très pur, et possédant des facultés psychiques considérables bien que non éduquées, fut approchée pendant son sommeil, et une pensée-image fut présentée à son mental. Elle éprouva alors une joie si intense, et les pensées évoquées par la contemplation de cette image furent si élevées et si spirituelles, que sa conscience passa aussitôt dans le corps mental, c'est-à-dire qu'elle « s'éleva » jusqu'au plan mental. Bien qu'elle fut alors dans un océan de lumière et de couleur, elle était si absorbée par sa propre pensée qu'elle n'était consciente de rien d'autre. Elle resta dans cet état pendant plusieurs heures sans avoir conscience de la fuite du temps. Il est clair que dans ce cas la personne était bien consciente sur le plan mental, mais qu'elle n'avait pas conscience de l'existence de ce plan.

Vraisemblablement, une telle expérience n'est possible que dans le cas d'un développement psychique assez avancé; la même condition serait encore plus indispensable pour qu'un sujet mesmérisé puisse toucher le plan mental pendant la trance.

L'homme moyen peut rarement atteindre le plan mental parce que son corps mental n'est pas parfaitement développé pour servir de véhicule de conscience séparé. En fait, il ne peut servir de véhicule que chez ceux qui ont été spécialement exercés par des instructeurs appartenant à la Grande Fraternité des Initiés.

Nous pouvons répéter ici ce que nous avons dit au chapitre XIV, à savoir que jusqu'à la Première Initiation, l'homme travaille la nuit dans son corps astral mais dès que le corps mental est prêt, le travail dans le corps mental commence. Lorsque le corps mental est complètement organisé, il constitue un véhicule beaucoup plus souple que le corps astral, et bien des choses impossibles sur le plan astral peuvent alors être accomplies.

Bien que l'homme vive après la mort physique dans le monde céleste, c'est-à-dire sur le plan mental, il est enfermé dans une coque faite de ses propres pensées. Cela ne peut pas être appelé libre fonctionnement sur le plan mental, car l'homme n'est pas libre de se mouvoir ni d'observer ce qui se passe autour de lui.

L'homme capable de fonctionner librement sur le plan mental a accès à toute la gloire et la beauté de ce plan, et même lorsqu'il travaille sur le plan astral, il possède un sens de compréhension propre au plan mental qui ouvre à lui les horizons merveilleux de la connaissance et le met pratiquement à l'abri de l'erreur.

Lorsqu'il fonctionne dans son corps mental, l'homme laisse son corps astral avec son corps physique; s'il désire se montrer sur le plan mental, il ne se sert pas de son propre corps astral, mais, par une simple opération de la volonté, il matérialise un corps temporaire. Une telle matérialisation astrale est appelée « mayaviroupa », et sa formation nécessite généralement pour la première fois l'aide d'un Maître qualifié. (Cette question sera traitée dans le prochain chapitre.)

La vie pendant le sommeil peut être employée utilement d'une autre manière : à résoudre des problèmes. Cette méthode est employée par beaucoup de gens, bien que ce soit, en général, inconsciemment. Le proverbe « La nuit porte conseil » fait directement allusion à cette méthode. Le problème à résoudre doit être tranquillement maintenu devant l'esprit avant de s'endormir; il ne faut pas argumenter ni discuter, car cela empêcherait le sommeil de venir; il faut simplement avoir la pensée du problème présente à l'esprit. Alors, pendant le sommeil, le Penseur libéré du corps physique et du cerveau s'occupe du problème. En général, il imprime la solution sur le cerveau, de sorte qu'elle est présente à la conscience au réveil. C'est une bonne précaution d'avoir à portée de la main un crayon et du papier pour noter la solution dès le réveil, car une pensée obtenue de cette manière est facilement submergée par le puissant stimulus du monde physique, et elle n'est pas facilement retrouvée.

CHAPITRE XIX

Le Mayaviroupa

Mayaviroupa signifie littéralement « corps illusoire ». C'est un corps astral temporaire formé par une personne capable de fonctionner dans son corps mental. Il peut ressembler au corps physique, mais ce n'est pas nécessaire; la forme qui lui est donnée dépend du but poursuivi par son créateur. Il peut être rendu à volonté visible ou invisible sur le plan physique; il peut être rendu identique à un véritable corps physique, chaud et ferme au toucher aussi bien que visible, capable de tenir une conversation, enfin impossible à distinguer d'un corps physique ordinaire.

L'avantage du mayaviroupa est d'être insensible aux enchantements du monde astral, contrairement au corps astral ordinaire; aucun enchantement astral, ni aucune illusion astrale ne peuvent le décevoir.

Avec le pouvoir de former le mayaviroupa, l'homme est capable de passer instantanément du plan mental au plan astral et inversement, tout en conservant l'usage des facultés puissantes et des sens pénétrants du plan mental. La matérialisation astrale n'est nécessaire que dans le cas où l'homme désire être vu par des habitants du monde astral. Lorsque le travail est terminé sur le plan astral, l'homme retourne au monde mental, et le mayaviroupa disparaît, ses éléments reviennent dans la circulation générale de matière astrale, où ils avaient été prélevés par la volonté de l'élève.

Un homme dans le mayaviroupa peut employer la méthode de transmission de la pensée propre au plan mental, du moins lorsqu'il s'agit pour lui de comprendre un autre homme; mais, bien entendu, s'il s'agit de transmettre sa propre pensée à une autre personne, il est limité par le degré de développement du corps astral de cette personne.

Il est nécessaire que le Maître montre à Son élève comment on forme le mayaviroupa, après quoi l'élève peut le former tout seul, bien que ce soit pour lui assez difficile pendant quelque temps.

Après la Seconde Initiation, de rapides progrès sont faits dans le développement du corps mental, et c'est à ce moment que l'élève apprend à utiliser le mayaviroupa.

CHAPITRE XX

Dévachan : Principes

La première partie de la vie qui fait suite à la mort physique a été décrite dans *Le Corps astral.* Nous reprenons maintenant notre étude au moment où l'homme laisse son corps astral sur le plan astral, c'est-à-dire « s'élève » jusqu'au plan mental. C'est alors qu'il pénètre dans ce que l'on appelle le monde céleste. Ce monde est généralement appelé par les théosophes « Dévachan », ce qui signifie littéralement la région brillante; il est aussi désigné en sanscrit par le mot devasthan, ou la région des Dieux; c'est le Svarga des Hindous, le Sukhavati des Bouddhistes, le Ciel des Zoroastiens, des Chrétiens et Mahométans; on l'a appelé aussi le « Nirvana des petites gens ». Le principe fondamental du dévachan est d'être un monde de pensée.

Un homme en dévachan est appelé dévachani.

(Le mot dévachan est étymologiquement inexact, et peut, par suite, prêter à confusion. Cependant, il fait si solidement partie de la terminologie théosophique que le compilateur l'a conservé dans ce volume. Il a du moins le mérite d'être moins vague que « monde céleste ». — A. E. P.)

Dans les anciens livres, dévachan est décrit comme une partie réservée du monde mental d'où toute peine et toute souffrance sont exclues par les soins des grandes intelligences spirituelles qui gouvernent l'évolution humaine. C'est le lieu de repos béni où l'homme assimile paisiblement les fruits de sa vie physique.

En réalité, dévachan n'est pas une partie réservée du plan mental. Mais chaque homme, comme nous allons le voir, s'enferme lui-même dans une coque et, par suite, ne prend pas part à la vie du plan mental; il ne se meut pas librement et n'a pas de rapports avec les gens comme sur le plan astral.

Une autre manière d'envisager ce qui a été appelé le gardien artificiel du dévachan ou ce qui isole chaque individu, est de se rappeler que la totalité de la matière kamique ou astrale a été abandonnée. L'homme n'a donc aucun véhicule, aucun moyen de communication avec les mondes inférieurs. Pratiquement, ces mondes n'existent pas pour lui.

La séparation finale du corps mental et du corps astral ne comporte aucune espèce de souffrance; d'ailleurs, il est impossible à l'homme ordinaire de comprendre ce qui se passe; il perçoit seulement qu'il tombe doucement dans un état de repos délicieux.

En général, l'homme passe par une période d'inconscience analogue à celle qui suit la mort physique; la durée de cette période peut varier dans des limites très larges, puis l'homme s'éveille graduellement.

Cette période d'inconscience est une période de gestation qui ressemble à celle qui précède la naissance physique; elle est nécessaire pour la formation de l'ego dévachanique destiné à la vie en dévachan. Une partie de cette période semble destinée à l'absorption par l'atome astral permanent de tout ce qui doit être transmis aux incarnations futures, et une autre partie semble être destinée à la vivification de la matière du corps mental pour l'existence séparée qui va commencer.

Lorsque l'homme s'éveille après cette seconde mort, sa première impression est une félicité et une vitalité indescriptibles, une telle joie de vivre qu'il n'a pas besoin d'autre chose pour le moment que de vivre. Une telle félicité appartient à l'essence de la vie dans tous les mondes supérieurs du système. La vie astrale présente des possibilités de bonheur très supérieures à tout ce que nous connaissons sur terre, mais la vie céleste procure une félicité qui n'a aucun rapport avec la vie astrale la plus belle. Il en est de même chaque fois que l'on passe d'un monde au monde supérieur. Et cela est vrai, non seulement de l'état de félicité, mais aussi de la sagesse et de la largeur de vues. La vie céleste est tellement plus large et plus riche que la vie astrale que toute comparaison entre elles est impossible.

Lorsque le dormeur s'éveille en dévachan, les nuances les plus délicates saluent ses yeux qui s'ouvrent, l'air semble être lui-même musique et couleur, l'être vivant est tout entier imprégné de lumière et d'harmonie. Alors à travers le brouillard doré apparaissent les visages de ceux qu'il a aimés sur la terre, idéalisés par la beauté qu'expriment leurs émotions les plus nobles et les plus élevées, délivrés des troubles et des passions des mondes inférieurs. Nul ne peut décrire en termes exacts la félicité de cet éveil dans le monde céleste.

L'intensité de cette félicité est la principale caractéristique de la vie céleste. Non seulement le mal et la souffrance y sont, par suite de la nature des choses, impossibles, non seulement l'homme n'est environné que de créatures heureuses, mais ce monde est celui dans lequel l'homme est destiné à jouir de la plus haute félicité spirituelle dont il est capable, celui où les aspirations sont comblées.

Cette impression de joie universelle toute puissante n'abandonne jamais l'homme en dévachan; rien sur terre qui ressemble au dévachan; rien qui puisse servir d'image du dévachan; la vitalité spirituelle extraordinaire du monde céleste est indescriptible.

Diverses tentatives ont été faites pour décrire le monde céleste, mais chacune d'elles a échoué parce qu'il est par nature indescriptible au moyen du langage physique. Ainsi les Bouddhistes et les Hindous parlent d'arbres d'or et d'argent avec des pierres précieuses en guise de fruits; le scribe Juif, ayant vécu dans une ville magnifique, parle de rues d'or et d'argent; les écrivains Théosophes modernes tirent leurs images des colorations du coucher du soleil et des beautés du ciel et de l'océan. Chacun s'efforce de dépeindre la vérité trop grande par les mots, par l'emploi d'images familières à son esprit.

La situation de l'homme dans le monde céleste diffère beaucoup de celle qu'il avait dans le monde astral. Dans le monde astral, il se servait d'un corps auquel il était parfaitement habitué, ayant acquis cette habitude par son utilisation pendant le sommeil. Mais il n'a pas encore utilisé le véhicule mental, et, d'ailleurs, ce véhicule est loin d'être pleinement développé. C'est cela qui le sépare dans une large mesure du monde qui l'entoure au lieu de lui permettre de le voir.

Pendant sa vie de purgatoire sur le plan astral, la partie inférieure de sa nature a été rejetée; il ne lui reste plus que les pensées les plus nobles, les aspirations les plus élevées et les plus altruistes qu'il entretint pendant sa vie terrestre.

Dans le monde astral, il peut avoir eu une vie assez agréable. Bien que limitée; il peut aussi avoir souffert considérablement. Mais en dévachan, il récolte les résultats de ses pensées et sentiments altruistes seulement; la vie dévachanique ne peut donc être que félicité.

Comme l'a dit un Maître, dévachan « est la terre où il n'y a ni larmes ni soupirs; où il n'y a pas de mariage libre ou forcé; et où le juste réalise pleinement sa perfection ».

Les pensées qui s'amoncellent autour du dévachani forment une sorte de coque à travers laquelle il échange des vibrations avec la matière mentale extérieure. Ces pensées sont les pouvoirs qui lui permettent d'attirer à lui les ressources infinies du monde céleste. Elles lui servent de fenêtres à travers lesquelles il contemple la beauté du monde céleste, et aussi à travers lesquelles lui arrivent les réponses des énergies extérieures.

Tout homme supérieur au sauvage le plus primitif a éprouvé, ne serait-ce qu'une seule fois dans sa vie, un sentiment altruiste pur; ce sentiment constitue maintenant une fenêtre.

Ce serait commettre une erreur que de regarder cette coque de pensées comme une limitation. Son rôle n'est pas d'empêcher l'homme de percevoir les vibrations du plan; il est au contraire de permettre à l'homme de pouvoir réagir aux influences qu'il est capable d'apprécier. Le plan mental (comme nous le verrons au chapitre XXVII) est un reflet du Mental Divin, un réservoir infini où le dévachani est en mesure de puiser tout ce qui correspond aux pensées et aux aspirations générées pendant sa vie physique et astrale.

Dans le monde céleste supérieur, ces limitations — nous conservons ce mot provisoirement — n'existent plus; mais nous ne nous occuperons pas de ce monde dans ce volume.

Tout homme a accès au monde céleste, et il en profite suivant ses propres capacités développées par ses efforts antérieurs. Suivant l'image orientale, chaque homme apporte sa propre coupe; certaines sont grandes, d'autres sont petites. Mais, grande ou petite, chaque coupe est remplie jusqu'aux bords; l'océan de félicité est plus que suffisant pour emplir toutes les coupes.

L'homme ordinaire n'est pas capable d'une grande activité dans le monde céleste; il est plutôt dans un état réceptif, et la vision qu'il a des choses extérieures à sa propre coque de pensées est très limitée. Ses pensées et aspirations sont bornées, et il ne peut pas en former brusquement de nouvelles; c'est pourquoi il profite assez peu des forces vivantes qui l'entourent et des puissants habitants angéliques du monde mental, bien que nombre d'entre eux répondent facilement aux aspirations humaines.

L'homme qui pendant sa vie terrestre n'a prêté attention qu'aux choses physiques dispose d'un nombre restreint de fenêtres pour regarder le monde qui l'entoure maintenant. Au contraire, l'homme qui s'est intéressé aux arts, à la musique, à la philosophie, a accès à une source infinie de réjouissance et d'étude. Les bénéfices qu'il en retire ne sont limités que par son propre pouvoir de perception.

Il y a un grand nombre de gens dont les seules pensées élevées sont celles qui se rapportent à l'affection et à la dévotion. Un homme qui en aime un autre profondément, ou qui ressent une dévotion puissante pour une divinité personnelle, forme une forte image mentale de son ami, ou de la divinité, et inévitablement, emporte cette image avec lui dans le monde mental, car elle appartient à ce plan.

Alors se produit un phénomène remarquable. L'amour qui a formé et conservé l'image est une force très puissante; assez puissante pour pouvoir atteindre l'ego de l'ami et agir sur lui. Cet ego existe sur le plan mental supérieur, et c'est lui qui est véritablement l'homme aimé, et non le corps physique, qui n'est qu'une représentation partielle. L'ego de l'ami, percevant la vibration, y répond immédiatement et vient animer la forme-pensée qui a été créée pour lui. L'ami de l'homme est donc bien réellement présent, et avec plus de vie que jamais.

Peu importe que l'ami soit ce que nous appelons vivant ou mort; car l'appel est fait, non au fragment d'ami qui se trouve pour quelque temps emprisonné dans un corps physique, mais à l'homme lui-même à son propre niveau. L'ego ne manque jamais de répondre; et celui qui a cent amis peut simultanément et pleinement répondre à l'affection de chacun d'eux, car l'ego est capable d'imprégner une infinité de représentations à un niveau inférieur.

Chaque homme dans sa vie céleste a donc autour de lui les formes-pensées vivifiées de tous les amis dont il désire la compagnie. Bien plus, ses amis sont toujours pour lui au mieux, puisque c'est lui qui a créé les formes-pensées au travers desquelles ils se manifestent.

Dans le monde physique, nous avons l'habitude de penser à nos amis comme s'ils n'étaient que les manifestations limitées que nous connaissons sur le plan physique. Dans le monde céleste, au contraire, nous sommes beaucoup plus près de la réalité, car nous nous sommes rapprochés de deux plans de la patrie de l'ego lui-même

Il y a une différence très importante entre les vies post-mortem sur le plan mental et sur le plan astral. Sur le plan astral, nous rencontrons nos amis (pendant le sommeil de leurs corps physiques) dans leurs corps astrals; nous avons donc encore affaire à leurs personnalités. Sur le plan mental, au contraire, nous ne rencontrons pas nos amis dans les corps mentals dont ils font usage sur la terre. Leurs egos construisent pour eux des véhicules mentals séparés et entièrement nouveaux; et c'est la conscience de l'ego au lieu de celle de la personnalité qui travaille dans ces véhicules. Les activités de nos amis sur le plan mental sont donc entièrement séparées de leurs personnalités terrestres.

C'est pourquoi toute peine qui affecte la personnalité de l'homme vivant ne peut pas troubler la forme-pensée que l'ego emploie comme corps mental supplémentaire. S'il a dans cette manifestation conscience d'une souffrance de la personnalité, cela ne peut pas l'affecter, car il considère cette souffrance du point de vue de l'ego dans le corps causal, c'est-à-dire comme une leçon à apprendre, ou quelque karma à épuiser. C'est cette manière de voir qui est juste et, au contraire, celle de la personnalité inférieure qui est une illusion. Car ce que la personnalité considère comme une affliction n'est pour l'homme véritable dans le corps causal qu'un pas sur le chemin de l'évolution.

De ce qui précède, il résulte que le dévachani n'est pas conscient de la vie personnelle de ses amis sur le plan physique. Mais ce fait s'explique encore par d'autres raisons; ainsi, il serait impossible à l'homme en dévachan d'être heureux s'il pouvait voir ceux qu'il aime dans la peine ou dans le péché.

Ainsi, en dévachan, plus de séparation due au temps ou à l'espace; plus de désaccord; au contraire, communion intime, d'une âme à l'autre, comme il n'est pas possible sur la terre. Sur le plan mental, rien ne sépare deux âmes; la communion entre elles est exactement en proportion de la réalité de la propre vie de l'âme. L'âme de notre ami vit dans la forme que nous avons créée dans la mesure où elle peut vibrer en harmonie avec la nôtre.

Nous ne pouvons avoir aucun contact avec ceux qui sur la terre n'étaient liés à nous que par les corps physiques et astrals, ou bien dont la vie intérieure était en désaccord avec la nôtre. En dévachan il n'y a pas d'ennemi, car seul l'accord des esprits et des cœurs rassemble les individus.

Nous venons au contact de ceux qui sont plus avancés que nous dans l'évolution, exactement dans la mesure où nous sommes capables de leur répondre; de ceux qui sont moins avancés que nous, suivant les limites de leurs facultés.

L'étudiant se souviendra que l'élémental du désir réorganise le corps astral après la mort physique, en couches concentriques de matière, la plus dense à l'extérieur, ce qui a pour résultat de confiner l'homme au sous-plan auquel appartient cette couche extérieure. Sur le plan mental, il n'y a rien de semblable. L'élémental mental ne se comporte pas de cette manière.

Il y a encore une différence importante entre les vies astrale et mentale. Sur le plan mental, l'homme ne traverse pas successivement les divers sous-plans, mais il est attiré directement vers celui qui correspond à son degré de développement. C'est là qu'il passe la totalité de sa vie dans le corps mental. Les caractéristiques de cette vie sont infiniment variées; chaque homme les crée pour lui-même.

En dévachan, tout ce qui a quelque valeur dans les expériences morales et mentales du Penseur pendant la vie qui vient de finir est mis en œuvre, médité, et graduellement transmué en facultés morales et mentales définies, que l'homme emportera avec lui dans sa prochaine incarnation. Il n'incorpore pas au corps mental la mémoire du passé, car le corps mental est destiné à périr. La mémoire du passé fait partie du Penseur lui-même, qui a vécu ce passé et qui survit. Mais les résultats de l'expérience sont transformés en capacités, de sorte que si un homme a étudié profondément un sujet, il en résulte la formation d'une faculté spéciale lui permettant de s'assimiler aisément ce sujet lorsqu'il lui sera présenté dans une prochaine incarnation; il naîtra avec des dispositions particulières pour cette étude et réapprendra très rapidement.

Tout ce à quoi nous avons pensé sur la terre est utilisé en dévachan; toute aspiration est muée en faculté; tous les efforts stériles deviennent des pouvoirs et des capacités; les luttes et les insuccès réapparaissent comme matériaux qui servent à façonner des instruments de victoire; l'erreur et l'affliction brillent comme des métaux précieux qui vont servir à faire des volitions sages et bien dirigées. Les projets de bonnes actions pour lesquels le pouvoir et l'adresse nous ont manqué dans le passé, sont exprimés en pensée, représentés, pour ainsi dire étape par étape, et les pouvoirs nécessaires sont développés sous forme de facultés mentales qui seront mises en jeu dans une vie terrestre future.

En dévachan, comme l'a dit un Maître, l'ego rassemble « seulement le nectar des qualités et de la conscience morale de chaque personnalité terrestre ».

Pendant la période dévachanique, l'ego passe en revue sa provision d'expériences, la moisson de la vie terrestre qui vient de finir; il fait un classement parmi ces expériences, assimilant ce qui est utile, rejetant ce qui est superflu. L'ego ne peut pas être constamment occupé dans le tourbillon de la vie terrestre, de même qu'un industriel ne peut pas accumuler sans arrêt des matériaux dont il ne fabrique rien; et de même qu'un homme ne peut pas manger continuellement sans jamais digérer et assimiler pour construire les tissus du corps. Le dévachan est donc pour tous une nécessité absolue; une infime minorité fait exception à cette règle comme nous le verrons plus loin.

Certaines personnes croient que la vie de l'homme ordinaire dans le monde céleste inférieur n'est que rêve et illusion, que lorsqu'il s'imagine heureux au milieu de ses amis et de sa famille, ou en train d'exécuter ses projets avec succès, il est victime d'une illusion cruelle.

Cette idée résulte d'une conception erronée de la réalité (autant que nous la connaissions) et d'un faux point de vue. L'étudiant se souviendra que la plupart des gens se font une idée si vague de leur vie mentale, même de celle qu'ils vivent dans leur corps physique, que lorsqu'on leur présente une image de la vie mentale en dehors du corps physique, ils perdent absolument tout sens des réalités et s'imaginent entrer dans un monde de rêve. En réalité, si l'on compare la vie physique à la vie dans le monde mental, c'est la vie physique qui semble être un rêve.

Il est bien évident que l'homme ordinaire se fait des choses pendant sa vie terrestre une conception très imparfaite et inexacte sur beaucoup de points. Par exemple, il ne sait rien des forces éthériques, astrales et mentales qui agissent dans toutes les choses qu'il voit, et qui en réalité forment la partie la plus importante de ces choses. Sa conception est limitée à cette faible portion des choses que ses sens, son intellect, son éducation, son expérience lui permettent d'apprécier. Il vit donc dans un monde qui est dans une large mesure sa propre création. Il ne comprend pas que le monde lui apparaît ainsi parce qu'il ne connaît rien de mieux. Ainsi, à ce seul point de vue, la vie physique ordinaire est au moins aussi illusoire que la vie en dévachan, et si l'on y réfléchit, on s'apercevra bien vite qu'elle est beaucoup plus illusoire.

Car si l'homme en dévachan prend ses pensées pour des réalités, il a parfaitement raison; ce sont des réalités sur le plan mental parce que dans ce monde la pensée seule est réelle. Nous reconnaissons ce fait sur le plan mental, tandis que sur le plan physique nous ne le reconnaissons pas. L'illusion est donc plus grande sur le plan physique. En fait, la vie mentale est beaucoup plus intense, plus vivante et plus près de la réalité que la vie des sens.

C'est pourquoi, d'après les propres paroles d'un Maître, « nous appelons la vie posthume la seule réalité, et la vie terrestre, y compris la personnalité elle-même, purement imaginaire ». « Appeler la vie dévachanique « un rêve », si ce mot est autre chose qu'un terme conventionnel, c'est renoncer à jamais à la connaissance de la Doctrine ésotérique, seul gardien de la vérité. »

Si nous sentons la vie terrestre réelle, et si nous croyons la vie dévachanique irréelle quand nous en entendons parler, c'est que nous contemplons la vie terrestre de son centre, sous l'influence de toutes ses illusions, tandis que nous contemplons la vie dévachanique de l'extérieur, momentanément libérés de sa maya ou illusion particulière.

En dévachan, c'est le contraire qui se produit, car ses habitants sentent que leur propre vie est réelle et ils regardent la vie terrestre comme une illusion et un malentendu. Les habitants du dévachan sont plus près de la vérité que leurs critiques terrestres, mais, bien entendu, le dévachani, moins sujet à l'illusion que l'habitant de la terre, n'en est pas complètement délivré.

En d'autres termes, plus nous nous élevons sur les plans d'existence, plus nous nous rapprochons de la réalité; car les choses spirituelles sont relativement réelles et durables, tandis que les choses matérielles sont illusoires et transitoires.

Poursuivant cette pensée un peu plus loin, l'étudiant peut considérer la vie en dévachan comme le résultat naturel et inévitable de la vie qui vient d'être passée sur les plans physique et astral. Nos idéals les plus élevés et nos aspirations ne sont jamais réalisés sur le plan physique, et ils ne peuvent pas y être réalisés à cause de l'étroitesse des possibilités et de la grossièreté relative de sa matière.

Mais grâce à la loi de karma (dont la loi de conservation de l'énergie est une expression particulière), aucune force ne peut être perdue; chaque force produit nécessairement son plein effet, et elle subsiste sous forme d'énergie accumulée jusqu'à ce que l'opportunité se présente. En d'autres termes, une grande partie de l'énergie spirituelle de l'homme ne peut pas produire son plein effet pendant la vie terrestre, parce que les principes supérieurs de l'homme ne sont pas capables de répondre à des vibrations aussi subtiles tant qu'ils ne sont pas délivrés de la chair. Dans le monde céleste, tous les obstacles disparaissent, et l'énergie accumulée produit les résultats inévitables conformes à la loi de karma. « Sur terre, une ligne brisée », dit Browning, « dans le ciel, un cercle parfait ». Ainsi la justice est parfaite, et rien n'est jamais perdu, bien que dans le monde physique il semble que beaucoup d'efforts manquent leur but et ne produisent aucun résultat.

Dévachan n'est en aucune façon un rêve ou un refuge de l'oisiveté. Au contraire, c'est une région, ou plutôt une condition d'existence dans laquelle le mental et le cœur se développent à l'abri de la matière grossière et des soucis triviaux, où des armes sont forgées pour les luttes de la vie terrestre, où enfin les progrès futurs se préparent.

L'étudiant pourra également se rendre compte que ce système de vie post-mortem est le seul qui soit capable de rendre tous les hommes heureux dans les limites exactes de leurs propres capacités. Si la joie du ciel était d'un type particulier (suivant certaines théories orthodoxes), certains s'en lasseraient, d'autres ne seraient pas capables d'y participer soit par manque de goût, soit par manque d'éducation. Dans *Captain Stormfield's Visit to Heaven,* Mark Twain a fait de la vieille idée du ciel une telle caricature qu'elle semble après la lecture de son livre absolument insoutenable, et ceci est un exemple remarquable de l'utilisation de l'humour en matière de religion ou de philosophie.

Revenons maintenant à notre sujet : Quelle autre combinaison pourrait être satisfaisante en ce qui concerne les rapports des amis entre eux? Si les défunts pouvaient suivre les fluctuations de fortune de leurs amis sur la terre, ils ne sauraient être heureux. S'ils étaient obligés d'attendre le décès de leurs amis pour les voir, cela constituerait une période d'attente pénible, souvent longue, et au bout de laquelle les amis arriveraient si changés qu'ils pourraient bien avoir cessé d'être sympathiques.

La Nature a évité toutes ces difficultés. C'est chaque homme qui fixe pour lui-même la longueur et le caractère de sa vie céleste par les causes qu'il met en jeu durant sa vie terrestre. Il ne pourrait obtenir autre chose que ce qu'il a mérité, et la qualité de ses joies est celle qui correspond le mieux à ses idiosyncrasies. Ceux qu'il aime sont toujours avec lui, et toujours au mieux; aucune ombre de désaccord ne peut s'étendre entre eux, car il reçoit d'eux exactement ce qu'il souhaite. Les lois naturelles sont infiniment supérieures à tout ce que l'esprit de l'homme et son imagination ont jamais pu présenter à leur place.

Il est sans doute difficile sur le plan physique de réaliser le caractère créateur des pouvoirs exercés par le Penseur revêtu de son corps mental, au lieu d'être confiné dans le corps physique. Sur la terre, l'artiste peut créer des visions de beauté exquises, mais lorsqu'il cherche à les reproduire au moyen des matériaux terrestres, il est loin de s'approcher de ses conceptions mentales. En dévachan, tout ce que l'homme pense est aussitôt reproduit en formes, au moyen de la matière subtile qui est la substance du mental lui-même, le milieu dans lequel le mental travaille normalement lorsqu'il est libre de toute passion, la matière qui répond à toute impulsion mentale. Ainsi la beauté de ce qui entoure l'homme en dévachan est à la mesure de sa propre énergie mentale.

Il est utile à l'étudiant de comprendre que le plan mental est un monde vaste et splendide de lumière vivante dans lequel nous vivons *maintenant*, aussi bien que pendant les intervalles entre deux incarnations. C'est uniquement notre manque de développement et les limitations imposées par le corps physique qui nous empêchent de comprendre que toute la beauté et la gloire du ciel sont autour de nous, ici et maintenant, et que les influences de ce monde supérieur sont toujours à notre disposition si nous voulons nous donner la peine de les comprendre et de nous ouvrir à elles. Suivant les paroles de l'instructeur Bouddhiste : « La lumière est tout autour de vous, il suffit que vous vous donniez la peine d'enlever le bandeau qui est sur vos yeux et que vous regardiez. Elle est merveilleuse et belle, et bien au delà de ce que les hommes ont rêvé ou conçu dans leurs prières; et elle est là pour toujours » (*The Soul of a People*).

En d'autres termes, dévachan est un état de conscience, et il peut être réalisé à tout instant par celui qui a appris à libérer son âme de l'emprise des sens.

Ce que dévachan est par rapport à une vie terrestre, nirvana l'est par rapport au cycle des réincarnations.

CHAPITRE XXI

Dévachan : Durée et intensité.

Puisque c'est l'homme lui-même qui prépare son propre purgatoire et son propre ciel, il est clair que ces deux états de conscience ne peuvent pas être éternels, car une cause finie ne peut pas produire des effets infinis.

Les durées relatives des séjours de l'homme dans les mondes physique, astral et mental varient énormément au cours de l'évolution. L'homme primitif vit presque uniquement dans le monde physique; il ne passe que quelques années sur le plan astral après sa mort. A mesure qu'il se développe, sa vie astrale devient plus longue, et, quand son intellect s'éveille, il commence à faire un court séjour sur le plan mental.

L'homme ordinaire des races civilisées reste plus longtemps dans le monde mental que dans les mondes physique et astral. Plus l'homme évolue, plus sa vie astrale devient courte et plus sa vie mentale devient longue.

Nous voyons donc qu'à l'exception des premiers stades de l'évolution, l'homme passe la plus grande partie de son existence sur le plan mental. Comme nous allons le voir maintenant plus en détail, sauf dans le cas de personnes très peu développées, les durées des vies physique et mentale sont entre elles comme 1 est à 20 approximativement, et dans le cas de personnes très avancées, ces durées sont entre elles comme 1 est à 30. L'étudiant doit se souvenir de ce que la véritable patrie de l'homme réel, l'ego, est le plan mental, et que chaque descente en incarnation est seulement un court épisode, important toutefois, de son existence.

Le tableau suivant donne une idée de la durée approximative des intervalles entre vies physiques, suivant le type d'homme considéré, ainsi que les durées moyennes des séjours aux niveaux astral, mental et causal.

L'étudiant est prié de ne pas attacher un sens littéral à la classification adoptée par rang social; ce n'est qu'une manière approchée de désigner les différentes catégories d'individus. Ainsi, par exemple, il est bien évident qu'il y a des « ivrognes » à tous les degrés de l'échelle sociale; de même, une personne qui par sa situation sociale appartient à la classe des « hommes cultivés » peut très bien être inférieure à un « manœuvre ».

HOMMES DE LA LUNE : PREMIER ORDRE

Individualisés dans la chaîne lunaire. No	Type actuel	DURÉE MOYENNE EN ANNÉES			
		Intervalle total entre vies	Vie astrale	Vie céleste	
				mentale inférieure	causale
5	Egos avancés, sur le Sentier (beaucoup d'entre eux se réincarnent sans interruption).	1500 à 2000 ou plus	5 l'ego peut même traverser le plan astral rapidement et inconsciemment.	1350 à 1800 majeure partie au niveau le plus élevé.	150 à 200
	Egos approchant du Sentier :				
	a) Individualisés par l'intellect.	1200	5	1150	50
	b) Individualisés par l'émotion ou la volonté.	700	5	650	50
	Hommes éminents dans les arts, la science ou la religion.	comme dans la classe précédente.	Tendance à une vie astrale plus longue et causale plus courte, surtout pour les artistes et les religieux.		
6	Hommes cultivés.	600 à 1000	20 — 25	600 à 1000	simple contact.
7	Elite de la classe moyenne.	500	25	475	néant.

EGOS MOINS AVANCÉS

Classe de l'ego	Type actuel	Intervalle total	Vie astrale	Vie céleste	
				mentale inférieure	causale
Hommes de la lune, second ordre.	Commerçants.	200 — 300	40	160 — 260 aux niveaux inférieurs.	néant.
Hommes animaux de la lune.	Ouvriers qualifiés.	100 — 200	40	60 — 160 aux niveaux inférieurs	néant.
Animaux de la lune, première classe.	Manœuvres.	60 — 100	40 — 50	20 — 50 au niveau le plus bas.	néant.
Animaux de la lune, seconde classe.	Ivrognes.	40 — 50	40 — 50	néant.	néant.
Animaux de la lune troisième classe.	Déchet de l'humanité.	5	5	néant.	néant.

Il ne faut pas oublier que les nombres ci-dessus ne sont que des moyennes; dans chaque catégorie les durées varient énormément suivant les individus.

Le mode d'individualisation a un certain effet sur la durée de l'intervalle entre vies, mais cet effet est insignifiant pour les catégories inférieures. Ceux qui se sont individualisés par l'intellect ont souvent un intervalle plus long que ceux qui se sont individualisés par d'autres moyens. Nous reviendrons sur ce point.

D'une manière générale, un homme qui meurt jeune a un intervalle plus court que ceux qui meurent âgés, et sa vie astrale est souvent plus longue, car les fortes émotions qui s'exercent pendant la vie astrale sont générées dans la première partie de la vie physique, tandis que l'énergie plus spirituelle qui produit des résultats dans la vie céleste est mise en œuvre pendant presque toute la durée de la vie physique.

La durée du séjour en dévachan dépend donc des matériaux que l'homme rapporte de sa vie physique, à savoir : toutes choses susceptibles d'être transformées en facultés morales et mentales — toutes les pensées et les émotions pures générées pendant la vie terrestre, tous les efforts intellectuels et moraux, le souvenir de tous les travaux utiles et des projets pour le service de l'humanité. Rien n'est perdu; mais les passions animales égoïstes ne peuvent pas entrer, car il n'y a aucune matière qui permette de les exprimer.

Le mal de la vie passée, même s'il est plus important que le bien, ne peut pas empêcher la récolte de la moisson du bien. La vie dévachanique peut être très brève, mais même l'homme le plus dépravé, s'il a éprouvé quelque faible aspiration vers le bien, s'il a été remué par quelques instants de tendresse, doit avoir une vie dévachanique pendant laquelle la semence du bien fera germer de tendres pousses, ou, en d'autres termes, l'étincelle du bien est susceptible de se changer en une petite flamme.

Dans le passé, quand les hommes avaient pendant toute leur vie le regard fixé sur le ciel, et dirigeaient leurs efforts vers sa félicité, la période passé en dévachan était très longue, souvent plusieurs milliers d'années. Mais actuellement, le mental de l'homme est davantage centré sur la terre, et peu de pensées sont dirigées vers la vie supérieure; les périodes dévachaniques en sont d'autant réduites.

De même, les durées des séjours passés dans les mondes mental inférieur et causal sont proportionnelles respectivement aux quantités de pensées générées dans les corps mental et causal. Tout ce qui appartient au moi personnel, ses ambitions, ses intérêts, ses amours, ses espoirs et ses craintes, a ses fruits dans le monde mental inférieur, le monde de la forme. Tout ce qui appartient au mental supérieur, aux régions de la pensée abstraite et impersonnelle, a ses fruits au niveau causal, le monde sans forme. Comme le montre le tableau ci-dessus, la plupart des gens font une courte apparition dans le monde céleste causal, quelques-uns y passent une partie notable de leur vie dévachanique; le petit nombre y passe presque toute sa vie dévachanique.

Ainsi, non seulement l'homme prépare pour lui-même sa vie astrale, mais il décide aussi du caractère et de la durée de sa vie céleste, au moyen des causes qu'il met en jeu durant sa vie terrestre. Il a donc toujours la quantité qu'il a méritée et aussi la qualité qui correspond le mieux à ses idiosyncrasies.

Un autre facteur très important est l'intensité de la vie dévachanique qui varie suivant les différentes catégories d'egos, et qui influe considérablement sur la durée de la vie céleste.

Dans le tableau ci-dessus, on remarque, dans le même groupe d'egos, deux types, de développement équivalent, mais dont les intervalles entre vies sont très différents : pour un type il est de 1.200 ans environ, pour l'autre il est de 700. La quantité totale de force spirituelle mise en jeu est sensiblement la même dans les deux cas, mais ceux dont l'intervalle est le plus court jouissent d'une félicité double pendant leur vie céleste; ils travaillent pour ainsi dire à haute pression, concentrent leur activité, et, pendant une période donnée, font des acquisitions presque doubles de celles des membres de l'autre classe.

Cette différence est due, comme nous l'avons mentionné plus haut, aux modes d'individualisation. Sans entrer dans les détails de cette question (ce qui dépasserait les limites de ce volume), nous pouvons mentionner ici le simple fait suivant : ceux qui s'individualisent graduellement par développement intellectuel, génèrent une force spirituelle d'une espèce particulière d'où résulte une certaine durée de vie dévachanique, tandis que ceux qui s'individualisent par un brusque mouvement d'affection ou de dévotion, génèrent une force spirituelle d'espèce différente et, au cours d'une vie dévachanique plus courte, ils jouissent de leur félicité d'une manière plus intense ou plus concentrée. La quantité de force spirituelle mise en jeu peut être dans certains cas un peu plus grande chez ceux dont l'intervalle entre vies est le plus court.

Les investigations sur ce sujet ont montré qu'il y avait une grande flexibilité dans la fixation des intervalles entre vies; il en résulte de grandes variations dans la manière de travailler des egos durant leur vie céleste.

Une des causes de ce phénomène est la nécessité de ramener ensemble en incarnation des groupes de personnes, non seulement dans le but de mettre en jeu leurs relations karmiques mutuelles, mais aussi pour que les personnes d'un même groupe puissent apprendre à travailler ensemble à certaines fins grandioses.

Il y a par exemple certains groupes d'egos connus sous le nom de « serviteurs » qui reviennent ensemble vie après vie, pour qu'ils puissent traverser des expériences préparatoires semblables, et que les liens d'affection qui les unissent s'affermissent et rendent tout malentendu ou toute méfiance impossibles dans l'avenir, quand l'heure du travail auquel ils sont destinés aura sonné. Le fait que ces egos sont destinés au service l'emporte sur toute autre considération, et le groupement est conservé pour le service.

Dans tout cela, bien entendu, il n'y a pas la moindre injustice; nul ne peut échapper au karma, si insignifiant soit-il. Mais le karma est ajusté sur les circonstances particulières : ainsi, il arrive que certain karma soit liquidé rapidement pour que la personne en question devienne libre en vue d'un travail supérieur; dans ce cas, il se peut qu'une quantité considérable de karma accable cette personne dans quelque grande catastrophe; elle s'en libère rapidement et la voie s'ouvre devant elle, désormais sans obstacle.

Pour la majeure partie de l'humanité, il n'y a rien de semblable et la vie céleste est vécue à la manière ordinaire.

Les différences dans les diverses rapidités de liquidation du karma, qui impliquent les différences d'intensité de vie, sont indiquées par un éclat plus ou moins grand de la lumière du corps mental.

CHAPITRE XXII

Dévachan : Autres particularités

Nous avons étudié d'une manière générale les caractéristiques du dévachan et son but. Nous allons maintenant revenir sur le même sujet pour en étudier certains détails qui n'auraient pas pu faire partie de notre première description sans l'obscurcir.

Dévachan est illusoire dans une certaine mesure, comme toute vie manifestée; mais la vie céleste est beaucoup plus près de la réalité que la vie terrestre. Cela résulte clairement des conditions d'entrée en dévachan; pour qu'une aspiration ou une force du domaine de la pensée puisse produire un effet en dévachan, il faut que sa caractéristique principale soit l'altruisme.

L'affection pour la famille ou les amis entraîne bien des gens en dévachan, de même que la dévotion, mais seulement si l'affection ou la dévotion sont altruistes. L'affection qui n'est qu'une passion exigeante et égoïste, qui n'est que le désir d'être aimé, qui pense à recevoir plutôt qu'à donner et qui dégénère si facilement en jalousie, ne possède en elle aucun germe de développement mental; les forces qu'elle met en jeu ne dépassent pas le plan astral, le plan du désir auquel elles appartiennent de toute évidence.

Mais lorsqu'il n'y a aucune pensée de retour, lorsque rien ne se rapporte au soi, alors se produit une effusion considérable de force que la matière astrale n'est pas capable d'exprimer, et que les dimensions du plan astral ne peuvent pas contenir. Il lui faut l'étendue infiniment plus vaste du monde mental et sa matière plus fine, car l'énergie mise en œuvre appartient à ce monde supérieur.

De même, la pensée du dévot qui songe, non pas à la gloire de la déité, mais à la manière de sauver son âme, ne conduit pas au dévachan. Mais la véritable dévotion religieuse, exempte de pensée personnelle, faite uniquement de pensées d'amour et de gratitude vers la divinité ou l'instructeur, inspirée par un désir ardent de faire quelque chose pour la divinité ou en son nom, conduit souvent à une vie céleste prolongée d'un genre particulièrement exalté.

Il en est ainsi quelle que soit la divinité, et les zélateurs de Bouddha, de Krishna, Ormuzd, Allah, ou du Christ obtiennent tous leur récompense dans la félicité céleste; sa durée et son intensité ne dépendent nullement de l'objet de la dévotion, mais dépendent uniquement de l'intensité et de la pureté des sentiments.

Ce serait une erreur de supposer que l'homme sur le plan astral ou sur le plan mental après la mort physique est simplement occupé à assimiler les résultats de sa vie terrestre; cela est vrai en principe pour l'homme ordinaire; cependant, même pendant qu'il jouit de la félicité du dévachan, il produit des résultats, c'est-à-dire génère du karma.

Il doit en être ainsi, d'après la nature des choses, car la pensée est le facteur le plus puissant dans la création du karma humain. Toute force a la caractéristique du plan sur lequel elle est mise en jeu, et plus le plan est élevé, plus la force est puissante et durable.

Dans les cas, actuellement très rares, où par élévation de la conscience au niveau causal le moi supérieur et le moi inférieur sont unis, la conscience de l'ego est à la disposition de l'homme pendant la durée de ses vies physique, astrale et mentale, et il est capable de modifier ses conditions d'existence par l'exercice de la pensée et de la volonté.

Mais à part ces cas de développement remarquables, tout homme produit involontairement et inconsciemment trois résultats différents pendant sa vie céleste :

1° L'affection qu'il dirige sur l'image-pensée qu'il a faite de son ami, est une puissante force pour le bien qui n'est pas sans effet sur l'évolution de l'ego de cet ami. L'affection est ainsi évoquée chez l'ami, ce qui tend à intensifier cette admirable qualité en lui. Un tel phénomène produit évidemment du karma.

Il est même possible que l'effet de cette action se manifeste dans la personnalité de l'ami sur le plan physique. Car si l'ego est modifié par l'affection qui enveloppe la forme-pensée qu'il anime, il est possible que cette modification se montre dans la personnalité qui est une autre manifestation du même ego.

2° Un homme qui rayonne un énorme flux d'affection, et qui évoque en réponse des flux analogues de ses amis, améliore nettement l'atmosphère mentale dans son voisinage. Cette atmosphère réagit sur ses habitants — dévas, hommes, animaux, plantes, etc. Ce phénomène produit aussi des résultats karmiques.

3° Non seulement une pensée d'affection ou de dévotion altruiste évoque une réponse du Logos à l'individu qui pense, mais elle aide aussi à remplir le réservoir de force spirituelle tenu par les Nirmanakayas à la disposition des Maîtres de la Sagesse et de Leurs élèves pour le service de l'humanité (voir *Le Corps astral,* chapitre VII). Si beau que soit le résultat d'une telle affection ou dévotion pendant la vie physique, il est clair que la pensée de l'entité en dévachan, soutenue peut-être pendant mille ans, apporte au réservoir une contribution importante, et qu'il en résulte pour le monde un bénéfice impossible à évaluer dans le langage du plan physique.

De tout ce qui précède il résulte que l'homme ordinaire dont le développement de conscience n'est pas grand, est pourtant capable de faire beaucoup de bien pendant sa vie dévachanique. Durant toute cette vie il ne cesse de générer du nouveau karma, et il peut même modifier les conditions de cette vie à mesure qu'il progresse.

Dans le monde physique, beaucoup de nos pensées sont de simples fragments. En dévachan, le rêveur contemple ces framents, et patiemment en assimile les détails et toutes les possibilités, vivant en elles avec une intensité que rien sur la terre ne peut égaler. Il façonne, moule, construit, de toutes les manières possibles, et lance son travail dans le monde de la forme. D'autres peuvent en profiter, être inspirés par ces formes ou s'en servir pour faire des projets d'amélioration, d'œuvres philanthropiques, etc. Ainsi la matière-pensée qui émane de quelque rêveur solitaire peut être l'origine de merveilleux changements, et son « rêve » peut aider à recréer le monde.

Toutefois, il ne faut pas oublier que, étant donné les limitations que l'homme ordinaire s'impose lui-même en dévachan, il ne peut pas créer une nouvelle ligne d'affection ou de dévotion. Mais, son affection et sa dévotion, suivant les lignes qu'il a déjà tracées, sont beaucoup plus puissantes qu'à l'époque du pénible labeur dans les lourdes limitations du corps physique.

Ce point nécessite quelques explications supplémentaires. Pour bien comprendre les rapports d'un dévachani avec son entourage, il faut penser à la matière du plan qui est moulée par sa propre pensée; aux forces du plan qui sont évoquées en réponse à ses aspirations.

Nous avons vu comment l'homme moule la matière du plan en pensées-images de ses amis, et comment les egos des amis s'expriment à travers ces images.

D'autres forces vivantes l'entourent, de puissants habitants angéliques du plan mental parmi lesquels un grand nombre sont très sensitifs à certaines aspirations de l'homme, et tout disposés à y répondre.

Mais le point essentiel est que pensées et aspirations sont les seules lignes déjà tracées pendant la vie terrestre.

On pourrait sans doute croire que lorsque l'homme s'élève jusqu'à un plan où existent une vitalité et des forces si grandes, il doive nécessairement être attiré par des activités entièrement nouvelles; tel n'est pas le cas. Son corps mental n'est pas aussi développé que ses véhicules inférieurs; il n'est pas non plus autant maîtrisé que ceux-ci. Il a pris l'habitude de recevoir impressions et impulsions d'en bas, principalement du plan physique, et quelquefois de l'astral. Il a fait très peu d'efforts pour recevoir directement les vibrations mentales à son propre niveau; par suite, il ne peut pas soudainement se mettre à les recevoir et à y répondre. Donc, pratiquement, l'homme ne crée pas de nouvelles pensées, mais se borne à celles qu'il a déjà nourries et qui forment les seules fenêtres à travers lesquelles il puisse regarder son nouveau monde. C'est pourquoi une personnalité pâle et insipide a une vie dévachanique dénuée d'intérêt.

L'homme ne dispose donc en dévachan que des éléments qu'il possédait avant d'y entrer, et rien de plus, rien de moins. D'où l'importance de penser pendant la vie physique d'une manière aussi exacte que possible, sans quoi l'utilité du dévachan est très limitée.

De ce point de vue, dévachan apparaît comme un monde d'effets et non de causes, chaque individu étant limité par ses propres facultés de perception et d'appréciation. Plus nombreux sont les points de contact avec le monde extérieur, plus nombreux sont les points de départ ou foyers de développement en dévachan.

Au contraire, si nous considérons dévachan du point de vue de la vie suivante, il est essentiellement un monde de causes, parce que c'est là que les résultats des expériences sont incorporés au caractère que l'homme emportera dans sa prochaine incarnation. Dévachan est donc le résultat direct d'une vie terrestre, et en même temps la préparation de la vie suivante.

Comment la vision de l'homme est-elle limitée par les fenêtres à travers lesquelles il est obligé de regarder en dévachan? Nous allons étudier cette question sur un exemple, la musique. L'homme qui n'a pas de musique en son âme ne possède aucune fenêtre dans cette direction. Mais l'homme qui possède la fenêtre musicale se trouve en présence d'une puissance merveilleuse. La mesure suivant laquelle il est capable d'apprécier cette puissance est déterminée par trois facteurs. Poursuivant l'analogie de la fenêtre, nous pouvons appeler ces trois facteurs : 1) La grandeur de la vitre; 2) Sa couleur; 3) La qualité de sa matière. Ainsi, si l'homme n'était capable sur la terre que d'apprécier une seule sorte de musique, il se trouve limité à cette sorte. De même ses idées sur la musique peuvent être colorées de telle façon qu'il n'admette que certaines vibrations musicales, ou bien elles peuvent être si pauvres qu'elles déforment et obscurcissent tout ce qui l'atteint.

Supposons maintenant que sa fenêtre soit excellente, elle lui transmet trois catégories distinctes d'impressions.

1) Il perçoit cette musique particulière qui est l'expression du mouvement ordonné des forces du plan. L'idée poétique de la « musique des sphères » recouvre une réalité, car sur les plans supérieurs, tout mouvement et toute action produisent des harmonies de son et de couleur. Toute pensée, la sienne et celle des autres, s'exprime de cette manière, en une admirable série d'accords changeants comme ceux d'un millier de harpes éoliennes. La manifestation musicale de la vie éclatante du monde céleste forme un fond à toutes ses autres expériences.

2) Parmi les habitants du plan mental se trouvent des dévas ou anges d'un certain ordre qui sont spécialement occupés de musique, et s'expriment habituellement par ce moyen dans une plus large mesure que les autres. Les Hindous les nomment Gandharvas. L'homme doué de facultés musicales attire leur attention, il vient en contact avec eux et avec la musique qu'ils font; il profite énormément de ces relations, car ils emploient des harmonies beaucoup plus riches que tout ce qu'il connaissait auparavant. Dans ce sens, il sortira de sa vie céleste beaucoup plus riche qu'il y était entré.

3) Il écoute et apprécie la musique faite par les autres hommes dans le monde céleste. Bien des grands compositeurs sont là, faisant une musique infiniment supérieure à celle qu'ils firent sur la terre. D'ailleurs une grande partie de l'inspiration des musiciens terrestres est en réalité un faible écho de la musique du plan mental qu'ils perçoivent obscurément.

L'expérience d'un peintre serait analogue. Devant lui s'ouvrent aussi trois possibilités : 1) Il perçoit l'ordre naturel du plan exprimé en couleurs aussi bien qu'en sons; 2) Il perçoit le langage de couleurs des dévas qui communiquent entre eux par des couleurs éclatantes; 3) Il perçoit les créations des grands artistes du plan mental.

Les mêmes possibilités s'ouvrent devant l'homme dans chacune des autres directions, de sorte qu'une infinité de choses sont là pour qu'il s'en réjouisse et s'en serve pour apprendre.

Considérons maintenant les rapports entre le dévachani et l'image-pensée qu'il a faite de son ami; deux facteurs doivent être envisagés : 1) Le degré de développement de l'homme lui-même; 2) le degré de développement de l'ami.

Si l'homme est peu développé, l'image qu'il fait de son ami est imparfaite, les qualités supérieures de l'ami ne sont pas toutes représentées. Par suite, l'ego de l'ami ne peut guère utiliser cette image puisqu'elle ne contient presque rien qui lui permette d'exprimer ses qualités.

Malgré cela l'expression la plus imparfaite de l'ami à travers une image mentale est meilleure et plus satisfaisante que celle de la vie physique. Car dans celle-ci, nous ne voyons notre ami que partiellement; la connaissance que nous avons de lui est toujours incomplète et notre communion imparfaite; et même quand nous croyons le connaître entièrement et parfaitement, il ne peut être question que du fragment de lui-même qui est en incarnation, et dans l'ego il y a beaucoup plus de choses que nous ne pouvons pas atteindre actuellement.

D'ailleurs, si nous pouvions voir par la vision mentale la totalité de notre ami, il est probable que nous ne le reconnaîtrions pas; en tout cas, ce ne serait pas celui que nous pensions connaître auparavant.

Si, au contraire, c'est l'ami qui est peu développé, même si l'on en fait une bonne image, il se peut que son développement ne soit pas suffisant pour profiter largement de l'image, c'est-à-dire qu'il peut être incapable de remplir complètement l'image qui a été faite de lui. Toutefois, ce cas est assez rare, et il ne peut se présenter que si un objet indigne d'affection a été étourdiment changé en idole. Mais même dans ce cas, l'homme qui fait l'image ne trouve aucun changement dans son ami en dévachan, car l'ami est maintenant davantage capable de remplir son idéal que pendant la vie physique. La joie du dévachan n'est donc en aucune façon diminuée.

Si l'ego est capable de remplir des centaines d'images des qualités qu'il possède, il ne peut pas évoluer brusquement et se mettre tout d'un coup à exprimer une qualité qu'il n'a pas encore développée, seulement parce que quelqu'un d'autre s'imagine qu'il l'a. De là l'énorme avantage de former des images de ceux qui (comme les Maîtres) sont capables de dépasser même la plus belle conception qu'en peut former le mental inférieur. Dans le cas d'un Maître, l'homme puise dans un océan d'amour et de puissance dont son mental ne peut jamais atteindre le fond.

Mais dans tous les cas l'ego de l'ami est touché par l'affection, et quel que soit son état de développement, il répond immédiatement en se manifestant à travers l'image qui est faite de lui. Même l'image la plus insuffisante est, parce qu'elle se trouve sur le plan mental, plus facile à atteindre pour l'ego qu'un corps physique situé deux plans plus bas.

Si l'ami se trouve dans son corps physique, il n'a pas conscience du fait que son véritable moi, l'ego, jouit de cette manifestation supplémentaire; mais ceci n'empêche pas la manifestation d'être plus réelle, et de contenir une approximation plus voisine de la réalité que celle du plan physique.

De toutes ces considérations, il résulte qu'un homme qui s'est fait aimer, qui a beaucoup de vrais amis, aura un grand nombre d'images-pensées dans les dévachans de ses amis, et évoluera, par suite, plus rapidement qu'un homme plus vulgaire. Ce résultat est évidemment la conséquence du développement en lui-même des qualités qui l'ont rendu aimable.

L'étudiant doit être maintenant en mesure de comprendre pourquoi la personnalité que nous connaissons sur le plan physique n'est pas en relation avec ses amis en dévachan. Mais l'homme réel, l'ego, est en relation, et agit à travers la pensée-image qui a été formée sur le plan mental.

Ce principe sera sans doute rendu plus clair par un exemple. Supposons qu'une mère aux idées religieuses quelque peu étroites, meure en laissant derrière une fille bien-aimée, et que cette fille élargisse par la suite ses idées religieuses. La mère va continuer à s'imaginer que sa fille est restée orthodoxe, et elle n'est capable de voir des pensées de sa fille que ce qui peut s'exprimer par des idées orthodoxes; elle est incapable de comprendre les vues religieuses plus larges que sa fille a maintenant adoptées.

Mais dans la mesure où l'ego de la fille profite de ce que la personnalité a appris, il y a de sa part une tendance à élargir et à perfectionner les conceptions de sa mère, tout en restant sur la ligne de pensée à laquelle elle est habituée. Il n'y a entre elles aucune ombre de différence d'opinions, ni aucune tendance à éviter les sujets religieux.

Les considérations ci-dessus s'appliquent à une personne de développement ordinaire. Dans le cas d'un homme plus avancé qui est conscient dans son corps causal, il pénètre consciemment dans l'image-pensée faite de lui par un ami en dévachan, comme dans un corps mental supplémentaire, et il y travaille délibérément. S'il acquiert des connaissances nouvelles, il peut directement et intentionnellement les communiquer à son ami. C'est de cette manière que les Maîtres influent sur ceux de leurs élèves qui prennent part à la vie céleste, et améliorent leurs caractères énormément.

Un homme qui fait pour lui-même une image d'un Maître est donc en mesure de bénéficier énormément de l'influence que le Maître est capable de déverser sur cette image, et il peut, par ce moyen, recevoir une aide et des enseignements définis.

Deux amis peuvent au niveau mental se connaître beaucoup mieux que lorsqu'ils étaient physiquement vivants, car chacun d'eux n'a plus maintenant qu'un seul voile, celui du corps mental, sur son individualité. Si l'homme n'a connu qu'un seul côté de son ami pendant la vie physique, c'est uniquement par ce côté que l'ami peut s'exprimer en dévachan; mais il peut exprimer cet aspect bien plus complètement et parfaitement qu'avant.

Nous avons vu que l'homme ordinaire en dévachan vit dans une coque formée de ses propres pensées; de cette manière, il s'isole absolument du reste du monde, c'est-à-dire du plan mental et des plans inférieurs. Mais bien qu'il ne puisse prendre part à toutes les possibilités du plan mental, il n'est pas conscient d'une limitation quelconque de ses activités et de ses sentiments. Au contraire, il jouit de toute la félicité dont il est capable, et il lui est impossible de concevoir une joie plus grande que celle qu'il éprouve.

Ainsi, bien qu'il se limite lui-même, il est inconscient de cette limitation, et il a tout ce qu'il peut désirer ou penser. Il s'entoure des images de ses amis, et par ces images il est en communication plus intime avec eux que sur les plans inférieurs.

L'homme en dévachan n'oublie pas l'existence de la souffrance, car il se souvient clairement de sa vie passée; mais il comprend maintenant beaucoup de choses qui n'étaient pas claires sur le plan physique, et la joie du présent est si grande pour lui que les peines passées lui semblent presque un rêve.

La coque sur le plan mental peut être comparée à celle d'un œuf sur le plan physique. La seule manière d'introduire quelque chose à l'intérieur de l'œuf sans briser la coque, serait de pénétrer par une dimension supérieure, ou bien de trouver une force dont les vibrations soient suffisamment fines pour passer entre les particules de la coque sans la briser. Il en est de même pour la coque mentale; elle ne peut pas être traversée par les vibrations de la matière de son propre niveau, mais les vibrations plus subtiles de l'ego la pénètrent facilement sans l'abîmer; on peut donc agir sur elle d'en haut, mais non d'en bas.

Il résulte de ceci deux effets : 1) les vibrations mises en jeu dans le corps mental inclus dans la coque ne peuvent pas frapper directement le corps mental de son ami; de même les formes-pensées qu'il crée ne peuvent pas voyager dans l'espace, et s'attacher à l'ami à la manière ordinaire. Ceci ne pourrait se produire que s'il était capable de fonctionner librement et consciemment sur le plan mental, ce qui n'est évidemment pas le cas; 2) les pensées de l'ami ne peuvent pas atteindre l'homme dans sa coque dévachanique, comme cela a lieu dans la vie ordinaire sur le plan physique ou sur le plan astral.

Mais nous savons que toutes les difficultés qui résultent de l'existence de la coque mentale sont surmontées par le phénomène naturel de l'action de l'ego sur la pensée-image que l'homme a créée.

Il résulte également de l'état de l'homme en dévachan qu'il ne peut pas être rappelé vers la terre par les méthodes spirites.

Bien que l'homme ne soit pas facilement accessible aux influences d'origine extérieure, celui qui traverse le plan mental en pleine conscience peut affecter le dévachani dans une certaine mesure. Ainsi, il peut l'entourer de pensées d'affection, par exemple, et malgré que ces pensées ne puissent pas pénétrer la coque, le courant d'affection peut agir sur l'occupant comme la chaleur du soleil agit sur le germe dans l'œuf, activant sa maturité, et intensifiant les sensations de plaisir qu'il est supposé avoir.

Si l'homme est agnostique ou matérialiste, sa croyance ne le dispense pas de vie astrale ni de vie mentale; car aucune croyance ne peut influencer les lois naturelles. Si l'homme a mené une vie altruiste, les forces qu'il a générées doivent produire leurs effets, et ceci ne peut se produire que sur le plan mental, c'est-à-dire en dévachan.

Il n'y a, bien entendu, aucune espèce de fatigue en

dévachan; le corps physique seul est susceptible d'éprouver la fatigue. Lorsque nous parlons de fatigue mentale, il s'agit du cerveau physique, et non du corps mental.

Le fait que notre mental n'est capable de concevoir que trois dimensions, alors que le monde astral en compte quatre, et le monde mental cinq, est une grosse difficulté pour décrire la situation dans l'espace de ceux qui sont en dévachan. Certains ont tendance à rester près de leurs demeures terrestres pour rester en contact avec leurs amis de la vie physique et les lieux qu'ils connaissent; d'autres, au contraire, ont tendance à s'éloigner et trouvent eux-mêmes, comme si c'était en raison de leur densité, un niveau plus éloigné de la surface de la terre.

Ainsi, par exemple, l'homme ordinaire qui atteint la vie céleste a tendance à s'éloigner considérablement de la surface de la terre; quelques-uns, au contraire, ont tendance à rester à notre propre niveau. D'une manière générale, on peut considérer les habitants du monde céleste comme résidant dans une sphère ou une zone qui entoure la terre.

Pour tout le monde la vie céleste est une nécessité absolue; ne font exception qu'un très petit nombre de personnes très évoluées. C'est seulement dans les conditions réalisées en dévachan que les aspirations peuvent être développées en facultés, et les expériences en sagesse. Le progrès réalisé par l'âme est bien plus grand que si, par quelque miracle, l'homme pouvait rester en incarnation physique pendant la même durée.

Mais pour l'homme avancé qui est en train de faire des progrès rapides, il est quelquefois possible de sauter la vie de félicité du monde céleste, — de renoncer au dévachan, comme on dit quelquefois, — entre deux incarnations, pour revenir plus vite continuer le travail entrepris sur le plan physique. Mais personne n'est autorisé à renoncer aveuglément à ce qu'il ignore, ni à se détourner du cours normal de l'évolution sans que l'on soit sûr qu'il en résultera pour lui un bénéfice.

D'une manière générale, pour renoncer au dévachan,

il faut l'avoir expérimenté pendant la vie terrestre, c'est-à-dire qu'il faut être suffisamment développé pour être capable d'élever sa conscience jusqu'à ce plan et en rapporter le souvenir exact.

La raison de cette règle est la suivante : c'est la vie de la personnalité avec toute son ambiance personnelle familière qui est poursuivie sur le plan mental inférieur et, par suite, avant qu'il soit question de renonciation, il faut que la personnalité sache exactement à quoi elle renonce; il faut que le mental inférieur soit d'accord avec le mental supérieur sur ce sujet.

Il y a une exception apparente à cette règle générale. Dans les conditions artificielles que nous appelons civilisation moderne, les gens ne se développent pas toujours normalement et régulièrement; il y a des cas où une conscience assez développée a été acquise sur le plan mental, cette conscience étant bien reliée à la vie astrale, sans que le cerveau physique en ait la moindre connaissance.

De tels cas sont très rares. Mais ils ne font pas en réalité exception à la règle générale d'après laquelle la personnalité doit renoncer elle-même. Dans un tel cas, la vie astrale est une vie de conscience complète pour la personnalité, bien que le souvenir de cette vie ne pénètre pas dans le cerveau physique. Ainsi, la renonciation est bien faite par la personnalité, à travers la conscience astrale au lieu de la conscience physique comme dans la plupart des cas. Il s'agit alors en général d'une personne qui est au moins élève probationnaire d'un Maître.

L'homme qui désire renoncer au dévachan doit travailler avec ardeur à se rendre digne d'être employé par Ceux qui aident le monde; il doit se lancer avec une ferveur ardente dans le travail qui consiste à aider l'évolution spirituelle des autres.

Un homme suffisamment avancé pour être autorisé à renoncer au dévachan aurait eu sans aucun doute une vie céleste très longue; il va donc dépenser sa réserve de force dans une autre direction, pour le bénéfice de l'humanité, prenant ainsi une part, si petite soit-elle, à l'œuvre des Nirmanakayas.

Quand un élève a décidé de faire cela, il attend sur le plan astral qu'une incarnation convenable lui soit préparée par son Maître. Mais, auparavant, il faut obtenir l'autorisation d'une autorité très élevée. Même alors, la puissance de la loi naturelle est si grande que l'élève doit, dit-on, prendre grand soin de rester sur le plan astral, car s'il touchait au plan dévachanique, ne fut-ce que pendant un instant, il serait emporté par le courant irrésistible de l'évolution normale.

Dans certains cas très rares, l'homme est autorisé à prendre possession d'un corps adulte dont l'occupant précédent n'a plus l'usage, mais il est évidemment rare qu'un corps convenable soit disponible.

L'animal qui vient d'atteindre l'invidualisation, après sa mort sur les plans physique et astral, a habituellement une vie très longue, bien que rêveuse, sur le plan mental inférieur. Il est dans un état quelquefois appelé « conscience somnolente », analogue à l'état de l'homme au même niveau, mais avec une activité mentale très inférieure. Il est entouré de ses propres images-pensées, dont il n'est que rêveusement conscient, et parmi elles se trouvent ses amis terrestres sous leur aspect le plus sympathique. Ces images éveillent évidemment une réponse des egos à la manière ordinaire. L'animal reste dans cet état jusqu'à ce qu'il prenne la forme humaine dans un monde futur.

L'individualisation, au moyen de laquelle l'animal s'élève jusqu'au règne humain, est atteinte par association avec l'homme, l'intelligence et l'affection de l'animal étant développées par ses rapports intimes avec l'ami humain. Ce sujet a été traité au chapitre XIII.

CHAPITRE XXIII

Le premier ciel (septième sous-plan)

Bien que chacun des quatre ciels inférieurs ait sa propre caractéristique, il ne faut pas croire que l'homme passe une partie de sa vie céleste sur chaque sous-plan, pour y développer la caractéristique correspondante. Au contraire, il s'éveille en dévachan au niveau qui correspond le mieux à son degré de développement, et c'est à ce niveau qu'il passe la totalité de sa vie dans le corps mental. Cette règle est justifiée par le fait que chaque niveau inclut les qualités des niveaux inférieurs en outre des qualités qui lui sont propres; de plus, les habitants qui vivent à un certain niveau ont presque toujours les qualités des niveaux inférieurs dans une plus large mesure que les âmes qui vivent à ces niveaux.

La caractéristique principale du premier ciel, celui du septième sous-plan, est l'affection pour la famille ou les amis. Cette affection doit être, évidemment, exempte d'égoïsme, mais elle est souvent quelque peu étroite. Il ne faudrait pas déduire de ceci que l'amour est confiné sur le septième sous-plan; mais cette forme particulière d'affection est la plus élevée dont soient capables ceux qui se trouvent à ce niveau. Aux niveaux supérieurs, on trouve un amour d'un caractère beaucoup plus noble et plus large.

Il est intéressant de donner la description de quelques exemples types d'habitants du septième sous-plan. Le premier exemple est celui d'un petit commerçant honnête et respectable, mais sans aucun développement intellectuel ni sentiment religieux. Bien qu'il ait fréquenté l'église régulièrement, la religion était pour lui une sorte de nuage obscur auquel il ne comprenait absolument rien, qui n'avait aucun rapport avec la vie journalière, et qui n'était jamais pris en considération lorsqu'il s'agissait de décider quelque chose. Cet homme ainsi dénué de dévotion, éprouvait cependant une affection profonde pour sa famille. Celle-ci était constamment présente à son esprit, et il travaillait dans sa boutique beaucoup plus pour elle que pour lui-même. Son ambiance en dévachan n'était pas d'un caractère très raffiné, mais il était extrêmement heureux, et il était occupé à développer des qualités altruistes destinées à être incorporées à son âme sous forme de facultés permanentes.

Un autre exemple typique est celui d'un homme décédé en laissant sur terre une fille unique encore jeune. En dévachan elle était toujours avec lui, sous l'aspect le plus favorable, et il était occupé à créer toutes sortes d'images magnifiques de l'avenir de sa fille. Un autre exemple remarquable est celui d'une petite fille qui était sans cesse absorbée dans la contemplation des nombreuses qualités de son père, et lui préparait de petites surprises et de nouveaux plaisirs. Egalement remarquable le cas d'une Grecque très heureuse avec ses trois enfants, l'un d'eux un beau garçon qu'elle aimait à se représenter vainqueur aux jeux olympiques.

Une caractéristique frappante de ce sous-plan est le nombre de Romains, Carthaginois et Anglais qui s'y trouvaient pendant les quelques derniers siècles; ceci étant dû au fait que parmi les hommes de ces nations, la principale activité altruiste était l'expression de l'affection familiale. Il y a relativement peu d'Hindous et de Bouddhistes sur ce sous-plan, parce que chez eux le sentiment religieux fait davantage partie de la vie journalière et, par suite, les entraîne à un niveau supérieur.

Parmi les cas observés, il y avait une variété extraordinaire, les différents degrés de développement se distinguant par des luminosités différentes; les diverses couleurs indiquant les qualités développées par les personnes. Certains d'entre eux étaient des amoureux décédés dans toute la force de leur affection, et qui étaient constamment occupés de la personne qu'ils aimaient à l'exclusion de toute autre. D'autres étaient des hommes à la vie presque sauvage, mais qui avaient manifesté quelque trait d'affection altruiste.

Dans tous ces cas, le seul élément d'activité de la vie personnelle qui puisse s'exprimer sur le plan mental est l'affection. Les images-pensées sont généralement à ce niveau très loin de la perfection et, par suite, les egos des amis ne peuvent s'exprimer que très peu à travers elles. Mais même dans le cas le plus défavorable, comme nous l'avons dit au chapitre précédent, cette expression est plus satisfaisante que dans la vie physique.

Pour les personnes qui sont à ce niveau, les matériaux qui servent à l'élaboration des facultés sont rares, et leur vie ne progresse que lentement. Leur affection familiale est nourrie et un peu élargie; ils renaîtront avec une nature émotionnelle un peu plus riche, et avec une tendance plus forte à reconnaître un idéal supérieur et à y répondre.

CHAPITRE XXIV

Le deuxième ciel (sixième sous-plan)

La caractéristique principale du sixième sous-plan du monde céleste peut être résumée par l'expression : dévotion religieuse anthropomorphe. Il semble qu'il y ait une certaine analogie entre cette région du monde céleste et le deuxième sous-plan astral, la seule différence provenant du fait que dans le monde astral il reste un élément d'égoïsme ou de marchandage dans la dévotion, tandis que dans le monde céleste la dévotion est totalement exempte de cette tache.

Il faut cependant distinguer le genre de dévotion dont il est question ici, et qui consiste dans l'adoration perpétuelle d'une divinité personnelle, des formes de dévotion supérieures qui s'expriment par l'accomplissement d'un travail défini pour l'amour de la divinité. Quelques exemples éclairciront ce point.

Un grand nombre des entités qui habitent à ce niveau proviennent des religions orientales; ce sont les personnes dont la dévotion est pure, mais relativement inintelligente. On y trouve les adorateurs de Vishnou, et quelques adorateurs de Shiva, chacun d'eux enveloppé d'une coque de ses propres pensées, seul avec son dieu, et oublieux du reste de l'humanité, sauf dans la mesure où ses affections peuvent associer ceux qu'il aimait sur la terre à son adoration de la divinité. Un Vishnavite fut observé en adoration extatique de l'image même de Vishnou à laquelle il portait ses offrandes pendant la vie terrestre.

Les femmes sont en grande majorité sur ce sous-plan, et fournissent les exemples les plus frappants. Parmi celles-ci, citons une Hindoue qui avait glorifié son mari au point d'en faire un être divin, et qui se représentait également l'enfant Krishna en train de jouer avec ses propres enfants. Mais tandis que ces derniers étaient humains et réels, l'enfant Krishna n'était que la reproduction d'une statue de bois peinte en bleu et animée. Krishna apparaissait aussi sous l'aspect d'un jeune homme efféminé jouant de la flûte; mais cette femme n'était pas troublée le moins du monde par cette double manifestation.

Une autre femme, qui adorait Shiva, regardait son mari comme une manifestation de son dieu, de sorte que chacun d'eux se changeait en l'autre.

Quelques Bouddhistes sont là, mais seulement les moins instruits qui regardent le Bouddha plutôt comme un objet d'adoration que comme un grand instructeur.

On y trouve aussi beaucoup de Chrétiens; on y observe un paysan illettré de l'Eglise catholique romaine, et un soldat sincère de l'Armée du salut. Un paysan irlandais fut observé dans une profonde adoration de la Vierge Marie, qu'il se représentait debout sur la lune, écartant les bras et lui parlant. Un moine médiéval était en contemplation extatique du Christ crucifié, et l'intensité de son amour et de sa pitié était telle qu'à la vue des gouttes de sang qui s'échappaient des blessures du Christ les stigmates se reproduisaient sur son propre corps mental.

Un autre homme se représentait le Christ glorifié sur son trône, avec un océan de cristal devant lui, et tout autour une multitude d'adorateurs parmi lesquels il se tenait avec sa femme et sa famille. Bien que son affection pour sa famille fut très profonde, ses pensées étaient davantage occupées de l'adoration du Christ; mais sa conception de la divinité était si matérielle qu'il se représentait le Christ sous deux formes qui s'échangeaient mutuellement sans cesse, celle d'un homme, et celle d'un agneau portant l'étendard, comme il est souvent représenté sur les vitraux des églises.

Un cas intéressant est celui d'une nonne espagnole qui était morte à l'âge de dix-neuf ans environ. Dans son ciel, elle se représentait accompagnant le Christ dans sa vie, comme elle est racontée par les Evangiles, puis après la crucifixion prenant soin de la Vierge Marie. Ses images étaient totalement dépourvues d'exactitude, le Sauveur et ses disciples portaient les costumes des paysans espagnols, et les collines de Jérusalem étaient des montagnes couvertes de vignobles. Elle se représentait elle-même comme éventuellement martyrisée pour sa foi, et montant au ciel, mais seulement pour y revivre sans cesse cette vie avec délices.

Un enfant mort vers l'âge de sept ans, était occupé à vivre dans le monde céleste les histoires religieuses que sa nourrice Irlandaise lui avait racontées. Il aimait à se représenter jouant avec l'enfant Jésus et l'aidant à faire ces oiseaux d'argile qu'il est censé avoir appelés à la vie et fait s'envoler.

Même si un homme est matérialiste ou agnostique, il a une vie céleste, pourvu qu'il soit capable de dévotion. Car l'affection familiale et altruiste, les efforts philanthropiques sincères sont de grandes effusions d'énergie qui doivent produire leurs résultats et ne peuvent les produire que sur le plan mental.

Nous voyons que la dévotion aveugle et irraisonnée comme dans les exemples précédents, ne conduit pas ses adeptes à un niveau spirituel très élevé. Mais malgré cela, ils sont tout à fait heureux et pleinement satisfaits, car ils reçoivent tout ce qu'ils sont capables d'apprécier. Une telle vie céleste n'est pas sans produire d'excellents résultats sur leur vie future. Car, si la seule dévotion ne peut développer l'intellect, elle développe la faculté d'éprouver les formes supérieures de dévotion, et dans beaucoup de cas, elle conduit à la pureté de vie. Par suite, une personne qui jouit d'un ciel tel que ceux que nous venons de décrire, n'est pas susceptible de faire des progrès spirituels très rapides, mais du moins elle est gardée de nombreux dangers; il est très probable que dans sa prochaine vie elle ne tombera pas dans les péchés les plus grossiers, et ne sera pas entraînée hors de ses aspirations dévotionnelles dans une vie d'avarice, d'ambition ou de dissipation.

Cependant, ce coup d'œil sur le sixième sous-plan met en relief la valeur de l'avis de saint Pierre : « Ajoutez à votre foi la vertu, et à la vertu la connaissance ».

CHAPITRE XXV

Le troisième ciel (cinquième sous-plan).

La caractéristique principale de ce niveau peut être indiquée par l'expression : dévotion s'exprimant dans un travail actif. C'est le lieu de réalisation des projets qui n'ont pas été exécutés sur la terre, des organisations grandioses inspirées par la dévotion religieuse, et qui ont généralement pour objet quelque but philanthropique.

Toutefois, il ne faut pas oublier qu'à mesure que nous nous élevons dans notre étude de sous-plan en sous-plan, nous rencontrons une variété et une complexité de plus en plus grandes, de sorte que sur le cinquième sous-plan en particulier se trouvent un grand nombre de cas qui ne rentrent pas dans notre classification générale, ou bien y rentrent difficilement.

Un exemple typique est celui d'un homme profondément religieux qui était occupé à l'exécution d'un grand projet imaginé par lui-même, pour l'amélioration de la condition des classes pauvres. Le projet comportait une union des industries dans le but d'améliorer l'économie générale, d'augmenter les salaires, de construire des maisons, etc. Il espérait que cette démonstration du côté pratique du Christianisme amènerait un grand nombre d'autres personnes à sa propre foi, par gratitude inspirée par les bénéfices matériels reçus. Cet homme était légèrement au-dessus de la moyenne sur ce sous-plan.

Un cas semblable est celui d'un Prince Indien qui avait essayé de modeler sa vie terrestre sur l'exemple du divin Roi-Héros Rama. Sur terre beaucoup de ses projets avaient échoué, mais dans sa vie céleste tout réussissait, Rama lui-même lui donnait des conseils, dirigeant le travail, et recevant une adoration perpétuelle de tous ses fidèles sujets.

Un exemple curieux est celui d'une nonne qui avait appartenu à un ordre de serviteurs. Dans son ciel, elle était constamment occupée à nourrir ceux qui ont faim, soigner les malades, habiller et aider les pauvres, et chaque personne à qui elle rendait service prenait immédiatement l'apparence du Christ qu'elle adorait avec la plus grande ferveur.

Un autre exemple remarquable est celui de deux sœurs en religion, l'une d'elles était paralysée et l'autre la soignait. Sur terre, elles avaient souvent discuté et projeté les œuvres religieuses et philanthropiques qu'elles réaliseraient si elles en étaient capables. Dans le monde céleste, chacune d'elles était la figure principale du ciel de l'autre, la paralytique était guérie, et chacune d'elles se représentait au travail en compagnie de l'autre, en train de réaliser les projets restés stériles sur la terre. Dans ce cas, le seul changement apporté par la mort était l'élimination de la souffrance, et la facilité du travail autrefois impossible.

C'est sur ce plan que l'on trouve les types les plus élevés des missionnaires sincères et dévoués, engagés dans le vaste travail de conversion des multitudes à leur propre religion.

On y trouve aussi certaines personnes dévouées aux arts, soit pour le seul amour des arts, soit par amour pour la divinité à laquelle les arts sont voués, mais sans la moindre pensée d'effet produit sur les autres hommes.

Les artistes qui recherchaient dans les arts la gloire ou la fortune ne sont pas sur ce plan. D'autre part, ceux qui voient dans leurs facultés un grand pouvoir destiné à l'élévation spirituelle de leurs semblables, atteignent un ciel supérieur à celui que nous étudions maintenant.

Nous citerons encore comme exemple un musicien de tempérament profondément religieux, qui regardait son labeur d'amour comme une offrande au Christ, ne sachant rien des merveilleuses harmonies de sons et de couleurs que ses compositions produisaient sur le plan mental. Son enthousiasme n'était pas vain, car, sans le savoir, il apportait la joie et l'aide à bien des gens, et les résultats seront certainement une dévotion plus large et des facultés musicales plus développées à la prochaine incarnation. Mais sans l'aspiration à aider l'humanité, cette sorte de vie céleste pourrait se répéter presque indéfiniment.

L'étudiant remarquera que les trois ciels inférieurs, — ou les septième, sixième et cinquième sous-plans, — sont consacrés à l'expression de la dévotion à des personnalités, soit famille et amis, soit divinité personnelle, et non pas à l'expression de la dévotion plus large à l'humanité, qui, comme nous allons le voir, trouve son expression sur le sous-plan suivant.

CHAPITRE XXVI

Le quatrième ciel (quatrième sous-plan)

Le quatrième ciel, sur le quatrième sous-plan, est au plus élevé des niveaux inférieurs ou roupa. Ses activités sont si variées qu'il est difficile de les caractériser par un seul mot. Elles peuvent être classées en quatre catégories principales :

1) Recherche désintéressée de la connaissance spirituelle.

2) Pensée scientifique ou philosophique élevée.

3) Facultés littéraires ou artistiques exercées d'une manière désintéressée.

4) Service pour l'amour du service.

Quelques exemples dans chaque catégorie faciliteront beaucoup la compréhension.

I. *Recherche désintéressée de la connaissance spirituelle.* — La plupart des personnes qui appartiennent à cette catégorie proviennent des religions où l'on reconnaît la nécessité d'acquérir la connaissance spirituelle. Ainsi parmi les Bouddhistes, on trouve à ce niveau ceux qui considéraient le Bouddha comme un instructeur plutôt que comme un objet d'adoration, et dont l'aspiration suprême était d'étudier sous sa direction.

Dans leur ciel, leur vœu est satisfait, car l'image-pensée qu'ils ont faite du Bouddha n'est pas une forme vide; à travers cette image brillent la merveilleuse sagesse, la puissance et l'amour du plus grand des instructeurs terrestres. Ils en obtiennent de nouvelles connaissances et des vues plus larges, dont l'effet sur leur prochaine vie sera très important. Ils ne se souviendront sans doute pas des choses ainsi apprises, mais quand ces choses leur seront présentées dans une vie future, ils en reconnaîtront immédiatement la vérité. De cet enseignement, l'ego retire une tendance forte à acquérir une vue plus large et plus philosophique sur tous les sujets.

L'effet d'une telle vie céleste est de hâter considérablement l'évolution de l'ego. D'où l'énorme avantage d'accepter l'aide de puissants instructeurs vivants.

Un résultat analogue à un degré inférieur est obtenu par l'homme qui a suivi les enseignements d'un grand écrivain spirituel, et qui a construit de celui-ci une figure idéale. L'ego de l'écrivain fait partie de la vie céleste de l'étudiant, et vivifie l'image formée par l'étudiant, ce qui lui permet de compléter et d'illuminer ses enseignements écrits.

Beaucoup d'Hindous se trouvent à ce niveau, ainsi que quelques-uns des Soufis et Parsis les plus avancés, et quelques Gnostiques. Mais à l'exception de quelques Soufis et Gnostiques, ni le Christianisme, ni l'Islamisme ne semblent élever leurs adeptes jusqu'à ce niveau. Quelques-uns seulement atteignent ce sous-plan grâce à la présence dans leur caractère de qualités qui ne dépendent pas des enseignements particuliers de leur religion.

On trouve aussi là des étudiants sérieux de l'occultisme qui ne sont pas encore assez avancés pour qu'on leur permette de renoncer au dévachan (voir chapitre XXII). Ceci comprend les étudiants des écoles d'occultisme autres que celles que connaissent la plupart des membres de la Société Théosophique.

Un cas intéressant fut observé où une personne s'était abaissée à soupçonner d'une manière injustifiée son vieil ami et instructeur, se fermant ainsi dans une large mesure à l'influence supérieure et à l'enseignement dont elle aurait pu jouir dans la vie céleste. L'influence et l'enseignement ne lui étaient pas refusés, mais sa propre attitude mentale l'avait rendue partiellement incapable de les recevoir bien qu'elle fut absolument inconsciente de ce fait. Un océan d'amour, de puissance et de connaissance était à sa portée, mais son ingratitude avait paralysé son pouvoir d'y puiser.

II. *Pensée scientifique ou philosophique élevée.* — Cette catégorie ne comprend pas les philosophes qui passent leur temps à « couper les cheveux en quatre », car cette forme de discussion a ses racines dans l'égoïsme et la malice, et elle ne facilite pas l'acquisition de la connaissance véritable des faits; elle ne produit aucun résultat qui puisse s'exprimer sur le plan mental.

Au contraire, à ce niveau se trouvent les penseurs nobles et désintéressés qui recherchent la connaissance uniquement dans le but d'éclairer et d'aider leurs compagnons.

Un exemple typique est celui d'un des derniers disciples du système néo-platonicien occupé à débrouiller les mystères de cette école de pensée, et s'efforçant de comprendre ses rapports avec la vie et l'évolution humaines.

Un autre cas est celui d'un astronome dont les études l'avaient conduit au Panthéisme. Il poursuivait ses études avec vénération, et recevait des enseignements de ces ordres de Dévas à travers lesquels sur ce plan, le majestueux mouvement cyclique des influences stellaires semble s'exprimer dans la vie éternelle d'une lumière éclatante. Il était ravi par la contemplation d'un vaste panorama de nébuleuses et de systèmes de mondes en formation, et s'efforçait de se faire une idée de la forme de l'univers. Ses pensées l'entouraient, semblables à des étoiles, et il écoutait avec joie le rythme majestueux de la musique des sphères.

Les savants qui sont comme cet astronome retourneront sur la terre avec des intuitions géniales des voies mystérieuses de la nature.

III. *Facultés littéraires ou artistiques exercées d'une manière désintéressée.* — C'est à ce niveau que l'on trouve nos plus grands musiciens. Mozart, Bach, Beethoven, Wagner et d'autres remplissent encore le monde céleste d'harmonies beaucoup plus belles que celles qu'ils étaient capables de produire sur la terre. Des flots de musique divine leur arrivent des régions supérieures et sont spécialisés par eux, puis répandus sur tout le plan, augmentant ainsi la félicité générale. A la fois ceux qui fonctionnent consciemment sur ce plan, et les entités désincarnées à ce niveau enveloppées dans leurs nuages de pensées, sont profondément affectés par l'influence supérieure de cette musique.

Les peintres et sculpteurs font au moyen de leur pensée des élémentals artificiels de toutes sortes de formes magnifiques qu'ils projettent ensuite pour la plus grande joie et l'encouragement de leurs compagnons.

Ces belles conceptions peuvent être saisies par les esprits d'artistes encore dans leurs corps physiques. Ce sont leurs inspirations.

Une figure intéressante remarquée à ce niveau est celle d'un choriste mort jeune. Il avait peu de qualités en dehors du don du chant, mais il en avait usé dignement, s'efforçant d'être la voix du peuple vers le ciel, et du ciel vers le peuple, désirant toujours connaître davantage la musique, et l'exprimer plus parfaitement, pour l'amour de l'église. Dans sa vie céleste, son vœu portait ses fruits, et au-dessus de lui se penchait l'étrange figure anguleuse d'une sainte Cécile formée par sa pensée d'une image de vitrail. Cette forme-pensée était vivifiée par l'un des archanges de la hiérarchie céleste du chant, qui, à travers cette forme, enseignait au choriste une musique beaucoup plus belle que tout ce qu'il avait connu sur la terre.

Un autre exemple remarquable est celui d'un homme qui, sur la terre, avait refusé d'utiliser ses facultés littéraires simplement pour gagner sa vie, et avait écrit un livre que personne ne devait lire. Il était resté seul pendant toute sa vie, et était mort dans la misère. Dans sa vie céleste il était encore seul, mais il voyait avec netteté l'Utopie dont il avait rêvé, et les multitudes impersonnelles innombrables qu'il avait souhaité servir. Sentir leur joie était pour lui une félicité incomparable dans sa solitude.

IV. *Service pour l'amour du service.* — On trouve à ce

niveau beaucoup de gens qui ont rendu service pour l'amour du service plutôt que pour plaire à une divinité particulière. Ils sont occupés à préparer, avec une pleine connaissance et une sagesse parfaite, de vastes plans d'amélioration du monde, et en même temps ils mûrissent en eux-mêmes les facultés qui leur permettront de mettre ces plans à exécution sur le plan inférieur de la vie physique.

CHAPITRE XXVII

Le plan mental

La fonction propre de la matière mentale est de vibrer en réponse à l'Esprit lorsque celui-ci s'exprime sous l'aspect intellectuel, de même que la matière astrale joue un rôle analogue en ce qui concerne le désir et l'émotion, et de même que la matière bouddhique répond à l'Esprit lorsqu'il s'exprime sous l'aspect Intuition. C'est pourquoi le plan mental est cette partie, ou cet aspect de la nature, qui appartient à la conscience s'exprimant par la pensée; non pas au mental qui travaille à travers le cerveau physique, mais au mental qui travaille dans son propre monde, débarrassé de la matière physique.

Les cinq plans inférieurs de la matière correspondent aux cinq « Eléments » des anciens comme suit :

PLANS OU MONDES		ÉLÉMENTS DES ANCIENS	
SANSCRIT	FRANÇAIS	SANSCRIT	FRANÇAIS
Atma.	Volonté.	Akasa.	Æther.
Bouddhi.	Intuition.	Vayou.	Air.
Manas.	Mental.	Tejas ou Agni.	Feu.
Kama	Sensation.	Apas ou Jala.	Eau.
Sthula.	Vie physique.	Prithivi.	Terre.

Dans certains livres Hindous, on trouve une autre classification dans laquelle le mental est rangé parmi les éléments. Les Hindous ont une manière spéciale de regarder les choses, d'un point de vue très élevé, souvent, en apparence, du point de vue de la Monade, pour qui le mental n'est qu'un instrument de conscience. Ainsi, dans le septième chapitre de la Gita, Shri Krishna dit : « Terre, eau, feu, air, æther, manas, bouddhi et ahamkara, telles sont les huit divisions de ma manifestation (prakriti) ». Un peu plus loin, il parle de ces huit parties comme de ses « manifestations inférieures ».

Le monde mental est le monde de l'homme véritable, le mot anglais man (homme) dérivant du sanscrit man qui est la racine du verbe penser; ainsi man (homme) signifie penseur; l'homme est donc nommé par son attribut le plus caractéristique, l'intelligence.

Le monde mental est notre patrie, le royaume auquel nous appartenons réellement, car notre atmosphère natale est celle des idées et non celle des phénomènes physiques.

Lorsque l'homme, le Penseur, s'incarne dans le véhicule physique qui a été construit pour lui, l'animal stupide devient l'être pensant grâce à la vertu de Manas qui l'habite désormais. L'homme revêt une « enveloppe de chair » lorsqu'il tombe dans la matière physique, pour pouvoir manger à l'arbre de la connaissance et ainsi devenir un « Dieu ». C'est pourquoi l'homme est l'intermédiaire entre le Divin et l'animal.

Le monde mental offre un intérêt particulier d'une part parce que l'homme au mental développé y passe la majeure partie de son temps, ne faisant que de courtes apparitions dans le monde physique, et d'autre part parce que le monde mental est le lieu de rencontre de la conscience inférieure et de la conscience supérieure.

Le mot anglais « mind » qui est traduit en français tantôt par le mot « mental », tantôt pas le mot « esprit », représente à la fois la conscience intellectuelle elle-même, et les effets produits sur le cerveau physique par cette conscience. Mais en occultisme, il est nécessaire de concevoir la conscience intellectuelle comme une entité individuelle, un être dont la vie est constituée par les vibrations de la pensée, pensée exprimée non pas en mots physiques, mais en images.

L'homme véritable est Manas, le Penseur, en activité sur les sous-plans supérieurs du monde mental (monde causal). La matière physique du cerveau et du système nerveux ne peut produire qu'une très faible partie des vibrations mises en jeu par le Penseur dans son propre monde, et encore cette reproduction est-elle très imparfaite.

Les cerveaux très réceptifs réagissent jusqu'au point que nous appelons grosse puissance intellectuelle; les cerveaux exceptionnellement peu réceptifs réagissent jusqu'au point que nous appelons idiotie; les cerveaux exceptionnellement réceptifs réagissent jusqu'au point que nous appelons génie. Ce que nous appelons puissance intellectuelle est ainsi le degré de sensibilité du cerveau aux ondes-pensées du Penseur.

La conscience au travail dans le cerveau est illuminée d'en haut, par des idées qui ne sont pas fabriquées au moyen des matériaux fournis par le monde physique, mais qui sont des reflets dans ce monde du Mental Universel (voir plus loin). Les « principes de la pensée » régissent toute pensée, et le fait de penser révèle leur pré-existence; on ne pense que par eux, toute pensée est impossible sans eux.

D'un point de vue encore plus élevé, le plan mental peut être décrit comme un reflet du Mental Universel dans la nature, le plan qui, dans notre petit système, correspond au Grand Mental du Cosmos. Ce Grand Mental est Mahat, le Troisième Logos, ou la Divine Intelligence Créatrice, le Brahma des Hindous, le Mandjusri des Bouddhistes du Nord, le Saint-Esprit des Chrétiens.

Le Mental Universel est ce en quoi tout existe à l'état d'archétype, c'est la source de tous les êtres, la fontaine d'où jaillissent les énergies formatrices, le magasin où sont conservées toutes les formes archétypes qui doivent être élaborées au moyen de matière inférieure au cours de l'évolution de l'univers. Et ces formes sont les fruits des univers passés qui servent de semences pour le développement de l'univers actuel.

C'est dans la partie supérieure du plan mental qu'existent les idées archétypes qui sont maintenant en cours d'évolution concrète. Dans les régions inférieures du plan mental, ces idées sont élaborées successivement en formes destinées à être reproduites dans les mondes astral et physique.

Un exemple de ces idées archétypes est celui des petits élémentals artificiels que l'on peut voir quelquefois autour d'une plante ou d'une fleur pendant que les bourgeons se forment. Ce sont des formes-pensées des grands dévas qui président à l'évolution du règne végétal; elles sont créées pour exécuter leurs idées au sujet des plantes et des fleurs. Un tel élémental prend généralement la forme d'un modèle éthérique de la fleur elle-même, ou bien d'une petite créature qui construit graduellement la fleur suivant la forme et la couleur auxquelles le déva a pensé. Lorsque le travail est terminé, la force de l'élémental est épuisée, et la matière dont il est fait retourne au grand réservoir de matière.

Il est important de ne pas confondre ces élémentals artificiels avec les esprits de la nature que l'on voit souvent jouer parmi les fleurs. (Voir *Le Corps astral*, chapitre XX.)

Avant que le Manou d'une Chaîne ou d'une Ronde commence l'œuvre à laquelle Il est destiné, Il examine la partie de la majestueuse forme-pensée du Logos qui se rapporte à Son travail, et Il l'amène à un niveau où il est commode de s'y référer. La même chose est faite à un niveau inférieur par le Manou de chaque Période Mondiale, et par le Manou de chaque Race-Racine. Chaque Manou construit alors aussi exactement qu'Il peut suivant le modèle dont Il dispose, approchant graduellement de la perfection exigée, les premiers efforts pour la formation d'une race, par exemple, étant souvent suivis d'une réussite partielle seulement.

Au commencement de la Ronde actuelle (la quatrième), tous les archétypes de l'humanité furent manifestés, y compris ceux des races qui ne sont pas encore nées. En examinant ces archétypes, il est possible de voir ce que seront les hommes de l'avenir. Ils auront des véhicules plus près de la perfection que les nôtres sous tous les rapports; ils seront beaucoup plus beaux, et exprimeront dans leurs formes les forces spirituelles.

C'est sur le globe A de la Quatrième Ronde que l'esprit humain commença à exister d'une manière définie sur le plan mental inférieur, et c'est pourquoi nous pouvons dire que l'homme commença à penser réellement à la Quatrième Ronde. Le résultat immédiat ne fut pas bon. Dans les Rondes précédentes, l'homme n'était pas assez développé pour produire des formes-pensées en quantité appréciable, de sorte que l'essence élémentale des globes était affectée uniquement par les pensées des dévas qui laissaient toutes choses en harmonie et en paix. Mais quand l'homme commença à répandre ses pensées égoïstes et discordantes, cette harmonie fut rapidement troublée. Le désordre et l'inquiétude firent leur apparition; le règne animal se sépara de l'homme et commença à le craindre et à le haïr.

Sur le globe A se trouvaient aussi les âmes-groupes des animaux, végétaux et minéraux. Il est évidemment difficile pour nous de concevoir ce que peut être un minéral sur le plan mental; cela correspond à notre pensée d'un minéral, mais les formes-pensées dont il s'agit sont celles du Manou, et elles sont créées par un pouvoir hors de proportion avec celui de notre mental.

Comme nous l'avons vu au chapitre II, au cours normal de l'évolution, la présente Ronde, la quatrième, était destinée principalement au développement des émotions; la suivante, la cinquième, étant destinée au progrès intellectuel. Nous sommes beaucoup en avance sur ce programme, et cette avance est due entièrement à ces Etres augustes appelés tantôt Seigneurs de la Flamme, Fils du Brouillard de Feu, Seigneurs de Vénus, qui vinrent de la planète Vénus.

La plupart d'entre eux ne restèrent avec nous que pendant cette période critique de notre histoire; quelques-uns sont restés pour remplir les fonctions les plus élevées dans la Grande Fraternité Blanche jusqu'à ce que les hommes de notre propre évolution soient capables de les remplacer.

Comme nous l'avons expliqué aux chapitres VII et VIII, les matériaux du plan mental sont capables de se combiner sous l'impulsion des vibrations de la pensée pour donner naissance à toutes les combinaisons que la pensée peut construire. De même que le fer peut servir à faire une bêche ou un sabre, la matière mentale peut être moulée en formes-pensées susceptibles d'aider ou de nuire. Dans cette région, la pensée et l'action ne sont qu'une seule chose; la matière est le serviteur obéissant de la vie et s'adapte à toute impulsion créatrice.

Le plan mental étant essentiellement celui de la pensée, est beaucoup plus près de la réalité que tous les plans inférieurs, car sur ceux-ci ce que les choses matérielles possèdent de réalité est caché par la matière.

La totalité de notre système solaire étant une manifestation du Logos, chaque particule du système est un fragment de Ses véhicules. La totalité de la matière mentale du système constitue Son corps mental.

Ceci comprend, bien entendu, en plus de la matière mentale qui appartient aux planètes physiques, celle qui appartient aux planètes astrales, et aussi les planètes purement mentales appelées A et G dans notre chaîne de mondes.

Notons en passant que l'homme du globe A de la Première Ronde peut à peine être appelé un homme. Il est une pensée; il est ce qui un jour deviendra un corps mental, le germe d'un corps mental, et par rapport à ce qu'il peut devenir, il est comme l'embryon du premier mois par rapport au corps humain adulte. A cette époque lointaine, l'homme a infiniment peu de conscience.

La matière composant le corps mental du Logos solaire sert à former les corps mentals des sept Logoï planétaires qui sont des centres de force intérieurs au Logos solaire.

Dans le corps mental d'un homme se trouvent des

particules appartenant aux sept Logoï planétaires; les proportions varient énormément, et ce sont ces proportions qui déterminent le « type » de chaque personne. Certains changements psychiques se produisent périodiquement dans les sept Logoï planétaires; ces changements affectent nécessairement les corps mentals de tous les hommes. Le degré suivant lequel un homme est affecté dépend de la proportion de matière appartenant au Logos en question, qu'il possède. D'où l'importance des mouvements de ces Esprits Planétaires pour l'homme, et le fondement rationnel de la science astrologique.

Les influences dont nous venons de parler affectent entre autres choses l'essence élémentale qui est très active dans les corps astral et mental de l'homme (voir chapitre II). C'est pourquoi toute excitation inusitée d'un certain type d'essence affecte dans une certaine mesure les émotions de l'homme ou son mental, ou les deux, suivant la quantité d'essence du type en question qu'il possède dans ses véhicules. De telles influences ne sont ni meilleures ni pires que toute autre force naturelle; elles peuvent être bienfaisantes ou nuisibles suivant l'usage que nous en faisons.

Il est essentiel de bien comprendre que : quelle que soit la pression exercée par ces influences, elles ne peuvent pas dominer la volonté de l'homme, même partiellement. Le plus qu'elles puissent faire est, dans certains cas, de faciliter ou de rendre plus difficile l'action de la volonté dans une certaine direction. Un homme à la volonté de fer, ou un étudiant de l'occultisme, peuvent négliger ces influences; pour les personnes dont la volonté est faible, il est quelquefois bon de savoir à quel moment telle ou telle force peut être avantageusement mise en jeu. « Le sage gouverne son étoile; le fou lui obéit. »

Chaque globe physique a son plan physique, son plan astral et son plan mental qui s'interpénètrent tous les trois et occupent le même espace; mais les plans astral et mental d'une planète ne communiquent pas avec les plans correspondants des autres planètes. C'est seulement au niveau bouddhique et au delà qu'il existe un état commun à toutes les planètes de notre chaîne.

Cependant il existe un état de la matière atomique sur chacun de ces plans, que l'on peut considérer comme cosmique. Les sept sous-plans atomiques de notre système peuvent être considérés comme formant le plan cosmique le plus bas, quelquefois appelé plan cosmique prakritique. Notre plan mental est ainsi la troisième subdivision du plan cosmique le plus bas.

D'un autre point de vue, la partie atomique de notre plan mental est le sous-plan le plus bas du corps mental du Logos Planétaire.

Le plan astral de la terre s'étend jusqu'à une distance un peu inférieure à la distance moyenne de la lune (cette distance étant d'environ 385.000 kilomètres). Le plan mental s'étend beaucoup plus loin. Il est par rapport au plan mental ce que celui-ci est par rapport au globe physique de la terre.

Seules les particules de matière atomique des plans astral et mental qui sont entièrement libres, sont homologues aux particules de l'éther interplanétaire (qui sont des atomes physiques ultimes dans leur état normal, libres de toute pression). Par suite, une personne ne peut pas plus passer d'une planète à l'autre dans son corps astral ou dans son corps mental que dans son corps physique. Ce passage est possible dans le corps causal lorsque celui-ci est très développé; mais ce passage ne devient facile et rapide qu'au moyen du corps bouddhique.

De plus, la vue détaillée des autres planètes n'est pas possible par clairvoyance mentale ou astrale. Mais certains renseignements peuvent être obtenus au moyen d'une méthode de grossissement qui a été décrite au chapitre XIV.

La matière des plans inférieurs n'est jamais transportée d'une planète à l'autre. Lorsque par exemple nous quitterons la terre pour nous incarner sur Mercure, seuls les egos seront transportés. Ils s'envelopperont alors de matière mentale et astrale appartenant à leur nouvelle planète et les corps physiques leur seront fournis par ceux qui nous précèdent sur Mercure.

La matière du plan mental existe en sept variétés qui se distinguent par leur degré de finesse de même que la matière astrale et la matière physique. Faute de mots spéciaux, nous pouvons provisoirement nous servir des mots utilisés par la matière physique, c'est-à-dire : solide, liquide, gazeux, etc. La subdivision la plus élevée ou la plus fine se compose des atomes mentaux ultimes.

Un atome mental ultime contient 49^4 ou 5.764.801 « bulles de koïlon ».

Les trois sortes les plus fines de matière mentale sont appelées aroupa, ou sans forme; les quatre sortes les plus grossières sont appelées roupa, ou ayant forme. Cette distinction réelle correspond aux divisions de l'esprit humain. Aux niveaux roupa, les vibrations de conscience donnent naissance à des images, et toute pensée apparaît comme une forme vivante; aux niveaux aroupa, la conscience semble produire des éclairs ou des courants d'énergie vivante qui ne se moulent pas en images distinctes tant qu'ils restent à leur propre niveau, mais qui, lorsqu'ils descendent sur les sous-plans mentaux inférieurs créent une variété de formes possédant toutes un trait commun. En d'autres termes, les niveaux aroupa expriment les pensées abstraites, idées générales, principes, et les niveaux roupa expriment les pensées concrètes et idées de détail.

Les mots étant surtout des symboles d'images et appartenant aux opérations du mental inférieur dans le cerveau, il en résulte qu'il est presque impossible, sinon totalement impossible de décrire en mots les opérations de la pensée abstraite. Car les niveaux aroupa se rapportent à l'intelligence pure qui n'opère pas dans les limites étroites du langage.

Une autre distinction importante entre les niveaux

roupa et aroupa est la suivante : aux niveaux roupa, l'homme vit dans ses propres pensées, et s'identifie avec la personnalité de la vie qu'il vient de quitter. Aux niveaux aroupa, il est l'ego qui s'incarne et qui, s'il est suffisamment développé, comprend, dans une certaine mesure, l'évolution dans laquelle il est engagé, et le travail qu'il a à faire.

La matière mentale est tellement plus fine que la matière astrale et la matière physique, que les forces de vie sur le plan mental sont beaucoup plus actives que sur les deux plans inférieurs. La matière mentale est en mouvement incessant, prenant forme sous l'impulsion de tout frémissement de vie, et s'adaptant facilement à toute variation de mouvement. Par rapport à elle, la matière astrale semble inerte et terne. Les vibrations de la matière mentale sont par rapport à celles de la matière physique beaucoup plus rapides que les vibrations de la lumière par rapport à celles du son.

Nous pouvons dire que la matière mentale se meut avec la pensée; la matière astrale suit la pensée de si près que l'observateur peut à peine distinguer la différence. La matière éthérique obéit à la pensée beaucoup plus difficilement que la matière astrale.

De même que chaque particule d'éther physique flotte dans un océan de matière astrale, chaque particule astrale flotte dans un océan de matière mentale.

Malgré l'idée très répandue d'après laquelle il serait plus difficile d'agir sur les plans mental et astral que sur le plan physique, c'est le contraire qui est vrai. Car la finesse de la matière mentale et la rapidité avec laquelle elle répond à toute impulsion mentale, font qu'elle est beaucoup plus facile à mouvoir et à diriger par l'action de la volonté, que la matière physique ou astrale.

Dans *La Voix du Silence,* il est question de trois salles : la Salle de l'Ignorance, la Salle d'Apprentissage, la Salle de Sagesse. Il semble bien que la Salle d'Ignorance soit le plan physique, celle d'Apprentissage les plans astral et mental inférieur, celle de Sagesse les plans mental supérieur et bouddhique.

Aux quatre niveaux inférieurs du plan mental l'illusion est encore possible dans une certaine mesure, mais beaucoup moins pour l'homme qui est capable d'y fonctionner en pleine conscience durant la vie physique que pour l'homme non développé qui y séjourne après sa mort comme nous l'avons vu dans les chapitres sur le Dévachan.

Le plan mental inférieur est donc encore une région de personnalité et d'erreur; là, comme dans le monde astral, un serpent se cache sous chaque fleur; car si les désirs insensés de la personnalité infestent le monde astral, l'orgueil et les préjugés habitent encore le monde mental inférieur.

Sur le plan mental supérieur, bien que l'ego ne sache pas toutes choses, du moins, ce qu'il connaît, il le connaît exactement. Mais nous ne traiterons pas de la vie du corps causal dans ce volume.

Une autre différence essentielle entre les plans mental inférieur et mental supérieur : Sur le plan mental inférieur, la matière est prédominante; c'est la première chose qui frappe le regard, et la conscience brille à peine à travers les formes. Mais sur les plans supérieurs, la vie est la chose principale, et les formes ne sont là que pour elle. La difficulté sur les plans inférieurs est d'exprimer la vie dans les formes; sur les plans supérieurs, c'est le contraire, la difficulté est de contenir le courant de vie et de lui donner forme. C'est seulement au-dessus de la ligne qui sépare les régions inférieure et supérieure du plan mental que la lumière de la conscience n'est obscurcie par aucun nuage et brille avec toute sa puissance. C'est pourquoi à la conscience des niveaux supérieurs s'adapte le symbole du feu spirituel, tandis qu'aux niveaux inférieurs s'adapte le symbole du feu consumant un combustible.

Dans le cas du plan astral, il n'est pas possible de décrire l'apparence de l'ambiance, mais cela est possible pour le plan mental, car sur ce plan il n'y a pas d'autre décor que ceux qui ont été créés par les pensées des différentes personnes. Bien entendu, il y a sur le plan mental des entités souvent fort belles, mais nous ne les comprenons pas dans le terme décor.

Pour décrire les conditions de vie du plan mental au moyen de mots, il est commode de dire que tous les décors possibles y existent. Toute beauté concevable y est avec un éclat et une perfection qui dépassent l'imagination. Cependant, de la splendeur de cette réalité vivante, chaque homme ne voit que ce que son développement lui permet de percevoir.

On a dit souvent qu'il est impossible de décrire la différence entre les sous-plans du monde mental parce que l'écrivain épuise sa provision d'adjectifs en décrivant le sous-plan le plus bas, et qu'il ne lui reste plus rien pour les sous-plans supérieurs. Tout ce qui peut être dit est ceci : à mesure que l'on monte, la matière devient plus fine, les harmonies plus pleines, la lumière plus vivante et plus transparente. Les sons contiennent de plus en plus d'harmoniques, les couleurs, des nuances de plus en plus délicates et plus nombreuses, et de nouvelles couleurs apparaissent. La lumière d'un sous-plan semble être l'obscurité par rapport au sous-plan immédiatement supérieur.

Sur le sous-plan le plus élevé, la matière est animée et vivifiée par une énergie qui provient des régions supérieures, du plan bouddhique. A mesure que nous descendons sur les différents sous-plans, la matière de chacun d'eux devient l'énergie du sous-plan immédiatement inférieur; ou, plus exactement, l'énergie originale, plus la matière des sous-plans supérieurs devient l'énergie qui anime le sous-plan inférieur. Ainsi, sur le septième sous-plan, le plus bas, l'énergie originale est voilée six fois, c'est pourquoi elle est relativement peu active.

La première impression de l'homme qui pénètre sur le plan mental en pleine conscience est à peu près celle que nous avons décrite au chapitre XX pour l'homme qui s'éveille en dévachan après la mort astrale. Il éprouve une félicité intense, une vitalité indescriptible, une puissance énormément accrue, et la confiance parfaite qui en résulte. Il se trouve tout à coup au milieu de ce qui lui semble un univers de lumière, de couleur et de son. Il croit flotter dans un océan de lumière vivante, environné de toutes les variétés possibles de beautés par la couleur et par la forme, tout cela se modifiant avec chaque onde pensée qui part de son mental, tout cela n'étant, comme il va bientôt s'en apercevoir, que l'expression de sa pensée dans la matière et dans l'essence élémentale du plan. Les pensées concrètes prennent la forme de leurs objets; les idées abstraites s'expriment généralement au moyen de toutes sortes de formes géométriques parfaites. Bien des pensées qui sur le plan physique ne nous paraissent être que de simples abstractions sont sur le plan mental des faits concrets.

La sensation de liberté est si grande sur le plan mental que, par comparaison, la vie astrale ressemble à un esclavage.

Tout homme qui désire s'abstraire de son ambiance sur le plan mental et penser en toute tranquillité, peut vivre dans un monde de sa création sans la moindre interruption; de plus il a l'avantage immense de voir toutes ses idées et leurs conséquences totalement exprimées devant ses yeux comme un panorama.

S'il désire observer le plan sur lequel il se trouve, il doit suspendre avec soin sa propre pensée pour ne pas influencer la matière extrêmement sensible qui l'entoure. (Voir chapitre XIV.)

Lorsque l'homme a atteint cet état dans lequel il cesse d'être un centre de radiation de lumière, son, couleur et forme, l'ambiance n'a pas cessé d'exister : au contraire, ses harmonies et son éclat sont plus grandioses qu'avant. L'homme commence alors à percevoir le langage de couleurs des dévas, l'expression de la pensée ou des entretiens d'êtres très supérieurs à lui-même dans l'évolution. Après quelques essais, il s'aperçoit qu'il est lui-même capable d'utiliser ce mode d'expression, et, par suite, de s'entretenir avec ces entités non-humaines supérieures, de qui il peut apprendre beaucoup. Nous en donnerons une description dans un chapitre suivant. Pour comprendre l'existence de ce langage de couleurs, l'étudiant se souviendra que la forme-pensée, composée de particules de matière mentale en vibration rapide, met en jeu des vibrations tout autour d'elle-même; ces vibrations donnent naissance à des sensations de son et de couleur chez toutes les entités aptes à les percevoir.

Il est possible au visiteur du plan mental de former autour de lui une coque à travers laquelle aucune pensée ne peut pénétrer. Alors, maintenant son esprit en repos, il peut examiner ce qui se passe à l'intérieur de la coque.

Il est ainsi capable de percevoir un nouveau genre de pulsations que les autres phénomènes plus artificiels lui avaient caché jusqu'à ce moment. Ces pulsations sont universelles, et ne peuvent pas être arrêtées ni détournées de leur cours normal par une coque faite au moyen des facultés humaines. Elles ne produisent ni couleur ni forme, mais imprègnent avec une régularité toute puissante la totalité de la matière du plan, de l'intérieur vers l'extérieur et inversement, comme les exhalations et inhalations d'une respiration majestueuse.

Il y a différentes sortes de ces pulsations, facilement distinguables les unes des autres par le volume, la fréquence des vibrations et la nature de l'harmonie qu'elles produisent. Plus grande que toutes ces pulsations, une onde majestueuse semble provenir du cœur même du système — une onde qui, jaillissant de sources inconnues situées sur les plans supérieurs, répand sa vie à travers notre monde, puis revient avec toute sa puissance à son origine. Elle arrive sur une immense trajectoire ondulée, et le son qu'elle produit est comme le murmure de la mer. En elle et à travers elle résonne l'écho d'un chant de triomphe, la véritable musique des sphères.

L'homme qui a entendu une fois ce merveilleux chant de la nature n'en perd jamais totalement la conscience. Même dans le monde physique, si triste par comparaison, il l'entend toujours comme en sourdine.

Si l'homme a atteint un certain degré de développement spirituel, il lui est possible d'immerger sa conscience dans cette vague puissante, et de se laisser emporter par elle jusqu'à sa source. Maïs une telle expérience est très imprudente, à moins que le Maître se tienne à ses côtés pour le ramener en arrière au bon moment. Car la force irrésistible peut l'emporter sur des plans supérieurs où l'ego n'est pas capable de se tenir. Il y perd conscience, et qui sait quand et où il pourra reprendre conscience.

Atteindre cette unité est le but de l'évolution humaine, mais l'homme doit y arriver en pleine conscience, et non pas étourdi dans un état voisin de l'annihilation.

Sur le plan mental, l'homme peut faire le tour du monde avec la vitesse de la pensée; il se trouve de l'autre côté de la terre à l'instant même où il formule le souhait de s'y trouver, car la réponse de la matière mentale à la pensée est immédiate, et la volonté la maîtrise parfaitement.

Sur le plan mental, il n'y a pas de nuit; rien de semblable au sommeil sauf pour ceux qui y pénètrent pour la première fois ou le quittent à la fin du dévachan.

Le monde physique a trois dimensions, le monde astral quatre et le monde mental cinq. Mais comme nous l'avons dit dans *Le Corps astral*, il est probablement plus exact de dire que sur chaque plan la conscience est capable d'apprécier le monde dans lequel elle fonctionne au moyen du nombre de dimensions que nous venons d'indiquer.

Les trois formes connues d'énergie ont leurs manifestations appropriées sur chaque plan. Ainsi, Fohat, Prana et Koundalini existent sur le plan mental, mais on sait peu de choses actuellement sur le travail de ces forces.

Un homme en pleine conscience sur le plan mental

voit évidemment la totalité de l'humanité, sauf ceux qui vivent uniquement dans leurs corps causals, car tout être humain qui vit dans le monde astral ou dans le monde physique possède nécessairement un corps mental. Toutefois ceux qui sont confinés dans leurs propres coques de pensées ne peuvent guère constituer des compagnons, comme nous l'avons expliqué dans les chapitres sur le Dévachan.

Entre ceux qui sont pleinement conscients sur le plan mental il peut exister une union beaucoup plus intime que sur les plans inférieurs. L'homme ne peut en tromper aucun autre, car les opérations de la pensée sont visibles à tous. Les opinions et les impressions peuvent être échangées, non seulement avec la rapidité de la pensée, mais aussi avec une exactitude parfaite, car chacun reçoit exactement l'idée de son interlocuteur telle qu'elle est, sans avoir l'obligation de la découvrir au milieu du puzzle des mots.

L'étudiant se souviendra que sur le plan astral, les différences de langage constituent encore des obstacles aux communications; car les pensées doivent être formulées en mots pour être communiquées à une autre entité du plan astral. Sur le plan mental, les hommes communiquent directement par transfert de la pensée, quels que soient les langages connus.

L'espace n'est pas non plus un obstacle, car l'homme peut se mettre en rapport avec un autre homme simplement en dirigeant son attention vers lui. Les seuls obstacles entre hommes sur le plan mental sont ceux que crée la différence d'évolution. Les moins évolués ne peuvent connaître des plus évolués que ce qu'ils sont capables d'apprécier. De plus, cette limitation ne peut être sentie que par le plus évolué, car l'autre perçoit tout ce qu'il est capable de percevoir.

Pour trouver sur le plan mental un homme vivant ou mort, la méthode est la suivante : Pour chacun des véhicules de l'homme il existe un accord particulier, qui est une sorte de combinaison des forces et qualités de l'homme sur le plan en question. On n'a encore jamais trouvé deux personnes dont les accords soient identiques à tous les niveaux, éthérique, astral, mental, causal.

La combinaison des accords ci-dessus forme l'accord caractéristique de l'homme, et, qu'il soit éveillé ou endormi, vivant ou mort, son accord est toujours le même et peut toujours servir à le trouver.

Si l'homme est dans le monde céleste supérieur, le monde causal, il a toujours son accord, car les atomes permanents suffisent à le déterminer.

Le voyant entraîné qui est capable de sentir cet accord, accorde pour un instant ses propres véhicules sur les parties constitutives de l'accord de l'homme cherché, puis, par un effort de la volonté, il fait résonner cet accord. Où que soit l'homme dans l'un des trois mondes, il répond instantanément. Son corps causal s'allume comme une grande flamme que perçoit le voyant, et un lien magnétique s'établit.

Le voyant peut utiliser ce lien comme une sorte de télescope ou, s'il le préfère, il peut projeter sa conscience le long de ce lien, avec la vitesse de la lumière, et pour ainsi dire regarder par l'autre extrémité.

L'accord de l'homme est son véritable nom occulte. Ceci est probablement l'origine de la croyance répandue chez certaines peuplades sauvages, d'après laquelle le véritable nom de l'homme doit être caché, sans quoi l'homme peut devenir la proie des magiciens.

Il est dit qu'à chaque Initiation le véritable nom de l'homme est changé; c'est parce que chaque Initiation est la reconnaissance officielle d'un progrès accompli par l'homme, progrès tel que son accord a pour ainsi dire changé de mode, et qu'il résonne maintenant d'une nouvelle manière.

Ce nom de l'homme ne doit pas être confondu avec le nom de l'Augoeïdes (voir plus loin) qui est l'accord des trois principes de l'Ego produit par les vibrations des atomes atmique, bouddhique et manasique avec la monade derrière eux.

L'accord n'est ni vu ni entendu; il est le résultat d'une perception complexe nécessitant pratiquement l'activité simultanée de la conscience dans le corps causal et les véhicules inférieurs.

Chaque homme prononce son propre nom véritable. De même qu'il a son odeur matérielle au moyen de laquelle un chien peut suivre sa trace, il a aussi sa note spirituelle. Ceux qui peuvent l'entendre savent où il se trouve sur les degrés de l'évolution, ce qu'il peut accomplir et ce qu'il est incapable d'accomplir. Les Francs-Maçons reconnaîtront cet accord dans le « choc » de l'homme, fait avec le t... du moi intérieur, et qui ouvre la voie vers la véritable Loge.

L'Augoeïdes, l'homme glorifié, est le nom quelquefois donné aux trois principes supérieurs de l'homme, Atma-Bouddhi-Manas qui constituent l'ego dans le corps causal. Ceci bien entendu n'est pas l'image d'un des véhicules passés de l'homme, mais ceci contient l'essence de tout ce qu'il y avait de mieux dans chacun d'eux. C'est un corps qui indique avec plus ou moins de perfection suivant son développement, ce que la Divinité prévoit de l'homme futur.

Dans ce véhicule, au niveau causal, il est possible de voir non seulement le passé de l'homme, mais aussi dans une très large mesure, l'avenir qui s'étend devant lui.

CHAPITRE XXVIII

Les annales akasiques

Une description du plan mental serait incomplète si l'on n'y faisait pas figurer les « annales akasiques ». Elles constituent la seule histoire exacte du monde, et elles sont souvent désignées par les expressions : mémoire de la nature, véritables annales karmiques, livre des Lipika.

Le mot akasique n'est pas très exact, car si les annales sont lues dans l'akâsa, ou matière du plan mental, elles n'appartiennent pas en réalité à ce plan. Un mot encore moins exact était utilisé autrefois : annales de la lumière astrale. Elles sont en réalité bien au delà du plan astral, et quelques fragments seulement sont perceptibles sur le plan astral, comme nous allons le voir au cours de notre étude.

Le mot akasique peut être conservé parce que c'est sur le plan mental que l'on vient pour la première fois en contact avec les annales, et que l'on peut les utiliser pour un travail défini.

L'étudiant sait maintenant qu'au cours de l'évolution de l'homme, son corps causal, qui détermine les limites de son aura, s'agrandit et acquiert une luminosité de plus en plus grande avec des couleurs de plus en plus pures. A un niveau beaucoup plus élevé, nous pouvons concevoir le Logos Solaire comme comprenant en Lui-même la totalité de notre système solaire. Toute ce qui arrive dans notre système fait donc partie de la conscience du Logos. Les véritables annales sont Sa mémoire.

De plus, il est clair que cette mémoire doit être très au-dessus de tout ce que nous connaissons. Par suite, sur quelque plan que nous la lisions, il s'agit toujours d'un reflet de la grande mémoire originale.

Nous connaissons actuellement l'existence de ces annales sur les plans bouddhique, mental et astral. Nous allons les décrire en commençant par le plan astral.

Sur le plan astral, le reflet est essentiellement imparfait. Tout ce que l'on peut voir à ce niveau est fragmentaire, et souvent très déformé. L'eau est souvent employée comme symbole du monde astral; ce symbole est ici très utile comme moyen de comparaison. Une image claire dans une eau tranquille, n'est, dans les meilleures conditions, qu'un simple reflet, et elle représente avec deux dimensions des objets à trois dimensions; elle ne montre que leur forme et leur couleur; de plus, les images sont renversées.

Si la surface de l'eau vient à être agitée, l'image est brisée; elle est absolument inutilisable pour reproduire l'apparence des objets reflétés.

Sur le plan astral, il n'est jamais possible d'obtenir quelque chose qui ressemble à une surface tranquille; au contraire, tout est en mouvement incessant et rapide. C'est pourquoi nous ne pouvons pas y voir de reflet net. Le clairvoyant qui ne possède que la vue astrale ne peut jamais se fier aux images du passé perçues sur ce plan. Il arrive quelquefois que ces images sont exactes, mais le clairvoyant astral ne peut pas savoir à quel moment il en est ainsi. Toutefois, il est possible, grâce à un entraînement long et sévère d'arriver à distinguer les impressions exactes des inexactes et de construire au moyen des reflets brisés une sorte d'image de l'objet. Mais généralement, avant d'avoir maîtrisé ces difficultés, le clairvoyant astral développe la vue mentale, ce qui rend le labeur précédent inutile.

Sur le plan mental, il n'en est pas de même. Les annales sont complètes et exactes, et il est impossible de commettre une erreur de lecture. En présence de certaines annales, des clairvoyants en nombre quelconque utilisant la vue mentale voient exactement la même chose, et chacun d'eux en acquiert une impression correcte.

Les facultés du corps causal rendent la tâche encore plus facile. Il semble que pour pouvoir tirer du plan mental tous les renseignements qu'il contient, il soit nécessaire que l'ego pleinement éveillé puisse utiliser la matière atomique du plan mental.

Le phénomène suivant est bien connu : si plusieurs personnes assistent à un événement sur le plan physique, leurs témoignages varient considérablement. Ceci est dû à des observation incorrectes, chaque personne ne voyant dans l'événement que les traits faisant le plus impression sur elle.

Cette équation personnelle n'affecte pas les impressions reçues sur le plan mental, car chaque observateur saisit le sujet dans toutes ses parties également et il lui est impossible d'attacher à certaines d'entre elles une importance qu'elles n'ont pas.

Cependant des erreurs peuvent se produire en traduisant les impressions sur les plans inférieurs. Il y a à cela deux sortes de causes : premièrement, les imperfections des véhicules de l'observateur, deuxièmement, la difficulté propre au travail de traduction sur les plans inférieurs.

Il résulte de la nature des choses que seule une petite fraction d'une expérience faite sur le plan mental peut être exprimée au moyen du langage physique. Il y a donc possibilité de choix de la partie exprimable. C'est pourquoi les investigations clairvoyantes des auteurs théosophes sont toujours contrôlées et vérifiées par plusieurs investigateurs avant d'être publiées.

Outre l'équation personnelle, il existe d'autres difficultés au travail de traduire les impressions sur les plans inférieurs. L'analogie de la peinture est commode pour expliquer ce phénomène. Le peintre s'efforce de reproduire un objet à trois dimensions sur une surface plane (à deux dimensions). L'image la plus parfaite est toujours très loin de la reproduction exacte de l'objet qu'elle représente. C'est à peine si l'image contient une ligne ou un angle identique à la ligne ou à l'angle de l'objet qu'ils représentent. L'image est une tentative extrêmement ingénieuse pour faire sur un seul sens, au moyen de lignes et de couleurs réparties sur une surface plane, une impression analogue à celle que ferait l'objet. L'image agit par suggestion dépendant de nos expériences passées, comme par exemple le mugissement de la mer, le parfum d'une fleur, le goût d'un fruit, la dureté d'une surface.

Les difficultés éprouvées par le clairvoyant pour exprimer au moyen du langage physique les phénomènes du plan mental, sont encore beaucoup plus grandes, car le monde mental a cinq dimensions.

L'aspect des annales varie dans une certaine mesure suivant les conditions dans lesquelles elles sont observées. Sur le plan astral, le reflet est généralement une simple image dont les personnages se meuvent rarement. Sur le plan mental le reflet est plus complexe.

On observe sur le plan mental deux aspects différents : Premièrement, si l'observateur n'y pense pas spécialement, les annales forment un fond aux événements actuels. Dans ces conditions, ce sont de simples reflets de l'activité incessante d'une grande Conscience sur un plan très supérieur, et elles ressemblent beaucoup au cinématographe. L'action des images reflétées se poursuit constamment, comme sur une scène lointaine.

Deuxièmement, si l'observateur entraîné tourne son attention vers un événement particulier, comme il est sur le plan où la pensée n'a pas d'obstacle, l'événement s'offre aussitôt à sa vue. Ainsi, s'il désire voir le débarquement de Jules César, en un instant il se trouve, non pas devant un tableau, mais debout sur le rivage parmi les légionnaires, et l'événement se déroule devant lui exactement comme en 55 avant Jésus-Christ. Les acteurs sont entièrement inconscients de lui-même, puisque ce sont de simples reflets, et aucun effort ne peut modifier le cours de l'événement.

L'observateur a le pouvoir de faire dérouler les événements devant ses yeux à la vitesse qu'il veut. Il peut observer les événements d'une année en une heure. Il peut aussi arrêter leur cours à tout moment pour observer une scène particulière pendant aussi longtemps qu'il veut.

Non seulement il voit ce qu'il aurait pu voir physiquement s'il avait été présent lors de l'événement, mais il entend et comprend ce que les gens disent, et il est conscient de leurs pensées et de leurs mobiles.

Dans un cas particulier l'observateur peut entrer en contact plus intime avec les annales. S'il observe une scène où il avait un rôle dans une vie précédente, deux possibilités s'ouvrent à lui : 1) Il peut observer la scène à la manière habituelle, comme un simple spectateur (un spectateur dont la vue et la sensibilité sont parfaites); 2) Il peut s'identifier encore une fois avec cette personnalité morte depuis longtemps et revivre les pensées et les émotions du passé. Il retrouve alors dans la conscience universelle la portion avec laquelle il avait été associé.

L'étudiant doit être maintenant en mesure d'apprécier les merveilleuses possibilités dont dispose l'homme capable de lire les annales akasiques. Il peut revoir à loisir toute l'histoire, corrigeant les nombreuses erreurs qui se sont glissées dans les œuvres des historiens. Il peut observer les modifications géologiques de la terre et les cataclysmes qui en ont changé la face bien des fois.

Il est toujours possible de déterminer la date d'un événement, mais cela peut nécessiter des recherches laborieuses. Les moyens suivants peuvent être employés : 1) L'observateur peut regarder dans l'esprit d'une personne intelligente présente, et y lire la date; 2) Il peut observer la date écrite sur une lettre ou tout autre document. La date étant connue dans le système de l'époque, c'est une simple affaire de calcul pour la rapporter à l'ère chrétienne; 3) Il peut se rapporter à quelque événement contemporain dont la date est indiquée dans les documents historiques.

Aux époques relativement récentes, il y a peu de difficultés pour déterminer la date. Mais pour les époques très reculées, d'autres méthodes ont été employées. Même si la date peut être lue dans l'esprit de quelqu'un, il peut être difficile de rattacher son système de chronologie au nôtre. Dans ce cas : 4) L'observateur peut faire dérouler devant lui les années à la vitesse qu'il désire (par exemple une année par seconde) et les compter jusqu'à une date connue. Il est alors utile d'avoir une idée approximative de l'époque, pour éviter d'avoir un trop grand nombre d'années à compter; 5) Lorsqu'il y a des milliers d'années à compter, la méthode ci-dessus serait fastidieuse. L'observateur peut noter la direction de l'axe de la terre et calculer la date au moyen des tables qui renseignent sur le mouvement de la terre connu sous le nom de précession des équinoxes; 6) Pour les événements extrêmement éloignés qui se produisirent il y a des millions d'années, la période de la précession des équinoxes peut être utilisée comme unité (environ 26.000 ans). Pour ces événements l'exactitude absolue n'est pas nécessaire, et la date en nombre rond suffit amplement.

Pour pouvoir lire correctement les annales akasiques, il faut un entraînement sérieux. Comme nous l'avons vu, l'acquisition de la vue mentale est la condition première. En fait, pour diminuer le plus possible les chances d'erreur, il faut que la vue mentale soit à la disposition de l'investigateur pendant qu'il est éveillé dans son corps physique. Avant de pouvoir en arriver là, des années de travail et de discipline sévère sont nécessaires.

Bien plus, comme les véritables annales sont sur un plan hors de notre portée actuellement pour les comprendre parfaitement, il faudrait des facultés d'un ordre supérieur à celui des facultés évoluées de nos jours par l'humanité. Notre vision actuelle des annales est donc nécessairement imparfaite puisque nous les regardons d'en bas au lieu d'en haut.

Il ne faut pas confondre les annales akasiques avec les

simples formes-pensées créées par l'homme qui existent en si grande abondance sur les plans mental et astral.

Ainsi, par exemple, comme nous l'avons vu au chapitre VIII, chaque événement historique important, ayant été l'objet de nombreuses pensées, ayant nourri l'imagination de tant de gens, existe sur le plan mental en tant que forme-pensée bien définie. Il en est de même des caractères du drame, du roman, etc. Ces produits de la pensée (souvent de fausses pensées) sont beaucoup plus faciles à voir que les véritables annales akasiques. Il faut être spécialement entraîné pour pouvoir lire les annales, tandis que les formes-pensées sont immédiatement visibles. C'est pourquoi de nombreuses visions de saints, de voyants, etc., ne sont pas les véritables annales, mais de simples formes-pensées.

On peut encore lire les annales au moyen de la psychométrie. Il semble qu'il y ait une relation particulière entre chaque particule de matière et les annales qui contiennent son histoire. En fait, chaque particule porte en elle pour toujours l'impression des événements qui se sont produits dans son voisinage. Cette relation lui permet d'agir comme une sorte de conducteur entre les annales et les facultés de toute personne capable de les lire.

Le clairvoyant non entraîné a généralement besoin d'une liaison physique qui le mette « en rapport » avec l'événement. Cette méthode de clairvoyance s'appelle psychométrie.

Ainsi, si l'on donne un fragment de pierre à un psychomètre, il voit et peut décrire les ruines d'où provient ce fragment, ainsi que le pays environnant; en général il peut aussi voir certains événements dont cette pierre fut témoin, comme, par exemple, des cérémonies druidiques.

Il est tout à fait probable que la mémoire ordinaire est une autre expression du même principe. Les scènes à travers lesquelles nous passons au cours de nos vies semblent agir sur les cellules du cerveau de telle manière qu'elles établissent une connexion entre ces cellules et la portion des annales qui correspond aux dites scènes. C'est ainsi que nous nous souvenons.

Le clairvoyant entraîné lui-même a besoin d'un intermédiaire qui lui permette de retrouver les annales d'un événement dont il n'a pas déjà connaissance. 1) S'il a déjà visité l'endroit où l'événement s'est produit, il peut se rappeler l'image de cet endroit, puis suivre les annales jusqu'à ce qu'il arrive à la date cherchée. 2) S'il n'a jamais vu l'endroit, il peut se reporter à la date de l'événement puis chercher ce qu'il désire voir. 3) Il peut examiner les annales de la période où se place l'événement, s'il n'a aucune difficulté pour identifier un personnage important jusqu'à ce qu'il arrive à l'événement cherché.

Le pouvoir de lire dans la mémoire de la nature existe donc chez l'homme à des degrés très différents. Un petit nombre de clairvoyants peut consulter les annales à volonté. Les psychomètres ont besoin d'un objet qui ait été en rapport avec l'événement passé. Certaines personnes ont occasionnellement, spasmodiquement, des visions partielles du passé. En regardant fixement un cristal, certaines personnes peuvent voir sans grande certitude quelque événement passé. (Voir *Le Corps astral*, chapitre XVII.)

La plupart des manifestations inférieures de ces pouvoirs sont exercées inconsciemment. Ainsi ceux qui regardent fixement un cristal voient des scènes du passé sans être capables de les distinguer de celles du présent; certaines personnes vaguement psychiques voient continuellement des images leur apparaître sans se rendre compte qu'elles psychométrisent simplement les objets qui les entourent.

Un cas particulier de ce genre de psychisme se rencontre chez l'homme qui est capable de psychométrer les personnes au lieu des objets inanimés comme c'est le cas le plus fréquemment. Cette faculté se manifeste généralement d'une manière très irrégulière. Ces psychiques voient quelquefois, quand ils approchent d'un étranger, un événement important de sa vie.

Plus rarement on trouve des personnes qui voient en détail la vie passée des gens qu'elles rencontrent. L'un des exemples les plus frappants est celui de l'Allemand Zschokke, qui a décrit cette remarquable faculté en détail dans son autobiographie.

Bien que le plan bouddhique soit en dehors des limites de ce livre, nous allons dire quelques mots des annales telles qu'elles existent sur le plan bouddhique.

Sur ce plan, les annales sont bien davantage qu'une mémoire au sens ordinaire du mot. Sur ce plan le temps et l'espace cessent d'être des limitations. L'observateur n'a pas besoin de passer en revue une série d'événements, car le passé, le présent et le futur sont simultanément à sa disposition dans ce que l'on appelle « l'Eternel Présent », expression qui n'a évidemment aucun sens sur le plan physique.

Si loin que soit le plan bouddhique de la conscience du Logos, les « annales » n'y sont pas une simple mémoire, puisque tous les événements passés et tous les événements futurs se déroulent actuellement sous Ses yeux, de même que les événements que nous appelons ici-bas présents. Si extraordinaire que cela paraisse, c'est pourtant l'expression de la vérité.

Une simple analogie physique pourra nous permettre de comprendre, au moins partiellement, la visibilité simultanée du passé et du présent.

Supposons : 1) que la lumière physique puisse se propager à sa vitesse habituelle indéfiniment dans l'espace, sans perte d'énergie; 2) que le Logos, étant omnipotent, se trouve en tous les points de l'espace, non pas successivement, mais simultanément.

Il résulte de cette hypothèse que tous les événements passés depuis le commencement du monde sont à chaque instant visibles pour le Logos, non seulement leur mémoire, mais les événements eux-mêmes.

De plus, en déplaçant simplement Sa conscience dans

l'espace, Il peut être conscient d'une manière continue d'un événement quelconque, à la vitesse qu'Il veut, soit dans le sens où le temps s'écoule normalement pour nous, soit dans le sens contraire.

Cette comparaison ne semble pas jeter la lumière sur le problème du futur. Ce problème reste jusqu'à présent sans solution, sauf pour ceux qui ont acquis dans une certaine mesure la faculté de voir l'avenir.

La faculté de voir l'avenir appartient à un plan supérieur au plan mental. Cependant, la prévision est possible dans une certaine mesure sur le plan mental; mais elle est très imparfaite, car la volonté de l'homme évolué peut, lorsqu'elle intervient dans la vie, changer le cours de la destinée. L'avenir de l'homme ordinaire non évolué, qui a pratiquement une volonté très faible, peut souvent être prévu avec une certaine précision. Mais dès que l'ego prend hardiment entre ses mains son propre avenir, la prévision exacte devient impossible.

L'homme qui est capable de se servir de son corps atmique peut avoir connaissance de la Mémoire Universelle au delà des limites de la Chaîne à laquelle il appartient.

Nous avons mentionné au chapitre XII une cause possible de plagiat. Un autre phénomène peut quelquefois déterminer aussi le plagiat : c'est lorsque deux écrivains voient simultanément le même fragment des annales akasiques. Dans ce cas, non seulement ils semblent se plagier mutuellement, mais en réalité ils plagient tous les deux la vraie mémoire du monde.

CHAPITRE XXIX

Les habitants du plan mental

Nous adopterons pour le plan mental la même classification que pour le plan astral (*Le Plan astral,* chapitre XIX) : habitants humains, non humains et artificiels.

Comme les produits des passions humaines qui sont si abondants sur le plan astral, ne peuvent exister sur le plan mental, les subdivisions seront ici moins nombreuses que dans le cas des entités astrales.

Le tableau suivant indique les principales catégories :

HABITANTS DU PLAN MENTAL INFÉRIEUR

HUMAINS		NON HUMAINS	ARTIFICIELS
INCARNÉS	DÉSINCARNÉS		
Adeptes. Initiés. Hommes très développés.	Humains en dévachan.	Roupadévas. Ames - groupe d'animaux. Second Règne élémental.	Élémentals.

Nous avons distingué parmi les êtres humains pour la commodité de l'exposition, les incarnés, c'est-à-dire ceux qui sont « vivants » dans un corps physique, et les désincarnés, c'est-à-dire les « morts » ou ceux qui n'ont pas de corps physique.

Humains incarnés. — Les êtres humains qui, munis d'un corps physique, sont capables de se mouvoir en pleine conscience sur le plan mental sont, soit des Adeptes, soit Leurs élèves initiés, car les élèves ne peuvent se mouvoir librement, même aux niveaux inférieurs du plan mental qu'après avoir été enseignés par leurs Maîtres.

Adeptes et Initiés apparaissent comme de splendides globes de couleur vivante, chassant toute mauvaise influence partout où ils vont, répandant autour d'eux un sentiment de quiétude et de bonheur dont sont souvent conscients même ceux qui ne les voient pas. C'est sur le plan mental qu'une grande partie de leur important travail est effectuée, particulièrement aux niveaux supérieurs, où l'individualité (l'ego) peut être atteinte directement. C'est de ce plan qu'ils répandent les influences spirituelles les plus hautes sur le monde de la pensée. C'est aussi de là qu'ils sont les instigateurs des œuvres grandioses et utiles de toutes sortes. C'est encore là qu'une grande partie de la force spirituelle provenant du sacrifice volontaire des Nirmanakayas est distribuée. (Voir *Le Corps astral,* chapitre XIX). Là sont donnés directement des enseignements aux élèves qui sont préparés à les recevoir, car l'enseignement est sur ce plan beaucoup plus complet et plus facile à donner que sur le plan astral. De plus, les Adeptes et les Initiés ont une activité importante concernant ceux que nous appelons les « morts ».

Adeptes ou Maîtres résident pour la plupart au niveau le plus élevé ou atomique du plan mental.

Mais dans la majorité des cas, ceux qui atteignent le niveau Asekha ne conservent ni corps physique, ni corps astral, ni corps mental, ni corps causal. Ils vivent en permanence à Leur niveau le plus élevé. Quand Ils ont affaire sur un plan inférieur, Ils s'entourent d'un véhicule de matière appartenant à ce plan.

Pour comprendre mieux les conditions de vie du plan mental et les caractères de ses habitants, il peut être utile de mentionner ceux qui ne sont pas sur ce plan. Les caractéristiques du monde mental étant l'altruisme et la spiritualité, il en résulte que le magicien noir et ses élèves ne peuvent pas y trouver place. Bien que l'intellect soit très développé chez beaucoup d'entre eux, et que, par suite, la matière de leurs corps mentaux soit très active et sensitive suivant certaines lignes, ces lignes se rapportent toutes à quelque désir personnel. Ils ne peuvent donc s'exprimer qu'au moyen de cette partie inférieure du corps mental qui est inextricablement mélangée à la matière astrale. Par suite, leurs activités sont pratiquement confinées aux plans astral et physique.

Un homme dont toute la vie est égoïste et mauvaise peut évidemment avoir des moments de pensée purement abstraite, pendant lesquels il peut utiliser son corps mental si toutefois il sait le faire. Mais dès que l'élément personnel intervient et qu'il fait un effort pour produire un résultat mauvais, la pensée cesse d'être abstraite et l'homme est une fois de plus au travail dans la matière astrale. On pourrait donc dire que le magicien noir peut fonctionner sur le plan mental dans les seuls instants où il oublie qu'il est un magicien noir.

Pour les personnes ordinaires endormies, et pour les psychiques pendant la trance, le plan mental est juste à la limite de leur portée; ceux qui y pénètrent sont donc très rares. Une grande pureté de vie et d'intentions est la condition indispensable, et même lorsque ce plan est atteint, ces gens n'y sont pas réellement conscients, ils peuvent seulement y recevoir quelques impressions. Un exemple en a été donné au chapitre XVIII sur la vie pendant le sommeil.

Humains désincarnés. — Cette catégorie comprend tous ceux qui sont en dévachan. La description en a été faite dans les chapitres sur ce sujet.

Non humains. — Il a été mentionné dans *Le Corps astral,* chapitre XIX, que sur le plan astral on rencontre quelquefois certaines entités cosmiques, visiteurs venant d'autres planètes ou d'autres systèmes. De tels visiteurs sont beaucoup plus nombreux sur le plan mental. Il est si difficile de décrire ces entités au moyen du langage humain que nous nous abstiendrons de tout essai de description.

Ce sont des êtres extrêmement élevés, et qui s'occupent non des individus, mais des grands événements cosmiques. Ceux qui sont en contact avec notre monde sont les agents directs d'exécution des lois du karma, particulièrement en ce qui concerne les modifications des continents et des mers produites par les tremblements de terre, raz de marée et autres séismes.

Roupadévas. — Les êtres appelés par les Hindous et Bouddhistes Dévas, par les Zoroastriens Seigneurs du ciel et de la terre, par les Chrétiens et Mahométans Anges, et par d'autres encore Fils de Dieu, etc. forment un Règne d'esprits appartenant à une évolution distincte de celle de l'humanité. Dans cette évolution, on peut les considérer comme étant immédiatement au-dessus de l'humanité, de même que l'humanité est immédiatement au-dessus du règne animal. Il y a cependant une différence : tandis que l'animal ne peut qu'entrer dans le règne humain, l'être humain, lorsqu'il a atteint le niveau Asekha, a le choix parmi différentes lignes d'évolution dont celle des dévas.

Bien qu'ayant rapport avec la terre, les dévas n'y sont pas confinés. L'ensemble de notre chaîne de sept mondes est comme un seul monde pour eux, et leur évolution se poursuit dans un système grandiose de sept chaînes.

Les légions de dévas ont été recrutées principalement dans des humanités différentes de la nôtre, mais appartenant au système solaire, certaines d'entre elles inférieures à la nôtre, d'autres supérieures; une portion infime de notre humanité est assez avancée pour pouvoir se joindre aux dévas. Il semble bien que certaines catégories importantes par leur nombre n'ont jamais passé par une humanité semblable à la nôtre.

Il ne nous est pas possible actuellement de comprendre leur évolution, mais il est clair que le but de cette évolution est beaucoup plus élevé que le nôtre. Le but de l'évolution humaine est d'atteindre le niveau de l'Adepte ou Asekha à la fin de la septième ronde. A la fin de la même période, le niveau atteint par l'évolution des dévas sera beaucoup plus élevé. Pour eux comme pour nous, il existe un chemin plus étroit mais plus court conduisant à des hauteurs encore plus grandes.

Il y a au moins autant de types d'anges ou dévas que de races humaines; et dans chaque type, il y a de nombreuses différences de pouvoir, d'intellect et de développement général, de sorte qu'au total les variétés de dévas se comptent par centaines.

Les Anges ont été classés en neuf Ordres; les noms utilisés dans l'Eglise Chrétienne sont : Anges, Archanges, Trônes, Dominations, Principautés, Vertus, Puissances, Chérubins et Séraphins. Parmi ces neuf Ordres, sept appartiennent aux grands rayons dont le système solaire est formé, et deux peuvent être appelés cosmiques, car ils sont communs à quelques autres systèmes.

Dans chaque Ordre se trouvent de nombreux types : certains travaillent; d'autres assistent ceux qui sont dans la peine; d'autres sont occupés des morts; d'autres protègent; d'autres méditent; d'autres enfin sont à une étape de leur évolution où ils s'occupent principalement de leur propre développement.

Il y a des anges de la musique, qui s'expriment en musique de même que nous nous exprimons en mots; pour eux, un arpège est un compliment, une fugue une conversation, un oratorio un discours. Il y a des anges de la couleur, qui s'expriment en changements de couleurs. Il y a aussi des anges qui vivent dans les parfums et s'expriment au moyen de parfums et d'aromes. Une subdivision de cette catégorie comprend les anges de l'encens qui sont attirés par les vibrations de l'encens et prennent plaisir à utiliser ses possibilités.

Il y a encore une autre catégorie d'entités appartenant au règne des esprits de la nature ou elfes, qui ne s'expriment pas en parfums, mais qui vivent de ces émanations, et que l'on trouve toujours là où des parfums se dégagent. Leurs variétés sont nombreuses; certains se nourrissent d'odeurs grossières, d'autres de parfums délicats. Parmi eux quelques types sont particulièrement attirés par le parfum de l'encens, on les trouve dans les églises où il est fait usage d'encens.

Ceux qui ont appris à répondre à l'antique invocation de la Préface dans l'Eucharistie Chrétienne et qui sont chargés de la distribution de la force, sont souvent appelés Anges apostoliques ou messagers. Quelques-uns d'entre eux sont tout à fait familiers avec ce genre de travail dont ils ont une longue pratique; d'autres sont novices et sont en train d'étudier sérieusement ce qu'il faut faire et comment on peut le faire.

L'évolution des Anges se faisant principalement par le service, une cérémonie telle que l'Eucharistie leur offre une opportunité remarquable dont ils profitent facilement. A une Messe basse, l'Ange Directeur répond le premier à l'invocation du prêtre et il réunit, semble-t-il, les autres. A une Messe solennelle ou Missa Cantata, l'ancienne mélodie attire l'attention de tous dès qu'elle résonne, et ils se tiennent prêts à servir au moment opportun.

Les services rendus par les Anges sont très variés, mais un petit nombre de ces services seulement les amènent en contact avec des êtres humains, principalement au cours des cérémonies religieuses.

Les anges invoqués au cours des services chrétiens sont très au-dessus de l'homme par leur développement spirituel. Dans la Franc-Maçonnerie aussi l'aide angélique est invoquée, mais ceux que l'invocation atteint sont beaucoup plus près du niveau humain par le développement et l'intelligence; et chacun d'eux amène avec lui un certain nombre de subordonnés qui exécutent ses ordres.

Chaque Loge Maçonnique régulièrement constituée est à la charge d'un Ange du septième rayon qui dirige ses activités.

Les dévas n'ont pas de corps physiques comme les nôtres. La catégorie la plus basse est formée de Kamadévas qui ont pour véhicule le plus bas corps astral. La classe suivante est celle des Roupadévas qui ont des corps de matière mentale inférieure, et dont l'habitat est l'ensemble des quatre niveaux ou roupa, du plan mental. Ensuite viennent les Aroupadévas, qui vivent dans des corps de matière mentale supérieure ou causale. Au-dessus se trouvent quatre grandes classes qui habitent respectivement les quatre plans supérieurs de notre système solaire. Au-dessus et au delà du règne déva se trouvent les grandes légions des esprits planétaires.

Nous avons à traiter dans ce livre principalement des Roupadévas.

Les rapports des dévas avec les esprits de la nature ressemblent quelque peu, à un niveau supérieur, à ceux des hommes avec les animaux. De même qu'un animal ne peut atteindre l'individualisation que par son association avec l'homme, il semble qu'un esprit de la nature ne peut acquérir normalement une individualité permanente se réincarnant, que par un attachement d'un caractère analogue aux dévas.

Les dévas ne deviendront jamais des hommes; la plupart d'entre eux sont au delà du stade humain; mais certains ont été des hommes dans le passé.

Les corps des dévas sont plus fluidiques que ceux des hommes; ils sont capables d'expansions et contractions beaucoup plus grandes. Ils ont aussi un caractère ardent qui les distingue nettement des êtres humains. Les fluctuations dans l'aura d'un déva sont si grandes que, par exemple, on a vu l'aura de l'un d'eux passer de 100 mètres de diamètre environ à plus de trois kilomètres de diamètre.

Les couleurs de l'aura d'un déva ressemblent plus à celles d'une flamme qu'à celle d'un nuage. L'homme a l'apparence d'un nuage délicat et brillant de gaz incandescent, tandis que le déva a l'apparence d'une masse de feu.

Les dévas vivent plus que l'homme à la surface de leur propre aura. Chez l'homme, 99 pour cent de la matière de l'aura est dans le corps physique; chez le déva, le véhicule le plus bas contient une proportion beaucoup plus faible de la matière de l'aura.

Ils apparaissent généralement comme des êtres humains d'une taille gigantesque. Ils possèdent des connaissances très vastes, de grands pouvoirs, et ont un aspect splendide. Ils ont été décrits comme des créatures radiantes ou éclatantes, aux mille nuances, comme des arcs-en-ciel de couleurs extraordinairement variées et changeantes; leur maintien est impérial, leur énergie parfaitement calme, leur puissance irrésistible. Dans *Révélation* (X. I) l'un d'eux est décrit comme ayant « un arc-en-ciel au-dessus de la tête, et sa face comme le soleil, ses pieds comme des piliers de feu ». Leurs voix sont « comme le mugissement des eaux ». Ils dirigent l'ordre naturel des choses, leurs cohortes assurent la réalisation des phénomènes de la nature avec régularité et précision.

Les dévas produisent des formes-pensées comme nous-mêmes, mais les leurs sont généralement moins concrètes que les nôtres tant qu'ils n'ont pas atteint un niveau très élevé. Ils ont une grande aptitude à généraliser, et sont constamment en train de faire des projets grandioses. Ils ont un langage de couleurs qui n'est sans doute pas aussi défini que notre parler, mais qui, sur bien des points, exprime davantage.

Les Initiations préparées pour l'homme ne sont pas prises par les dévas. Leur règne et le nôtre convergent à un niveau supérieur à celui de l'Adepte.

Il existe certains moyens pour l'homme d'entrer dans l'évolution des dévas, même à notre stade ou plus bas.

L'acceptation de cette ligne d'évolution est quelquefois appelée par comparaison avec la renonciation sublime des Nirmanakayas, « le chemin de la tentation de devenir un dieu ». Mais il ne faut pas en conclure qu'une ombre s'attache à l'homme ayant fait ce choix. Le sentier qu'il préfère n'est pas le plus court, mais c'est un sentier très noble, et si son intuition développée l'y pousse, c'est certainement celui qui s'adapte le mieux à ses capacités.

Dans la Franc-Maçonnerie, le chef Déva associé avec le 1er Exp. est un Roupadéva qui emploie des esprits de la nature et l'essence élémentale de son propre niveau. Les chefs Dévas correspondant aux trois Officiers Principaux sont Aroupadévas et disposent de la conscience et des forces des plans qu'ils représentent respectivement. Le déva du 2e Surv. prend charge du premier, le déva du 1er Surv. prend charge du deuxième, le déva du Vén. prend charge du troisième.

On ne connaît pas de règle ni de limite au travail des dévas. Ils ont des activités beaucoup plus diverses que nous pourrions l'imaginer. Ils sont généralement tout disposés à décrire les choses qui les concernent aux êtres humains qui sont suffisamment développés pour les comprendre. De nombreux enseignements sont donnés de cette manière, mais actuellement bien peu d'hommes sont capables d'en profiter.

Les ordres inférieurs de dévas ont une conception très vague des choses, conception souvent inexacte en ce qui concerne les faits. C'est pourquoi, si intéressant que soit un déva ami, il n'a aucun rapport avec les faits au milieu desquels l'humanité évolue, et il faut prendre garde aux avis qu'il peut donner au sujet des activités physiques.

En général, les ordres supérieurs coopèrent sans réserve au grand Plan de l'univers. C'est pourquoi nous trouvons dans la nature un « ordre » parfait. Dans les classes inférieures de dévas, l'obéissance parfaite est instinctive et automatique plutôt que consciente. Ils font leur travail en se sentant dirigés par la Volonté Unique qui traverse toutes choses.

Dans le cas des dévas nationaux, tandis que le déva placé à la tête de chaque nation est un être d'une intelligence supérieure, qui toujours coopère avec le grand Plan, on trouve des dévas nationaux inférieurs luttant, par exemple, pour leur nation sur un champ de bataille. A mesure que leur intelligence se développe, ils coopèrent de plus en plus avec le grand Plan.

L'Esprit de la Terre, cet être obscur qui a pour corps la terre, n'appartient pas à l'ordre le plus élevé des dévas. On connaît fort peu de choses sur lui; on peut dire qu'il appartient à l'ordre des Roupadévas, puisqu'il a pour corps la terre.

Les dévas qui sont au delà du niveau de l'Adepte Asekha, c'est-à-dire le niveau de la Cinquième Initiation, vivent normalement dans ce que le sanscrit appelle le Jnanadeha, ou corps de la connaissance. La partie la plus basse de ce corps est un atome du plan nirvanique qui est pour eux ce qu'est pour nous le corps physique.

Pour la description des Dévarajas ou Régents de la Terre, l'étudiant est prié de se référer à l'ouvrage *Le Corps astral,* chapitre XX.

Dans la Franc-Maçonnerie, les quatre ornements situés aux coins du « Bord Dentelé » symbolisent les Dévarajas, les Gouvernements des éléments de la terre, de l'eau, de l'air et du feu, et les agents de la loi de karma.

Ames-groupes des animaux. — Les âmes-groupes auxquelles la majorité des animaux sont attachés se trouvent sur le plan mental inférieur. La description de ces âmes-groupes nous entraînerait trop loin; c'est pourquoi nous nous bornons à les mentionner.

Animaux individualisés. — Ils ont été décrits au chapitre XXII *in fine.*

Second Règne élémental. — Nous avons décrit au chapitre II la genèse de l'essence élémentale. Nous avons également mentionné sa présence dans le corps mental de l'homme et son utilisation dans les formes-pensées. Il reste peu de choses à dire à ce sujet.

Il y a trois Règnes Elémentals. Le premier anime la matière des sous-plans mentals supérieurs (niveau causal); le second anime la matière des quatre sous-plans inférieurs du plan mental; le troisième la matière astrale. Dans le Second Règne, la subdivision la plus élevée existe sur le quatrième sous-plan, et il y en a deux subdivisions sur chacun des trois sous-plans inférieurs, ce qui fait en tout sept subdivisions sur quatre sous-plans.

Nous avons vu au chapitre II que l'essence mentale est sur la branche descendante de la courbe de l'évolution, et que par suite elle est moins évoluée que l'essence astrale, et à plus forte raison moins évoluée que les règnes postérieurs tels que le règne minéral. Nous avons déjà insisté sur l'importance de ce fait, que l'étudiant devrait avoir toujours présent à la mémoire.

L'essence mentale est encore plus sensitive à l'action de la pensée que l'essence astrale. La merveilleuse délicatesse de réaction de l'essence mentale à l'action du mental est un des phénomènes qui s'imposent le plus à l'attention des investigateurs. La vie de l'essence mentale consiste justement en ces réactions, et ses progrès sont aidés par l'usage qu'en font les entités pensantes.

Si l'on pouvait imaginer l'essence mentale entièrement soustraite pendant un instant à l'action de la pensée, elle apparaîtrait comme une agglomération informe d'atomes infinitésimaux en mouvement, animés d'une vie extraordinairement intense, et dont les progrès sur l'arc descendant de l'évolution sont vraisemblablement très lents. Mais dès que la pensée s'en empare, stimule son activité, la moulant aux niveaux roupa en une infinité de formes admirables (et aux niveaux aroupa en courants éclatants), elle reçoit une impulsion supplémentaire qui, à force de répétitions, l'aide à poursuivre son chemin.

Car lorsqu'une pensée est dirigée des niveaux supérieurs vers les affaires terrestres, elle descend en s'incorporant la matière des plans inférieurs. En faisant cela, elle amène l'essence élémentale qui est son premier voile, en contact avec cette matière inférieure : ainsi par degrés, l'essence s'habitue à répondre aux vibrations inférieures et progresse dans son évolution descendante.

L'essence est aussi notablement affectée par la musique faite par les grands compositeurs en dévachan (voir chapitre XXII).

Il ne faut pas oublier la grande différence entre la puissance et la hauteur de la pensée sur son propre plan, et les efforts relativement faibles que nous connaissons sur le plan physique sous le nom de pensée.

La pensée ordinaire a son origine dans le corps mental et à mesure qu'elle descend s'entoure de matière astrale. L'homme qui peut utiliser son corps causal génère ses pensées à ce niveau; elles s'enveloppent d'essence mentale, et elles sont par suite beaucoup plus fines, plus pénétrantes, et de toutes manières plus efficaces.

Si la pensée est dirigée exclusivement vers des sujets supérieurs, ses vibrations peuvent être trop fines pour pouvoir trouver expression dans la matière astrale; mais quand elles affectent cette matière inférieure, elles ont un effet plus grand que celles qui sont engendrées à un niveau plus proche de la matière astrale.

Bien plus, la pensée d'un Initié prend naissance sur le plan bouddhique puis s'enveloppe de matière causale; la pensée d'un Maître prend naissance sur le plan d'Atma, disposant des pouvoirs incalculables d'une matière hors de notre perception.

HABITANTS ARTIFICIELS. — *Elémentals.* — Les élémentals mentals ont été déjà décrits; il reste peu de choses à dire à leur sujet. Le plan mental est encore plus peuplé par des élémentals artificiels que le plan astral. Ils jouent un rôle important parmi les créatures vivantes qui fonctionnent sur le plan mental. Ils sont plus brillants et plus richement colorés que des élémentals astrals; plus forts, plus durables et plus pleinement vitalisés.

Il faut noter aussi que la pensée est beaucoup plus puissante sur le plan mental que sur le plan astral, et que ses forces sont à la disposition non seulement des entités humaines, mais des dévas et de visiteurs venant d'autres plans. L'importance de ces entités artificielles est donc très grande.

Les Maîtres et les Initiés font un emploi très grand de ces élémentals mentals. Ceux qu'Ils créent ont une existence plus longue et un pouvoir plus grand que ceux que nous avons décrits dans *Le Corps astral,* chapitre XXI.

CHAPITRE XXX

La mort du corps mental

Comme nous l'avons vu, la vie en dévachan, ou monde céleste, a une durée limitée. Elle prend fin lorsque l'ego a assimilé toute l'essence des expériences faites pendant les vies physique et astrale.

Toutes les facultés mentales qui s'exprimaient à travers le corps mental, sont alors retirées vers le corps mental supérieur ou corps causal. En même temps, l'unité mentale, qui remplit une fonction analogue à celles des atomes permanents physique et astral, se retire à l'intérieur du corps causal, et y reste à l'état latent jusqu'à ce qu'elle soit rappelée à l'activité quand vient l'époque de la re-naissance.

L'unité mentale ainsi que les atomes permanents physique et astral, sont enveloppés par le tissu de vie bouddhique (voir chapitre XXXIII); ils sont conservés comme un noyau dans le corps causal; c'est tout ce qui reste à l'ego de ses corps des mondes inférieurs.

Le corps mental lui-même, le dernier des véhicules temporaires de l'homme véritable, l'ego, est abandonné comme un cadavre mental, comme l'ont été les corps physique et astral. Ses matériaux se désagrègent et font retour à la provision de matière du plan mental.

Ce livre ne se rapporte pas à la vie de l'homme sur le plan causal, mais pour qu'il n'y ait pas de discontinuité dans l'histoire de l'homme entre deux incarnations, nous allons dire quelques mots de cette vie.

Tout être humain à la fin de sa vie sur le plan mental inférieur a au moins un éclair de conscience de l'ego dans le corps causal. Les plus développés ont une période définie de vie en tant que ego sur son propre plan.

Dans cet éclair de conscience de l'ego, l'homme voit sa vie passée dans son ensemble, et cette vision lui donne une impression de succès ou d'échec dans le travail qu'il avait à accomplir.

En même temps, il voit la vie qui s'étend devant lui, avec la leçon qu'il doit y apprendre ou les progrès qu'il doit y faire.

L'ego s'éveille très lentement jusqu'à apprécier la valeur de ces visions. Mais dès qu'il les comprend, il commence évidemment à en tirer parti. Il finit par arriver à un stade où ces visions ne sont plus instantanées, où il a le temps de considérer ces questions plus en détail, et où il peut faire des projets pour sa vie future.

La vie de l'ego sur son propre plan sera traitée dans le quatrième ouvrage de cette série, dont le titre sera *Le Corps causal.*

CHAPITRE XXXI

La personnalité et l'ego

Comme nous n'avons pas encore étudié l'ego (cette étude fera l'objet du prochain volume sur *Le Corps causal*), il ne nous sera pas possible de décrire complètement les rapports entre la personnalité et l'ego. De plus, nous examinerons cette question ici surtout au point de vue de la personnalité. Dans *Le Corps causal*, nous reprendrons cet important sujet surtout au point de vue de l'ego.

La personnalité se compose des véhicules transitoires à travers lesquels l'homme véritable, le Penseur, s'exprime dans les mondes physique, astral et mental inférieur, c'est-à-dire les corps physique, astral et mental inférieur, ainsi que toutes les activités qui se rapportent à ces véhicules.

L'individualité est le Penseur lui-même, le Soi dans le corps causal. De même qu'un arbre produit des feuilles qui durent un printemps, un été et un automne, l'individualité produit des personnalités qui durent une période de vie sur les plans physique, astral et mental inférieur. De même que les feuilles absorbent, assimilent et transmettent la nourriture à la sève, véhicule de cette nourriture vers le tronc, puis tombent et périssent, chaque personnalité amasse l'expérience et la transmet à l'individualité, puis s'en sépare et meurt.

L'ego s'incarne dans une personnalité pour acquérir de la précision. L'ego sur son propre plan est magnifique, mais vague dans sa magnificence, sauf dans le cas d'un homme très avancé sur le chemin de l'évolution.

Les « principes » de l'homme sont quelquefois classifiés comme suit :

La Triade Immortelle ou Individualité :

ATMA.
BOUDDHI.
MANAS.

Le Quaternaire Périssable ou Personnalité :

KAMA.
PRANA.
DOUBLE ETHÉRIQUE.
CORPS DENSE.

Il existe une classification un peu différente :

IMMORTEL	Atma. Bouddhi. Manas supérieur.
Conditionnellement IMMORTEL	Kama-Manas.
MORTEL	Prana. Double éthérique. Corps dense.

H. P. Blavatsky utilisait la classification suivante; elle envisageait quatre divisions dans le mental :

1) Manas-taijasi, le Manas resplendissant ou illuminé qui, en réalité, est Bouddhi, ou du moins cet état de l'homme dont le Manas s'est immergé dans Bouddhi et n'a plus de volonté propre séparée.

2) Manas proprement dit, ou Manas supérieur, le mental de la pensée abstraite.

3) Antahkarana, ou le lien entre Manas supérieur et Kama-Manas pendant une incarnation.

4) Kama-Manas qui, dans cette classification, représente la personnalité.

Quelquefois, elle appelle manas le déva-ego, ou le soi divin distingué du soi personnel. Manas supérieur est divin parce qu'il a pour attribut la pensée positive ou kriyashakti, le pouvoir de créer, tout travail étant en réalité accompli par le pouvoir de la pensée. Le mot divin vient de *div,* briller, et se réfère à cette qualité divine de sa propre vie qui brille à l'intérieur de manas. Le mental inférieur est un simple réflecteur n'ayant pas de lumière propre; c'est ce à travers quoi la lumière ou le son arrivent — persona, un masque.

Chez les Védantins, ou dans l'école de Shri Shankaracharya, le terme antahkarana (voir plus loin dans le même chapitre) est employé pour désigner le mental dans un sens large, c'est-à-dire l'organe intérieur entier ou l'instrument entre le Soi le plus intime et le monde extérieur. On le divise souvent en quatre parties :

1) *Ahamkara :* Le créateur du moi.
2) *Bouddhi :* Intuition ou pure raison.
3) *Manas :* La pensée.
4) *Chitta :* Discrimination des objets.

Ce que l'occidental appelle habituellement son esprit, avec la faculté de créer des pensées concrètes et abstraites, c'est l'ensemble des deux derniers termes de la série ci-dessus; manas et chitta.

Les théosophes reconnaîtront dans la classification védantine les subdivisions qui lui sont familières : atma, bouddhi, manas et le mental inférieur.

Dans le symbolisme de la Franc-Maçonnerie, le mental inférieur et le corps mental sont représentés par le 1er Exp.

Le tableau suivant représente les principes de l'homme dans le système de la Franc-Maçonnerie :

Principes de l'homme		Officiers	Couleur des esprits de la nature et de l'essence élémentale correspondants.
Sanscrit	Français		
Atma.	Volonté.	Vén.	Rose, or, bleu, vert.
Bouddhi.	Intuition.	1er S.	Bleu électriq. dominant.
Manas supérieur	Mental supérieur.	2e S.	Or dominant.
Manas inférieur.	Mental inférieur.	1er E.	Jaune.
Kama.	Désir et émotion.	2e E.	Cramoisi.
Linga sharira.	Vitalité (double éthérique.	Couvr.	Violet-gris.
Sthula sharira.	Corps physique dense.	Tuil.	

Ainsi la Triade Supérieure ou Trinité Spirituelle, à la fois dans Dieu et dans l'homme, est représentée dans la Franc-Maçonnerie par les trois Principaux Officiers, tandis que le Soi inférieur, la personnalité ou le quaternaire, est représenté par les trois Officiers subalternes et le Couvreur.

Dans le Christianisme, nous trouvons le symbolisme suivant :

Eléments et vases	Principes de l'homme
Hostie	Monade
Patène	Atma-Bouddhi-Manas
Vin	Ego ou individualité
Calice	Corps causal
Eau	Personnalité

La prise d'une personnalité par l'ego a été comparée à la projection d'une étincelle de la Flamme de l'Esprit. La flamme allume les matériaux sur lesquels elle tombe, et il en résulte une nouvelle flamme identique dans son essence à la première, mais séparée pour permettre la manifestation. C'est pourquoi il est dit que nous pouvons allumer un millier de chandelles avec une seule flamme sans que celle-ci soit diminuée.

Le Penseur, l'individualité, est le seul élément durable; c'est l'éternel jouvenceau pour qui « l'heure ne sonne jamais », celui qui selon la Bhagavad Gitâ, revêt et rejette des corps comme un homme remplace de vieux vêtements par de nouveaux. Chaque personnalité est un nouveau rôle pour l'immortel Acteur qui revient sans cesse sur la scène de la vie humaine; mais dans le drame de la vie, chaque caractère est l'enfant du précédent et le père du suivant, de sorte que l'histoire de la vie continue.

Les éléments dont est faite la personnalité sont liés entre eux par la mémoire. Celle-ci est produite par les impressions faites sur les trois véhicules inférieurs, et aussi par l'identification du Penseur avec ses véhicules qui met en jeu la conscience personnelle du « Moi » connue sous le nom de Ahamkara qui dérive de Aham, moi, et de kara, faire. Ahamkara signifie donc le créateur du moi.

Aux stades inférieurs de l'évolution, cette conscience du « Moi » est dans les véhicules physique et astral, car la plus grande activité réside dans ces corps. Plus tard, elle passe dans le corps mental inférieur.

La personnalité avec ses sentiments, désirs, passions, pensées transitoires forme ainsi une entité quasi-indépendante; cependant elle tire constamment ses énergies du Penseur qu'elle enveloppe.

Bien plus, comme les qualifications de la personnalité, qui appartiennent aux mondes inférieurs, sont souvent en antagonisme direct avec les intérêts permanents de l'individualité ou « l'Habitant du corps », il y a conflit, et la victoire penche tantôt vers les plaisirs temporaires, tantôt vers le profit permanent.

Pour dompter la personnalité, l'obstacle à vaincre est asmita, la notion du « Je suis cela », ou ce qu'un Maître a appelé la « soi-personnalité » (self-personality). La personnalité, comme nous l'avons vu, se développe au cours de la vie et devient quelque chose de bien défini, avec des formes physique, astrale et mentale, des occupations et des habitudes bien déterminées. Et il n'y a rien à objecter à cela si nous avons affaire à un bon spécimen. Mais s'il arrive que la vie intérieure se persuade qu'elle est cette personnalité, elle se met à servir ses intérêts au lieu de l'utiliser comme un instrument de progrès spirituel. C'est par suite de cette erreur que certains hommes recherchent la grande fortune, un pouvoir sans limite, une renommée universelle, etc. La « self-personality » est le plus grand obstacle à l'emploi de la personnalité par le Soi supérieur en vue du progrès spirituel.

La vie de la personnalité commence lorsque le Penseur forme un nouveau corps mental (voir chapitre XXXII), et elle dure jusqu'à la désintégration de ce corps mental à la fin de la période passée en dévachan.

L'objectif de l'ego est de développer ses pouvoirs latents; il le fait en se mettant successivement dans différentes personnalités. Les hommes qui ne comprennent pas cela — et actuellement la majorité des hommes ne le comprennent pas — considèrent la personnalité comme le véritable Soi, et par suite, vivent pour elle seule, réglant leurs vies sur ce qui leur paraît être son avantage temporaire.

Mais l'homme qui comprend se rend compte du fait que la seule chose importante est la vie de l'ego, et que le progrès de celui-ci est l'œuvre à laquelle la personnalité temporaire doit être employée. Aussi, lorsqu'il a à prendre une décision, il ne choisit pas ce qui lui rapportera le plus grand plaisir ou le plus grand profit en tant que personnalité, mais ce qui lui fera faire les plus grands progrès en tant qu'ego. L'expérience lui enseigne bientôt que rien de ce qui n'est pas bon pour tous ne peut être réellement bon pour lui ni pour qui que ce soit. Il apprend ainsi à s'oublier lui-même et à envisager uniquement ce qui est le meilleur pour l'humanité dans son ensemble.

L'intensification de la personnalité aux dépens de l'ego est l'erreur contre laquelle l'étudiant devrait être toujours sur ses gardes. Considérons par exemple les résultats probables du plus commun des défauts, l'égoïsme. Il est à l'origine une attitude mentale, de sorte que ses résultats doivent être cherchés dans le royaume mental. Comme il est une intensification de la personnalité aux dépens de l'individualité, l'un des premiers résultats sera sans aucun doute l'accentuation de la personnalité inférieure, de sorte que l'égoïsme aura tendance à se reproduire sous une forme aggravée, et à croître. Ceci est un exemple d'application des lois générales du karma, qui montre quel obstacle fatal au progrès constitue la persistance dans le défaut de l'égoïsme. Car la punition la plus sévère infligée par la nature est toujours la privation des opportunités de progrès, de même que sa plus haute récompense est l'offre de telles opportunités.

Lorsqu'un homme s'élève à un niveau un peu supérieur à celui de l'homme ordinaire, et que sa principale activité devient mentale, il court le danger de s'identifier avec le mental. Il doit, à ce moment, s'efforcer de s'identifier avec l'ego, et de faire de l'ego le point le plus fort de sa conscience, immergeant ainsi la personnalité dans l'individualité.

L'étudiant devrait s'efforcer de comprendre que le mental n'est pas le Connaissant, mais l'instrument au moyen duquel le Connaissant acquiert la connaissance. Identifier le mental avec le Connaissant est la même chose qu'identifier le ciseau avec le sculpteur qui l'emploie. Le mental limite le Connaissant qui, à mesure que la soi-conscience se développe, se trouve arrêtée par lui de tous les côtés. De même que l'homme perd la plus grande partie de la délicatesse du toucher quand il met des gants épais, le Connaissant revêtu du mental éprouve une perte de pouvoir. La main est bien à l'intérieur du gant, mais ses capacités sont beaucoup diminuées; de même le Connaissant est bien présent dans le mental, mais ses pouvoirs sont limités dans leur expression.

Comme nous l'avons vu dans un chapitre précédent, le corps mental possède la faculté de mouler une portion de lui-même à la ressemblance de l'objet qui lui est présenté. Lorsque cette modification s'est produite, on dit que l'homme connaît l'objet. Mais en réalité, ce qu'il connaît, ce n'est pas l'objet, mais l'image de l'objet dans son propre corps mental. De plus, cette image, pour des raisons que nous avons exposées au chapitre VIII, n'est pas une reproduction exacte de l'objet; elle peut être déformée ou colorée par les caractéristiques du mental particulier dans lequel elle se forme.

Il résulte de tout cela que dans notre corps mental, nous ne connaissons pas « la chose en soi », mais seulement l'image de cette chose produite dans notre conscience. La méditation sur ces choses aidera l'étudiant à comprendre de mieux en mieux qu'il n'est pas lui-même cette personnalité que lui, l'ego, a temporairement revêtue pour cette vie terrestre.

L'existence d'un défaut dans la personnalité implique le manque de la qualité correspondante dans l'ego ou individualité. Un ego peut être imparfait, mais il ne peut pas être mauvais, et aucun mal ne peut se manifester à travers le corps causal.

On peut donner de cela une explication mécanique comme nous l'avons déjà fait. Le mal ne peut s'exprimer que dans les quatre subdivisions inférieures de la matière astrale. Son influence se reflète sur le plan mental uniquement sur les quatre subdivisions inférieures. Par suite l'ego ne peut pas en être affecté. Les seules émotions qui puissent apparaître sur les trois sous-plans astrals supérieurs sont de bonnes émotions telles que l'amour, la sympathie et la dévotion. Elles affectent l'ego dans le corps causal puisqu'il réside sur les sous-plans correspondants du monde mental.

Les conséquences d'une longue suite de mauvaises vies se manifestent dans le corps causal par une certaine incapacité à recevoir les bonnes impressions pendant une période très longue; c'est une sorte de paralysie de la matière causale, une inconscience qui résiste aux bonnes impressions contraires aux mauvaises des vies précédentes.

Les caractéristiques développées par l'ego ne peuvent donc être que de bonnes qualités. Quand elles sont bien définies, elles se montrent dans chacune de ses nombreuses personnalités, et par suite ces personnalités ne peuvent pas être affligées des vices opposés.

Mais lorsqu'il manque à l'ego une qualité, rien dans la personnalité ne peut empêcher la croissance du vice opposé, et comme beaucoup d'autres personnalités autour de l'homme possèdent ce vice, et que l'homme est un animal imitateur, il est très probable que ce vice va rapidement se manifester en lui. Le vice, cependant, appartient aux véhicules de la personnalité, et non à l'homme intérieur. Dans ces véhicules, la répétition du vice peut mettre en jeu une habitude difficile à surmonter, mais si l'ego se met résolument à créer en lui-même la vertu opposée, alors le vice est coupé à la racine, et ne peut plus exister, ni dans cette vie ni dans une autre. Autrement dit, le principe à appliquer dans la pratique de la vie est le suivant : pour se débarrasser d'un défaut de telle sorte qu'il ne puisse plus réapparaître, il faut remplir le vide créé dans l'ego par le manque de la qualité opposée. De nombreuses écoles modernes de psychologie et d'éducation recommandent cette méthode plutôt que celle qui consiste à s'attaquer plus directement au défaut. « Raffermissons-nous par des affirmations continuelles » disait Emerson.

La personnalité est un simple fragment de l'ego, celui-ci projetant une portion infime de lui-même dans les corps mental, astral et physique. Ce minuscule fragment de conscience peut être vu par les clairvoyants. Certains le voient comme « l'homme d'or de la taille d'un pouce » qui habite dans le cœur. D'autres le voient comme une étoile de lumière brillante.

Cette Etoile de Conscience peut être dans l'un quelconque des sept chakras du corps. Le choix de ce chakra dépend du type ou « rayon » de l'homme et aussi, semble-t-il, de sa race et de sa sous-race. Ainsi les hommes de la cinquième sous-race de la cinquième Race-mère ont presque toujours cette conscience dans le cerveau, dans le chakra voisin du corps pituitaire. D'autres hommes appartenant à des races différentes ont cette conscience dans le cœur, la gorge ou le plexus solaire.

L'Etoile de Conscience est le représentant de l'ego sur les plans inférieurs. C'est en réalité ce que nous connaissons sous le nom de personnalité. Mais bien que, comme nous l'avons vu, cette personnalité fasse partie de l'ego, que sa vie et son pouvoir soient ceux de l'ego, elle oublie souvent ces faits et arrive à se considérer comme une entité séparée et à travailler pour ses propres fins. Dans le cas des personnes ordinaires qui n'ont jamais étudié ces choses, la personnalité est l'homme, et l'ego ne se manifeste que rarement et partiellement.

Il existe toujours une liaison entre la personnalité et l'ego, c'est antahkarana. La plupart des gens ne font aucun effort pour utiliser cette liaison. A ses premiers stades, l'évolution consiste à ouvrir ce chemin de sorte que l'ego puisse s'en servir de plus en plus pour finalement arriver à dominer la personnalité. Lorsque cela est accompli, la personnalité ne possède plus de pensée ni de volonté séparée, elle est simplement l'expression de l'ego sur les plans inférieurs.

La maîtrise de l'ego sur ses véhicules inférieurs est seulement partielle; l'antahkarana peut être considéré comme le bras qui réunit la petite portion éveillée de l'ego à la main qui tient les véhicules inférieurs. Quand la jonction est parfaite, ce bras cesse d'exister.

En sanscrit, antahkarana signifie l'organe ou l'instrument intérieur, et sa destruction implique que l'ego n'a plus besoin d'instrument mais agit directement sur la personnalité. L'antahkarana qui est le lien entre le soi supérieur et le soi inférieur disparaît quand une seule volonté commande aux deux.

Toutefois, il ne faut pas oublier que l'ego, appartenant à un plan supérieur, ne peut jamais s'exprimer complètement sur les plans inférieurs. Le mieux qui puisse arriver, c'est que la personnalité ne contienne rien qui ne soit voulu par l'ego; alors il exprimera tout ce qu'il est possible d'exprimer sur les plans inférieurs.

Un homme sans aucun développement n'a pratiquement aucune communication avec l'ego; l'Initié a une communication parfaite (1). Entre ces deux extrêmes, il y a des hommes à tous les stades de développement.

Il faut aussi noter que l'ego est lui-même en voie de développement, et que les egos de nos semblables sont

(1) Il semble bien qu'à chaque « pas » sur le sentier occulte l'Initiation confère la possibilité de parfaite communication avec l'ego plutôt que cette communication elle-même. L'Initié doit par ses propres efforts transformer cette possibilité en réalité.

à des stades très différents de développement. Dans tous les cas, un ego est de toutes façons quelque chose de beaucoup plus grand qu'une personnalité, si belle soit-elle.

Bien que l'ego lui-même ne soit qu'un fragment de la Monade, il est complet en tant que ego dans son corps causal, même quand ses pouvoirs ne sont pas développés, tandis que dans la personnalité, il n'y a qu'une touche de la vie de l'ego.

Il est évidemment de la plus grande importance pour l'étudiant sérieux de faire tout ce qui est en son pouvoir pour mettre et conserver en activité la liaison entre la personnalité et l'ego. Pour cela, il doit « faire attention » dans la vie, car l'attention accordée à la vie signifie la descente de l'ego pour regarder à travers ses véhicules. Bien des gens ont un corps mental fin et un bon cerveau, mais ils n'en usent guère parce qu'ils n'accordent pas assez d'attention à la vie. C'est ainsi que l'ego ne fait descendre qu'une infime partie de lui-même sur les plans inférieurs, et que les véhicules sont abandonnés à leur propre fantaisie.

Le remède est le suivant : il faut accorder à l'ego les conditions qu'il désire; alors il descendra et profitera de l'occasion qui lui sera offerte. Ainsi, s'il désire développer l'affection, la personnalité doit lui fournir l'opportunité de développer l'affection dans la plus large mesure sur les plans inférieurs. S'il désire la sagesse, la personnalité doit s'efforcer par l'étude de devenir elle-même sage sur le plan physique.

Il faut prendre la peine de chercher ce que l'ego désire; quand cette recherche aura abouti et que les conditions désirées lui seront fournies, il appréciera l'effort et sera heureux d'y répondre. La personnalité n'aura pas de raison de se plaindre de la réponse de l'ego. Autrement dit, si la personnalité s'occupe de l'ego, l'ego s'occupera de la personnalité.

L'ego lance une personnalité dans les mondes inférieurs comme le pêcheur jette un filet. Il ne s'attend pas à ce que chaque coup de filet soit fructueux, et il n'est pas profondément déçu si un coup de filet ne rapporte rien. S'occuper d'une personnalité n'est qu'une partie de ses activités, et il peut très bien se consoler par des succès suivant d'autres lignes d'activité. D'ailleurs, l'échec représente la perte d'un jour et il peut espérer faire mieux un autre jour.

Souvent la personnalité aimerait que l'ego lui accorde davantage d'attention; elle peut être sûre qu'elle la recevra dès qu'elle servira l'ego, dès que celui-ci jugera que cela en vaut la peine.

Dans l'Eglise chrétienne, le sacrement de Confirmation a pour but d'élargir et de fortifier le lien entre l'ego et la personnalité. Après l'élargissement préliminaire de ce canal, la puissance divine s'écoule à travers l'ego de l'évêque dans le manas supérieur du candidat. Au signe de la croix, elle s'élève dans le principe bouddhique, puis de là dans l'atma ou Esprit. L'effet produit sur atma se reflète dans le double éthérique, celui produit sur bouddhi se reflète dans le corps astral, et enfin l'effet produit sur manas supérieur se reflète dans le mental inférieur. Ces effets ne sont pas simplement temporaires; il y a formation d'un canal élargi à travers lequel un courant constant peut être maintenu. Le but est comme nous l'avons dit, de faciliter à l'ego l'action sur et à travers ses véhicules.

Regardés d'en bas, les différents véhicules de l'homme donnent l'impression d'être les uns au-dessus des autres; mais ils ne sont pas réellement séparés dans l'espace. Ils donnent aussi l'impression d'être réunis par d'innombrables lignes de feu très fines. Chaque action dirigée contre l'évolution amène le trouble dans ces lignes en les tordant et les emmêlant. Quand un homme se conduit mal, de quelque façon que ce soit, la liaison entre les véhicules est empêchée en grande partie; il cesse d'être le véritable soi, et le côté inférieur de son caractère est seul capable de se manifester pleinement.

L'Eglise chrétienne fournit un moyen d'aider l'homme

à retrouver rapidement l'équilibre. Un des pouvoirs spécialement conférés au prêtre au moment de l'ordination est celui de renforcer la communication avec la matière supérieure. Là est la réalité de l'absolution, la coopération de l'homme ayant été obtenue au préalable par la confession.

La rupture de la liaison entre l'ego et ses véhicules a pour conséquence la folie. Si nous nous représentons chaque particule du cerveau reliée à la partie astrale correspondante par un petit canal, chaque particule astrale reliée à la particule mentale correspondante de la même manière, et de même chaque particule mentale à la particule causale, tant que ces canaux sont parfaitement alignés, il y a communication excellente entre l'ego et le cerveau. Mais si l'un de ces groupes de canaux est courbé ou bouché, la communication se trouve partiellement ou totalement interrompue.

Du point de vue occulte, les fous peuvent être rangés en quatre catégories principales comme suit :

1) Ceux qui ont un défaut du cerveau physique. Le cerveau peut être trop petit, blessé, comprimé ou ramolli.

2) Ceux dont le défaut réside dans le cerveau éthérique, de sorte que les particules éthériques ne correspondent pas avec les particules physiques denses.

3) Ceux dont le corps astral est anormal, les canaux n'étant pas alignés avec les particules éthériques et mentales.

4) Ceux dont le corps mental est en désordre.

Les classes 1 et 2 sont parfaitement sains d'esprit quand ils sont en dehors du corps physique pendant le sommeil ou après la mort.

La classe 3 ne recouvre la santé que dans le monde céleste.

La classe 4 n'est guérie que dans le corps causal, de sorte que pour ses membres l'incarnation tout entière est un échec. Plus de 90 % de fous appartiennent aux classes 1 et 2.

L'obsession est produite par l'expulsion de l'ego par quelque autre entité. Seul un ego qui a une maîtrise très faible sur ses véhicules est susceptible de se laisser faire.

Bien que la maîtrise de l'ego sur ses véhicules soit plus faible pendant l'enfance, les adultes sont plus sujets à l'obsession que les enfants parce qu'ils ont plus souvent en eux les caractéristiques qui attirent les entités indésirables et rendent l'obsession possible. La meilleure manière d'empêcher l'obsession est l'emploi de la volonté. Si le véritable possesseur du corps veut se donner la peine de faire agir son pouvoir de volonté avec confiance, l'obsession est impossible.

Lorsqu'il y a obsession, c'est presque toujours parce que la victime s'est tout d'abord soumise à l'influence envahissante, et la première chose à faire est, par suite, de cesser cette soumission et de reprendre le gouvernement de son corps.

Les rapports entre la personnalité et l'ego sont si importants qu'on nous pardonnera sans doute quelques répétitions. L'étude des véhicules intérieurs de l'homme doit au moins nous aider à comprendre que l'homme véritable est l'aspect supérieur, et non l'agrégat de matière physique qui occupe la partie centrale, bien que les hommes aient tendance à y attacher une importance exagérée. Il se peut que nous ne puissions voir la trinité divine au dedans de nous-mêmes, mais nous pouvons au moins nous faire une idée du corps causal. C'est ainsi que nous nous rapprocherons autant que possible de la conception de l'homme véritable que nous pouvons acquérir grâce à la vue du plan mental supérieur.

Si nous regardons l'homme du niveau mental inférieur, nous ne pouvons en voir que ce qui peut être exprimé dans son corps mental; au niveau astral, un voile de plus gêne notre vision, et sur le plan physique un autre voile est en plus devant nos yeux, de sorte que l'homme véritable est plus caché que jamais.

Cette connaissance doit nous amener à nous faire de nos semblables une opinion meilleure, puisque nous comprenons qu'ils sont en réalité très supérieurs à ce qu'ils paraissent à notre œil physique. Au fond de chaque homme se trouvent toujours les plus hautes possibilités, et souvent un appel à la nature supérieure l'éveille de son sommeil et elle se manifeste alors de sorte que tous peuvènt la voir.

Ayant ainsi étudié l'homme tel qu'il est, il devient plus facile de percer le voile de matière physique dense et d'imaginer la réalité qui se cache derrière. Derrière chaque homme se trouve la nature divine; une fois ce principe compris, nous devons être capables de rectifier notre attitude de telle sorte que nous puissions aider les autres hommes mieux qu'auparavant.

Nous avons vu dans le chapitre sur la Contemplation que la conscience de l'ego pouvait être atteinte en maintenant le mental dans une attitude d'attention sans que celle-ci soit dirigée sur quoi que ce soit, et le mental inférieur étant silencieux afin que la conscience du mental supérieur puisse être expérimentée. Par ce moyen, les idées de l'ego éclatent dans le mental intérieur avec une lumière éblouissante; telles sont les inspirations du génie. « Contemple dans toute manifestation de génie, lorsqu'elle est combinée avec la vertu, la présence indéniable du céleste exilé, l'ego divin dont tu es le geôlier, ô homme de matière. »

Le génie est ainsi la maîtrise momentanée du cerveau par la conscience plus large de l'ego qui lui est l'homme véritable. C'est la descente de cette conscience plus large dans un organisme capable de vibrer en réponse à ses impulsions. Les éclairs de génie sont la voix de l'Esprit vivant dans l'homme; ils sont la voix du Dieu intérieur parlant dans le corps de l'homme.

Les phénomènes désignés par le terme « conscience » semblent être de deux sortes : tout d'abord, ce mot est utilisé pour désigner la voix de l'ego; dans d'autres cas, il signifie volonté dans le domaine moral. Lorsqu'il s'agit de la voix de l'ego, il faut reconnaître qu'elle n'est pas toujours infaillible, car il peut arriver que l'ego décide de problèmes qui ne lui sont pas familiers et au sujet desquels il manque d'expérience.

La forme de conscience qui vient de la volonté ne nous dit pas ce qu'il faut faire, mais nous commande de suivre la ligne de conduite que nous savons être la meilleure lorsque le mental essaye d'inventer quelque excuse pour faire autrement.

Mais la volonté qui est indubitablement une qualité de l'ego ne doit pas être confondue avec les désirs de la personnalité dans les véhicules inférieurs. Le désir est l'énergie du Penseur dirigée vers l'extérieur, sa direction étant déterminée par l'attraction des objets extérieurs. La volonté est l'énergie du Penseur dirigée vers l'extérieur, sa direction étant déterminée par des conclusions que la raison tire d'expériences passées, ou par l'intuition directe du Penseur lui-même. Autrement dit, le désir est guidé de l'extérieur, et la volonté est guidée de l'intérieur.

Dans les premiers stades de l'évolution, le désir a la souveraineté totale et il mène l'homme complètement : l'homme est gouverné par son corps astral. Aux stades intermédiaires, il y a continuellement conflit entre le désir et la volonté; l'homme lutte contre Kamas-Manas. Dans les derniers stades, le désir meurt et la volonté gouverne sans opposition : l'ego est le maître.

En résumé, nous pouvons dire que la voix de l'ego ou du soi supérieur lorsqu'elle parle : 1) de Atma, est la véritable conscience; 2) de Bouddhi, est la connaissance intuitive du vrai et du faux; 3) de Manas supérieur, est l'inspiration. Quand l'inspiration devient suffisamment continue, c'est le génie.

Comme nous l'avons mentionné brièvement au chapitre VI, le génie qui provient de l'ego, voit au lieu d'argumenter; la véritable intuition est une de ses facultés, de même que le raisonnement est une faculté du mental inférieur. L'intuition est la vision intérieure : on peut la décrire comme étant l'exercice des yeux de l'intelligence, la reconnaissance infaillible d'une vérité présentée sur le plan mental. Elle voit en toute certitude, mais il n'est pas possible d'obtenir des preuves raisonnées de cette certitude, car elle est au delà et au-dessus du raisonnement. Mais avant que la voix de l'ego parlant à travers l'intuition puisse être reconnue avec certitude, un entraînement personnel sérieux et prolongé est nécessaire.

Toutefois, le mot intuition est employé quelquefois avec un sens un peu différent : ainsi, il a été dit que l'acquisition d'une intuition sûre dans la vie journalière signifie l'ouverture d'un canal direct entre les corps bouddhique et astral.

Incidemment, nous pouvons mentionner qu'elle travaille plutôt par le centre ou chakra du cœur que par le mental. La consécration d'un évêque se rapporte spécialement à ce centre et à la stimulation de l'intuition.

Nous distinguons ainsi deux modes distincts de transmission de « l'intuition » de la conscience supérieure à la conscience inférieure. L'une va du mental supérieur au mental inférieur; l'autre va du corps bouddhique au corps astral.

L'intuition du corps causal a été décrite comme connaissant l'extérieur, celle du corps bouddhique comme connaissant l'intérieur. Avec l'intuition bouddhique, on voit les choses de « l'intérieur »; avec l'intuition intellectuelle, on les voit « de l'extérieur » seulement.

De ces deux facultés, la plus facile à atteindre dépend du mode d'individualisation. Ceux qui se sont individualisés par une compréhension profonde recevront leur intuition comme une conviction qui ne nécessite aucun raisonnement pour être établie, bien qu'elle puisse avoir été comprise par raisonnement dans une vie passée ou en dehors du corps physique sur le plan mental inférieur.

Ceux qui ont atteint l'individualisation dans un accès de dévotion recevront leur intuition du corps bouddhique au corps astral.

Dans les deux cas, la condition nécessaire à la réception de l'intuition est l'équilibre des véhicules inférieurs.

Cela n'est pas en contradiction avec le fait que souvent l'instabilité psychologique est associée au génie (« le génie confine à la folie »). Lombroso et d'autres ont même dit que la plupart des saints étaient des névropathes.

Très souvent le saint et le visionnaire ont des cerveaux surmenés, de sorte que le mécanisme physique est dérangé et instable.

Bien plus, quelquefois l'instabilité est une condition de l'inspiration. Comme l'a dit le Professeur William James : « S'il existe une chose telle que l'inspiration d'un monde supérieur, il se peut que les tempéraments nerveux fournissent les meilleures conditions de réceptivité ». (*Varieties of Religious Experience,* p. 19.) Il est possible qu'un génie ait un cerveau instable pour la raison suivante : la conscience supérieure peut être en train de travailler à améliorer son mécanisme; le cerveau est ainsi constamment soumis à une grande tension et dans certaines circonstances, cette tension peut causer un accident. Mais, si ces génies sont considérés ainsi comme des êtres anormaux, ils n'en sont pas moins admirables, car ils sont en tête de l'évolution humaine. Il s'agit dans leur cas d'une instabilité de croissance, et non d'une maladie.

Dans l'Eglise chrétienne, une tentative de stimulation du centre du cœur est faite au moment de la lecture de l'Evangile, lorsque le signe de la croix est fait avec le pouce au-dessus du centre du cœur, et aussi au-dessus des centres entre les sourcils et de la gorge. Cet emploi du pouce correspond à une passe de mesmérisme, et semble être fait lorsque l'on a besoin d'un courant de force petit mais puissant, comme pour ouvrir les centres.

Le cœur est dans le corps le centre de la triade supérieure, atma-bouddhi-manas. La tête est le siège de l'homme psycho-intellectuel dont les diverses fonctions sont localisées en sept endroits parmi lesquels le corps pituitaire et la glande pinéale.

L'homme qui peut transférer sa conscience du cerveau au cœur doit être capable d'unir kama-manas au manas supérieur à travers le manas inférieur qui, lorsqu'il est pur, constitue l'antahkarana; il est alors en mesure de saisir quelques-unes des incitations de la triade supérieure.

Dans les méthodes indiennes de Yoga, des précautions sont prises pour prévenir les dangers d'hystérie chez ceux qui viennent en contact avec les plans supérieurs, et l'on insiste tout particulièrement sur la nécessité de la discipline et de la purification du corps, de l'entraînement et de la maîtrise du mental.

L'ego transmet souvent des idées à la conscience inférieure sous forme de symboles; chaque ego a son propre système de symboles; toutefois, certaines formes semblent être générales dans les rêves. Ainsi, par exemple, on dit que rêver d'eau signifie avoir des ennuis. Il se peut qu'il n'y ait aucun rapport entre l'eau et les ennuis, mais si l'ego sait que la personnalité a cette croyance au sujet de l'eau, il choisira naturellement ce symbole pour prévenir la personnalité de quelque malheur imminent.

Dans certains cas, l'ego peut se manifester lui-même d'une manière très curieuse. Ainsi, le Docteur Annie Besant dit que pendant une conférence, lorsqu'elle prononce une phrase, elle voit généralement la phrase suivante matérialisée dans l'air devant elle, sous trois formes différentes parmi lesquelles elle choisit consciemment celle qui lui paraît la meilleure. Ceci semble bien être le travail de l'ego, bien qu'il soit difficile de comprendre pourquoi il choisit ce genre de communication au lieu d'imprimer directement ses idées sur le cerveau physique.

Les rapports entre l'ego et la personnalité sont décrits dans *La Voix du silence :* « Sois persévérant comme quelqu'un qui vit éternellement. Tes ombres (c'est-à-dire personnalités) vivent et s'évanouissent; ce qui est en toi vivra toujours, ce qui est en toi *connaît*, car la connaissance n'est pas de cette vie fuyante; c'est l'homme qui a été et qui sera, pour qui l'heure ne sonnera jamais ».

Une belle description de l'ego est donnée par H. P. Blavatsky dans *La Clef de la Théosophie :* « Essayez d'imaginer un Esprit, un être céleste, peu importe le nom que nous lui donnons, divin dans sa nature essentielle, mais cependant pas assez pur pour être un avec le TOUT, et ayant pour réaliser cette unité à purifier sa nature jusqu'à ce qu'il atteigne finalement le but. Il ne peut y arriver qu'en passant *individuellement* et *personnellement*, c'est-à-dire spirituellement et physiquement à travers toutes les expériences et sensations qui existent dans la multiplicité de l'univers différencié. C'est pour cela qu'après avoir acquis de l'expérience dans les règnes inférieurs et après avoir gravi un à un les degrés de l'échelle des êtres, il doit passer par toutes les expériences des plans humains. Dans son essence même il est Pensée, c'est pourquoi il est appelé dans sa pluralité « Manasapoutra », les Fils du Mental (universel). Cette « Pensée » individualisée est ce que nous, théosophes, appelons le véritable Ego humain, l'entité pensante emprisonnée dans une enveloppe de chair et d'os. Il s'agit certainement d'une entité spirituelle, et non de matière (matière comme nous la connaissons dans l'univers objectif), et de telles entités sont les Egos qui se réincarnent et qui animent le faisceau de matière animale appelée humanité; leurs noms sont Manasa ou mentals ».

Le « rayon » de manas inférieur cherche toujours à retourner à sa source, le manas supérieur. Mais tant que la dualité persiste, c'est-à-dire jusqu'à ce que la conscience ait été élevée au niveau causal, « unifiant le soi inférieur au soi supérieur », il y a une aspiration continuelle qui est ressentie par les natures les plus nobles et les plus pures comme l'un des faits les plus saillants de la vie intérieure. C'est cette aspiration qui vit dans la prière, dans l'inspiration, dans « la recherche de Dieu », et dans le désir d'union avec le divin. « Mon âme est assoiffée de Dieu, du Dieu vivant », soupire le chrétien ardent.

L'occultiste reconnaît dans ce cri l'impulsion toute puissante du soi inférieur vers le Soi Supérieur, dont il est séparé, mais dont il sent fortement l'attraction. Que l'homme adresse ses prières au Bouddha, à Vishnou, au Christ, à la Vierge, au Père, peu importe, ces distinctions sont des distinctions de dialectes, et non de faits. Dans toute prière, l'objectif réel est le Manas Supérieur uni à Bouddhi et à Atma, quel que soit le voile jeté sur cet objectif par l'époque ou par la race. C'est l'humanité idéale, le « Dieu personnel », « l'Homme-Dieu » qui se trouve dans toutes les religions; c'est le « Dieu incarné ». le « Verbe fait chair », le Christ qui doit « naître » dans tous, avec lequel le croyant doit devenir un.

Plus techniquement, le « Dieu » individualisé dans chaque homme, son Père dans le Ciel, c'est la monade, et ce que l'ego est à la monade, la personnalité l'est à l'ego.

Toutefois, un avertissement est peut-être utile ici. Dans le passé, il a été fait usage des expressions « diriger ses regards vers le soi supérieur » et « écouter les incitations du soi supérieur »; et il a toujours été suggéré que le soi supérieur devait accorder davantage d'attention à la pauvre personnalité qui lutte pour lui sur les plans inférieurs. Graduellement l'étudiant comprendra que la personnalité visible sur les plans inférieurs n'est qu'une toute petite partie de l'homme véritable, et que le soi supérieur, lui, est l'homme. Car il n'y a qu'une seule conscience, l'inférieure étant une représentation imparfaite de la supérieure, mais n'en étant pas séparée. Alors, au lieu de penser à « nous élever » jusqu'à ce que nous nous unissions au soi supérieur glorifié, nous comprendrons que le soi supérieur est le véritable soi, et qu'unir les sois supérieur et inférieur signifie en réalité ouvrir l'inférieur de sorte que le supérieur puisse agir plus librement et plus complètement à travers lui et en lui.

L'homme doit donc s'efforcer d'acquérir la certitude, à un tel point que le doute soit impossible, certitude d'être lui-même l'esprit ou soi supérieur; il doit développer la confiance en ses propres pouvoirs en tant qu'ego, et le courage d'employer ces pouvoirs librement. Au lieu de considérer son état de conscience habituel comme naturel et normal, et d'aspirer vers l'ego, être supérieur à atteindre par l'effort continuel, il doit apprendre à envisager son état de conscience habituel comme anormal et antinaturel, et d'autre part la vie de l'esprit comme sa vraie vie dont il se tient séparé par un effort continu.

Dans le langage de la forme, lorsque les véhicules inférieurs sont en harmonie avec l'ego, ils prennent la ressemblance de l'Augoeïdes (voir chapitre XXVII). Ils changent alors très peu d'une vie à l'autre.

De même, lorsque l'ego devient un reflet parfait de la monade, il change peu, tout en continuant à croître.

Ceux qui veulent délibérément entreprendre la tâche d'amener la conscience supérieure dans le cerveau, peuvent le faire par un entraînement sérieux du mental inférieur et du caractère, par l'effort soutenu et bien dirigé. L'habitude de penser avec calme, d'une manière soutenue sur des sujets non mondains, l'habitude de la méditation, de l'étude, développe le corps mental et en fait un meilleur instrument. L'effort pour cultiver la pensée abstraite est aussi utile, car il élève le mental inférieur vers le supérieur, et attire dans le corps mental les matériaux les plus subtils des quatre niveaux inférieurs du plan mental.

Le diagramme de la page ci-contre est une tentative pour donner une idée des rapports entre l'ego et les véhicules inférieurs. Des pouvoirs, facultés et connaissances de l'ego sur son propre plan, seulement une petite fraction peut être transmise au corps mental; il en pénètre encore moins dans le corps astral, et enfin une infime

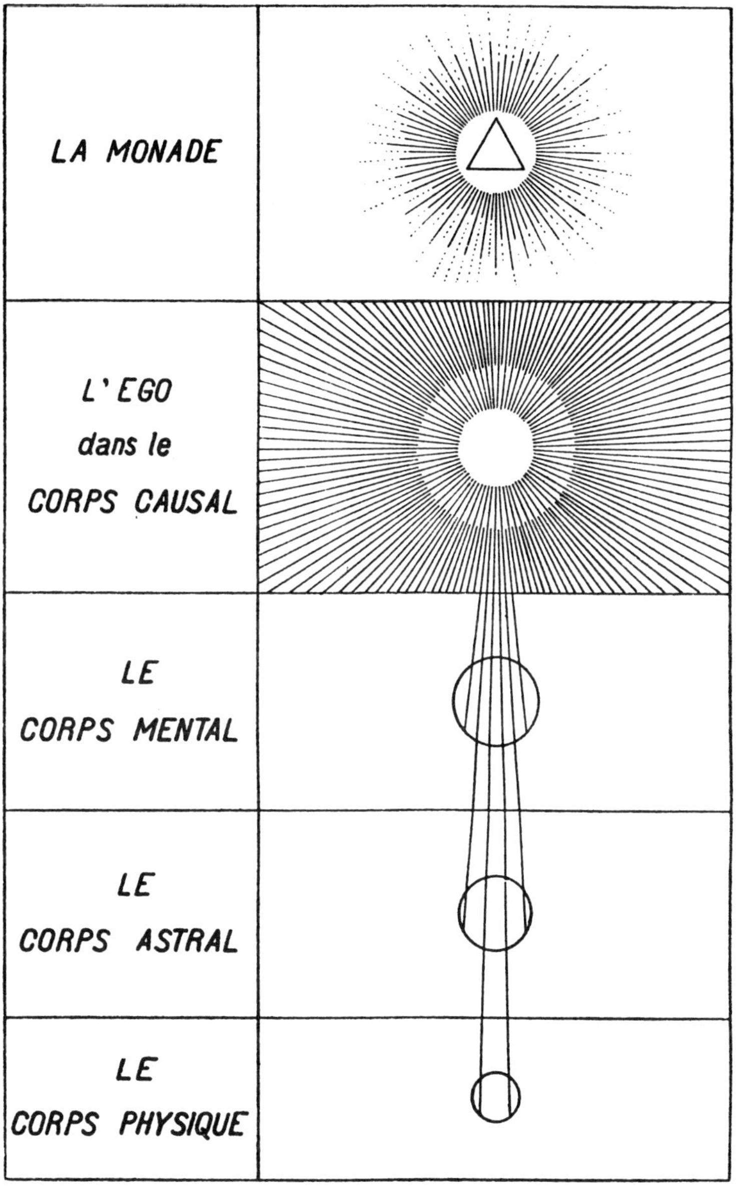
LA MONADE
L'EGO
dans le
CORPS CAUSAL
LE
CORPS MENTAL
LE
CORPS ASTRAL
LE
CORPS PHYSIQUE

partie atteint la conscience dans le corps physique. L'un des buts de l'homme doit être, comme nous l'avons vu, d'élargir et fortifier tellement le lien entre l'ego et ses corps inférieurs, que les pouvoirs de l'ego puissent s'exprimer de plus en plus dans les véhicules inférieurs de la personnalité.

Au-dessus et au delà de l'ego se trouve la Monade, dont les rapports avec l'ego ressemblent à ceux de l'ego avec la personnalité.

CHAPITRE XXXII

Re-naissance

Nous reprenons maintenant l'histoire de l'ego et de ses véhicules au point où, la période de vie sur le plan mental supérieur étant terminée, il est temps de préparer une nouvelle incarnation.

Lorsque l'ego se retire dans le corps causal, il prend avec lui-même ses atomes permanents physique et astral, ainsi que l'unité ou molécule mentale permanente. Ces particules de matière, une seule pour chacun des trois plans inférieurs, restent avec l'ego à travers toutes ses incarnations humaines. Pendant qu'elles sont retirées dans le corps causal, elles sont au repos, ou du moins à l'état latent.

Lorsque l'époque de la réincarnation arrive, l'ego dirige son attention vers l'extérieur; un frémissement de vie émanant de lui-même éveille l'unité mentale, et le tissu de vie commence à s'ouvrir; ce tissu de vie se compose de matière bouddhique; il a une apparence brillante, dorée; sa finesse, sa délicatesse et sa beauté sont merveilleuses; il est formé d'un seul cordon qui est le prolongement du Soutratma. Une description plus complète sortirait des limites de ce volume; l'auteur espère pouvoir la donner dans un prochain ouvrage.

L'unité mentale reprend donc son activité parce que l'ego cherche à s'exprimer une fois de plus sur le plan mental, dans la mesure où la plasticicté de sa matière le permet.

L'unité mentale se comporte alors comme un aimant: elle attire autour d'elle de la matière et de l'essence élémentale mentales dont les pouvoirs vibratoires ressemblent aux siens, ce qui leur permettra d'exprimer ses qualités mentales latentes. Ce phénomène est, dans une certaine mesure, automatique, bien que les dévas du Second Règne Elémental y participent en amenant les matériaux convenables à la portée de l'unité mentale.

Tout d'abord la matière ne constitue qu'un nuage informe et inorganisé autour de l'unité mentale; ce n'est pas encore un corps mental, mais seulement un ensemble de matériaux qui serviront à construire le nouveau corps mental.

Les qualités ne sont pas encore en activité. Il n'y a là que des germes de qualités, et, pour le moment, leur seule influence est de se ménager un champ de manifestation en rassemblant des matériaux susceptibles de les exprimer, dans le véhicule mental de l'enfant.

Les germes ou semences provenant du passé, sont appelés par les Bouddhistes Skandhas. Ce sont des qualités matérielles, sensations, idées abstraites, tendances d'esprit, facultés mentales. Comme nous l'avons vu au cours de notre étude, le plus pur arome de ces germes est passé en dévachan avec l'ego; tout ce qui était grossier, bas et mauvais est resté en sommeil. Tout cela est repris par l'ego lorsqu'il retourne vers la vie terrestre, et est incorporé au nouvel « homme de chair » que l'homme véritable va habiter.

Les expériences du passé n'existent pas dans le nouveau corps mental sous forme d'images; elles sont mortes en tant qu'images mentales il y a longtemps, lorsque le vieux corps mental est mort; leur essence seule, leurs effets sur les facultés subsistent.

Le même phénomène se reproduit lorsque l'ego tourne son attention vers l'atome permanent astral et y introduit sa volonté. Ainsi l'unité mentale et l'atome astral permanents attirent à eux des matériaux capables de produire des corps mental et astral exactement du même type que ceux de l'homme à la fin de ses dernières vies mentale et astrale. Autrement dit, l'homme reprend sa vie dans les mondes mental et astral exactement là où il l'avait laissée.

Les corps mental et astral de l'homme au début de sa nouvelle période de vie, étant les résultats directs du passé, forment une partie importante de son Prarabda, ou karma venu à maturité.

La matière mentale est tout d'abord distribuée uniformément dans l'ovoïde. C'est seulement lorsque sa petite forme physique vient à exister que les matières mentale et astrale sont attirées par elle. Alors elles commencent à se mouler sur sa forme, puis croissent d'une manière continue avec elle. En même temps, la matière mentale et la matière astrale sont mises en activité, et l'émotion et la pensée font leur apparition.

Plus la matière du corps mental est grossière, plus intime est l'association avec la matière astrale, et plus fort est l'élément Kama-Manas. (Voir chapitre VI.)

Un jeune enfant n'a pas un corps mental ni un corps astral proprement dits; mais il a autour de lui de la matière qui servira à construire ces corps.

Il possède des tendances de toutes sortes, les unes bonnes, les autres mauvaises. Que ces germes se développent ou non, cela dépend des influences qu'il subira pendant ses premières années. Chaque germe bon ou mauvais peut être facilement éveillé à l'activité, ou bien dépérir faute de stimulation.

S'il est stimulé, il devient dans la vie de l'homme un facteur plus puissant que dans la vie passée; s'il dépérit, il finit par mourir et cesse d'apparaître dans la série des incarnations.

Pendant les premières années, l'ego a peu d'action sur ses véhicules, c'est pourquoi il attend de ses parents une aide pour acquérir plus d'emprise sur ses véhicules, grâce aux conditions favorables qu'ils peuvent lui fournir. C'est là que réside la grosse responsabilité des parents.

La plasticité des véhicules informes de l'enfant est extrême. Le corps physique de l'enfant est déjà très plastique et facilement impressionnable, mais ses corps astral et mental le sont beaucoup plus. Ils frémissent en réponse à toute vibration qui les atteint, et ils sont énormément réceptifs à toutes les influences bonnes ou mauvaises qui émanent de ceux qui les entourent. Mais comme dans le cas du corps physique, les corps astral et mental perdent rapidement leur souplesse; ils acquièrent des habitudes définies qui, une fois solidement établies, ne peuvent être changées qu'au prix de difficultés très grandes.

L'avenir de l'enfant est donc aux mains des parents dans la plus large mesure, bien plus que se l'imaginent les meilleurs des parents.

Si nous pouvons nous imaginer nos amis avec toutes leurs bonnes qualités énormément intensifiées, et tous les traits de caractère indésirables détruits, nous avons l'image des résultats que peuvent produire des parents capables de comprendre et de faire tout leur devoir vis-à-vis de leurs enfants.

Cette extraordinaire sensibilité à l'influence de son entourage commence pour l'enfant dès que l'ego descend sur l'embryon, longtemps avant la naissance; elle continue, dans un grand nombre de cas, jusqu'à la période de maturité environ.

Le corps mental, ou plutôt les matériaux dont il sera fait, sont incorporés aux véhicules inférieurs pendant la vie prénatale; la liaison devient de plus en plus intime jusqu'à l'âge de sept ans environ, où les véhicules inférieurs sont en relation avec l'ego autant que le stade de l'évolution le permet. Alors, si l'ego est suffisamment avancé, il commence doucement à gouverner ses véhicules : ce que nous appelons la conscience commence à faire entendre sa voix.

Pendant la vie prénatale, l'ego se tient au-dessus de la mère qui construit son corps futur, mais l'ego ne peut guère affecter l'embryon; il a sur lui une très faible action par l'intermédiaire de l'atome physique permanent; de même l'embryon ne peut pas lui répondre, et par suite, il ne partage pas les pensées et émotions de l'ego exprimées dans son corps causal.

Les Hindous avaient diverses cérémonies destinées à entourer d'influences pures à la fois la mère et l'enfant avant et après la naissance. Ils créaient des conditions spéciales qui écartaient les influences inférieures et attiraient les supérieures. Ces cérémonies avaient une très grande utilité.

Les germes de mal qui sont apportés par l'enfant dans ses atomes permanents sont quelquefois appelés « le péché originel », mais il est inexact de rattacher cela à la légende d'Adam et Eve. Dans l'Eglise chrétienne, le sacrement du baptême est essentiellement destiné à aider à réduire au minimum les effets de ces germes de mal.

Dans ce but, on emploie de l'eau magnétisée, ou « bénite »; le prêtre peut ainsi mettre fortement en vibration la matière éthérique du corps de l'enfant, stimuler le corps pituitaire, et, à travers lui, affecter le corps astral, puis le corps mental. La force mise en jeu monte et descend jusqu'à ce qu'elle s'équilibre.

« L'exorcisme » accompli par le prêtre a pour but de fixer les germes du mal dans leur état actuel et d'éviter qu'ils soient nourris, de sorte qu'ils s'atrophient et meurent.

De plus, dans l'Eglise catholique libérale au moins, le prêtre faisant le signe de la croix sur tout le corps de l'enfant, devant et derrière, construit une forme-pensée ou élémental artificiel (ce qui a donné naissance à l'idée de l'ange gardien baptismal), rempli de force divine, et qui est ainsi animé par une espèce supérieure d'esprit de la nature appelé sylphe. La forme-pensée est une sorte de bouclier de lumière blanche devant et derrière l'enfant. Eventuellement par association avec cette forme-pensée qui est imprégnée de la vie et de la pensée du Christ Lui-même, le sylphe peut s'individualiser et devenir un Séraphin.

Même si l'enfant meurt presque immédiatement, le baptême peut lui être utile de l'autre côté de la mort. Car les germes de mal pourraient être stimulés dans le monde astral, et la forme-pensée empêche cette stimulation.

Par le baptême, non seulement les centres ou chakras sont ouverts à l'influence spirituelle, mais les germes de mal sont diminués dans une certaine mesure, et l'enfant est muni de ce qui constitue pratiquement un ange gardien, une puissante influence pour le bien.

De plus, le signe de la croix fait sur le front de l'enfant avec l'huile consacrée, est visible dans le double éthérique pendant toute la vie de l'homme; c'est le signe du Chrétien, de même que le tilaka ou marque de la caste, est, chez les Hindous, le signe de Shiva ou le trident de Vishnou.

L'aura d'un enfant est souvent d'une très grande beauté, pure et brillante, sans aucun nuage de sensualité, avarice ou égoïsme qui ternissent si souvent l'aura de l'adulte. Le changement de l'aura de l'enfant à mesure qu'il vieillit, est très dramatique, à cause du développement des tendances mauvaises par les influences environnantes, tandis que les bonnes tendances sont négligées. Celui qui a vu cela cesse de s'étonner de l'extraordinaire lenteur de l'évolution humaine, et de la petitesse des progrès réalisés par nombre d'egos au cours d'une seule vie dans le monde inférieur.

Le remède à ce triste état de choses réside dans l'éducation des parents et des professeurs dont le caractère personnel et les habitudes ont un si grand effet sur le développement de l'enfant. Nous pensons qu'il n'est pas nécessaire d'insister davantage sur l'importance des pensées et émotions des parents et maîtres sur les enfants dont ils ont la charge. Ce sujet a été traité en détail dans l'ouvrage de Monseigneur Leadbeater : *Le Côté caché des choses,* volume II.

Dans la civilisation Atlantéenne, l'importance de la fonction d'éducateur était si bien reconnue que pour la remplir il fallait être un clairvoyant entraîné capable de voir toutes les qualités et facultés latentes de ceux dont il avait la charge. Alors il pouvait agir intelligemment sur chacun et développer le bien en détruisant le mal.

Dans l'avenir éloigné de la Sixième Race-Racine, ce principe sera appliqué encore plus complètement.

Quelles que soient les précautions prises par les parents, il est pratiquement inévitable que l'enfant rencontre un jour de mauvaises influences dans le monde, d'où il résultera une certaine stimulation des mauvaises tendances. Mais les conséquences ne sont pas les mêmes si les bonnes tendances ont été stimulées les premières ou si, au contraire, les mauvaises l'ont été avant. Dans nombre de cas, le mal est éveillé à l'activité avant que l'ego ait la main sur ses véhicules, de sorte que quand il veut les saisir, il a à lutter contre de fortes prédispositions au mal. Quand les germes de bien sont éveillés tardivement, ils ont à lutter contre les tendances mauvaises déjà solidement établies.

Au contraire, si les parents, par des soins extrêmement attentifs avant la naissance, et plusieurs années après, ont pu assurer la stimulation des tendances bonnes seulement; alors, quand l'ego prend le commandement, il lui est facile de s'exprimer à l'aide des bonnes habitudes établies. Si une excitation mauvaise se produit à ce moment, elle s'oppose à une puissante impulsion dans la direction du bien, et c'est en vain qu'elle lutte contre cette impulsion.

L'ego a tout d'abord peu d'action sur ses véhicules, à moins d'être exceptionnellement avancé; mais il importe de se rappeler que sa volonté est toujours dirigée vers le bien, car il désire évoluer lui-même au moyen de ses véhicules, et les pouvoirs qu'il met en jeu sont toujours du bon côté.

Pendant la vie de l'embryon et celle de l'enfant, l'ego continue sa vie plus large et plus riche, et, comme nous l'avons dit, vient progressivement en contact avec l'embryon.

Nous pouvons noter ici que les rapports de la monade avec l'univers dans lequel sa conscience évolue, sont analogues à ceux de l'ego avec son nouveau corps physique.

Comme le corps mental est tout neuf, il ne peut pas contenir la mémoire des vies passées auxquelles il n'a eu aucune part. Cette mémoire appartient à l'ego dans le corps causal, qui, avec les atomes permanents, est seul à persister d'une incarnation à l'autre. L'homme qui fonctionne dans le monde physique ne peut donc pas se souvenir de ses vies passées tant qu'il n'a pas d'autre moyen à sa disposition que son corps mental.

Dans le développement du corps humain, la période de gestation correspond à la branche descendante de l'évolution des règnes élémentals. De la naissance à l'âge de sept ans environ, la plupart des éducateurs admettent que la nature physique de l'enfant demande le plus d'attention. De sept à quatorze ans, le développement de ses émotions est la chose importante. De quatorze à vingt et un ans, l'instructeur devrait s'appliquer spécialement à développer les facultés mentales.

Ces trois derniers stades peuvent être considérés comme correspondant dans une certaine mesure aux règnes minéral, végétal et animal. Dans le premier, la conscience est sur le plan physique; dans le second, elle est sur le plan émotionnel; dans le troisième, le mental inférieur gagne progressivement du terrain et conduit au stade où l'homme devient le véritable penseur. La longue période du milieu de la vie est la véritable carrière de l'homme. L'époque de la vieillesse devrait amener la sagesse; celle-ci est très imparfaite chez la plupart des gens, elle n'est qu'une ombre des sommets surhumains qui seront atteints dans l'avenir.

Il est utile de mentionner ici une curieuse éventualité qui peut se produire dans des cas très rares lorsqu'un homme re-naît. Au chapitre VI, nous avons vu comment après une vie totalement dégradée, la nature inférieure est violemment séparée de la nature supérieure, l'incarnation étant un échec complet pour l'ego.

Dans ces conditions, l'ego est si dégoûté de ses véhicules qu'à la mort du corps physique il rejette aussi les autres véhicules; en fait, il peut même abandonner le corps pendant la vie physique.

Après la mort, un tel ego sans corps astral et sans corps mental se réincarne rapidement. Les vieux corps mental et astral peuvent très bien n'être pas encore désagrégés; ils sont alors attirés par les nouveaux corps mental et astral et constituent la plus terrible forme de ce qui est connu sous le nom de « gardien du seuil ».

CHAPITRE XXXIII

Les disciples

La maîtrise, l'entraînement et le développement du corps mental (aussi bien évidemment que du corps astral) forment une partie importante du travail de celui qui a pour but de devenir un élève, ou chéla, d'un Maître, et, ensuite, un Initié de la Grande Fraternité Blanche.

Le tableau suivant indique les quatre « Qualifications » bien connues pour le Sentier conduisant à l'Initiation. Il est clair que dans chacune d'elles se trouve un élément mental.

LES QUALIFICATIONS POUR LE SENTIER

Nos	SANSCRIT	FRANÇAIS
1	Viveka.	La discrimination entre le réel et l'irréel; aussi appelée l'ouverture des portes du mental
2	Vairagya,	L'indifférence à l'irréel, au transitoire et aux fruits de l'action; le détachement.
3	Shatsampatti.	Les six attributs mentals;
	a) Shama.	Maîtrise de la pensée;
	b) Dama.	Maîtrise de soi dans l'action;
	c) Uparati.	Tolérance.
	d) Titiksha.	Endurance.
	e) Shraddha.	Foi.
	f) Samadhana.	Equilibre.
4	Mumuksha.	Le désir de la libération.

Des volumes ont été écrits sur les Qualifications. La place dont nous disposons ne nous permet qu'une très brève description. On n'attend pas de l'aspirant que ces qualités soient poussées à la perfection, mais il faut qu'il les possède toutes au moins partiellement pour que l'Initiation soit possible.

Viveka. — L'aspirant doit apprendre que la vie intérieure, la vie de l'ego ou pour l'ego, est la vie réelle. Il doit apprendre, comme Monseigneur Leadbeater l'a dit, que « le nombre des choses qui importent réellement est restreint; la plupart des choses n'ont aucune espèce d'importance ». Cela ne veut pas dire, bien entendu, que les devoirs et les responsabilités terrestres que nous avons assumés, puissent ou doivent être négligés; au contraire, l'occultiste doit s'en acquitter avec plus de soin que toute autre personne. C'est l'esprit dans lequel ces devoirs sont remplis qui importe; discerner le devoir de son aspect est une chose importante, mais l'aspect ne l'est pas.

Cette « ouverture des portes du mental » ou « conversion », est ce dont il est question dans la Bible : « Placez vos affections dans les choses supérieures, et non dans les choses de la terre... car les choses visibles sont temporelles, mais les choses invisibles sont éternelles ».

La discrimination est stimulée par le changement rapide des circonstances au milieu desquelles le disciple est généralement jeté, cela dans le but de le pénétrer de l'instabilité des choses extérieures. La vie d'un disciple est généralement une vie orageuse, pour que le développement des qualités soit stimulé et ces qualités rapidement portées à la perfection.

Vairagya. — Quand on reconnaît que les choses extérieures sont instables et qu'elles ne peuvent donner satisfaction, il en résulte naturellement l'indifférence pour ces choses. L'aspirant devient indifférent aux choses qui vont et viennent, et il fixe de plus en plus son attention sur la réalité immuable qui est toujours présente.

Shama. — La nécessité du contrôle de la pensée a été indiquée avec insistance tout le long de ce volume.

L'élève doit mettre en ordre le chaos de ses émotions et de ses pensées; il faut qu'il élimine la foule des petits intérêts, et contrôle les pensées errantes. Tant qu'il vit dans le monde, la difficulté de cette entreprise est multipliée par la pression incessante des ondes de pensée et d'émotion qui viennent le troubler et ne lui laissent aucun repos, ni aucune opportunité de rassembler ses forces pour faire un effort réel.

La pratique journalière de la concentration et de la méditation est une méthode qui réussit à beaucoup de gens. L'aspirant doit travailler avec une grande énergie et avec beaucoup de persévérance pour imposer au mental rebelle l'ordre et la discipline. Car il sait que la grosse augmentation du pouvoir de la pensée qui accompagnera son développement rapide peut être un danger pour les autres et pour lui-même si cette force n'est pas complètement maîtrisée. Il vaudrait encore mieux donner à un enfant de la dynamite en guise de jouet que de placer le pouvoir créateur de la pensée entre les mains de l'égoïste et de l'ambitieux.

Dama. — A la maîtrise de soi quant au mental, il faut ajouter la maîtrise de soi dans l'action. De même que le mental obéit à l'âme, il faut que la nature inférieure obéisse au mental. La négligence dans la partie inférieure de l'activité humaine doit être éliminée.

Uparati. — La tolérance, vertu sublime et dont les conséquences sont immenses, signifie l'acceptation tranquille de chaque homme, de chaque forme d'existence, tels qu'ils sont, sans désirer qu'ils soient autrement, sans demander qu'ils soient un peu plus conformes à nos préférences personnelles. Le respect de l'individualité des autres est un des traits de caractère du disciple.

Titiksha. — L'endurance signifie l'attitude mentale de celui qui supporte tout avec bonne humeur, et ne se plaint jamais, marchant droit devant lui, sans jamais se détourner de sa direction. L'aspirant sait que tout ce qui lui arrive est une conséquence de la Loi, et que la

Loi est bonne. Il doit comprendre que s'il paye en un petit nombre de vies les obligations karmiques accumulées dans le passé, les paiements doivent être lourds.

Shraddha. — Les luttes même au milieu desquelles l'aspirant est plongé, développent en lui la foi dans son Maître, et une confiance en lui-même forte et sereine que rien ne peut ébranler.

Samadhana. — L'équilibre croît dans une certaine mesure sans effort conscient pendant la lutte pour les cinq premières qualifications. L'âme se détache peu à peu des liens qui l'enchaînent au monde des sens. De ces choses « se détourne l'abstinent habitant du corps » et elles perdent le pouvoir de détruire son équilibre. L'équilibre au milieu des difficultés mentales est aussi nécessaire; cet équilibre est enseigné par les changements rapides mentionnés plus haut, à travers lesquels la vie de l'aspirant est guidée par les soins de son Maître.

Mumuksha. — Le désir profond et intense de la libération, l'aspiration de l'âme vers l'union avec le Divin, résultent de l'acquisition des autres qualifications. Cette qualité ajoute la dernière touche qui prépare l'aspirant à devenir disciple. Lorsque cette aspiration s'est fermement affirmée, l'âme qui l'a ressentie ne peut plus jamais se désaltérer aux fontaines terrestres.

L'homme qui a suffisamment développé cette qualité est prêt pour l'Initiation; il est un Adhikari, prêt à « entrer dans le courant » qui le sépare à jamais des intérêts de la vie terrestre, sauf en ce que ces intérêts lui permettent de servir son Maître et d'aider à l'évolution de l'humanité.

Cette soif des choses de l'Esprit est représentée dans la Franc-Maçonnerie par l'attitude intérieure du candidat qui « sollicite humblement l'admission aux mystères et aux privilèges de l'Ancienne Franc-Maçonnerie ». Dans cette attitude, comme le savent les Francs-Maçons, la chose importante est le désir intérieur du candidat lui-même. Nul ne peut fouler le sentier occulte à l'instigation d'un autre.

Dans le système Bouddhique, les noms donnés aux étapes sont quelque peu différents, bien que les qualifications soient les mêmes en réalité. Voici la nomenclature en langue Pali :

1. *Manodvaravajjana :* L'ouverture des portes du mental, ou peut-être l'évasion par les portes du mental. C'est l'acquisition de la conviction de la précarité et de la non-importance des buts simplement terrestres.

2. *Parikamma :* La préparation à l'action. Faire le bien pour l'amour du bien, avec une parfaite indifférence vis-à-vis des fruits de l'action.

3. *Upacharo :* L'attention, ou la bonne conduite.

a) *Samo :* La quiétude mentale qui résulte de la maîtrise des pensées.

b) *Damo :* La subjugation; la maîtrise des paroles et des actes.

c) *Uparati :* La cessation de la bigoterie ou croyance dans la nécessité des cérémonies. D'où l'indépendance de pensée et la tolérance.

d) *Titikkha :* L'endurance et la patience; celui qui possède cette qualité ne se plaint jamais de son sort.

e) *Samadhana :* L'unité de but (one-pointedness) qui comporte la certitude de ne pas être détourné du chemin par les tentations.

f) *Saddha :* La foi. La confiance de son Maître et en soi-même.

4. *Anuloma :* L'ordre direct ou la succession directe, ce qui signifie que cette qualité résulte naturellement des trois autres; c'est le désir intense de libération.

5. *Gotrabhu :* Etat de celui qui est prêt pour l'Initiation.

Il est clair que ces Qualifications font nécessairement partie de la conscience de l'ego. Car si l'on peut observer la vie du point de vue de l'ego, on la voit sans déformation, telle qu'elle est, c'est-à-dire avec la qualité de discernement. De plus, la conscience de l'ego étant détachée des corps inférieurs, l'absence de désir en résulte inévitablement. En poussant le raisonnement plus loin, nous voyons que la conduite de l'homme devenant celle de l'ego, au lieu d'être celle des corps, il en résulte nécessairement shatsampatti, ou la bonne conduite. Comme le monde de l'ego est celui de l'unité, de l'amour dans son sens le plus large, la conscience de l'ego implique l'amour, ce mot étant quelquefois employé pour désigner d'un point de vue un peu différent, la dernière des quatre qualités, Mumuksha, le désir de libération.

Lorsqu'un homme semble être suffisamment près de la possession des qualifications nécessaires, un Maître peut le prendre « en probation ». Cela signifie que cet homme va rester pendant une certaine période en observation. Pendant la durée de la probation, l'élève n'est pas en communication directe avec le Maître. Il est peu probable qu'il voie ou entende quoi que ce soit de Lui. D'autre part, en général, aucune difficulté spéciale n'est placée sur son chemin. Il est tout simplement l'objet d'une surveillance attentive de son attitude en face des événements ordinaires de la vie.

Pour la commodité de l'observation, le Maître fait ce que l'on appelle une « image vivante » de l'élève probationnaire, c'est-à-dire une reproduction exacte des corps éthérique, astral, mental et causal de l'homme. Cette image est placée dans un endroit où Il peut la voir facilement, et Il la met en rapport magnétique avec l'homme lui-même, de sorte que tous les changements de pensée ou d'émotion dans les propres véhicules de l'homme sont fidèlement reproduits par l'image.

Ces images sont examinées chaque jour par le Maître qui dispose, par ce moyen, le plus facilement du monde, d'une source de renseignements complète et absolument fidèle au sujet des pensées et des sentiments de Son futur élève. Cet examen Lui permet de décider quand il est temps de mettre l'élève en relations plus étroites avec Lui, ou « d'accepter » l'élève.

Cela se fait généralement sans cérémonie. Le Maître donne quelques avis , dit au nouvel élève accepté ce qu'il attend de lui, et souvent, à Sa manière charmante, Il trouve quelque raison de féliciter l'élève du travail qu'il a déjà accompli.

L'image vivante ne reflète pas seulement les défauts ou les troubles, elle reflète la totalité de la conscience de l'élève. Il faut noter à ce sujet que l'élève doit réaliser en lui-même le bien d'une manière active, et non pas passivement, ce qui ne suffirait pas à lui assurer des progrès rapides.

Si un élève en probation fait quelque chose d'exceptionnellement bien, le Maître lui accorde un peu plus d'attention, et Il peut même lui envoyer un encouragement sous une forme ou sous une autre, ou encore placer sur son chemin un travail particulier pour voir comment il s'en acquitte. Mais, d'une manière générale, Il laisse ce soin à un élève plus avancé.

Ainsi, les rapports entre le Maître et l'élève en probation sont limités à l'observation de l'élève par le Maître, et éventuellement à l'utilisation de l'élève à un travail déterminé. Les Adeptes n'ont pas l'habitude d'employer des tests spéciaux ou sensationnels; l'élève suit le cours de sa vie ordinaire, et l'image vivante fournit suffisamment d'indications sur son caractère et sur ses progrès.

La durée moyenne de la probation est, dit-on, de sept ans; mais elle peut être beaucoup plus grande, ou, au contraire, beaucoup plus petite. On connaît un cas où elle dura trente ans, et un autre où elle dura seulement quelques semaines.

Sur le sentier de probation, la conscience la plus élevée de l'homme travaille sur le plan mental supérieur.

Lorsqu'un élève est accepté, il fait partie de la conscience de son Maître à tel point que tout ce qu'il voit et entend est porté à la connaissance du Maître. Cela ne veut pas dire que le Maître voie ou entende au même moment que l'élève; cette coïncidence arrive souvent, mais pas toujours; dans tous les cas, ce qui a été vu ou entendu par l'élève fait partie de la mémoire du Maître tout comme cela fait partie de celle de l'élève, et le Maître peut se le rappeler à tout instant choisi par Lui. Tout ce que l'élève ressent ou pense fait ainsi partie des corps astral et mental de son Maître.

Le Maître fond l'aura de l'élève dans la Sienne propre, de sorte que Ses forces peuvent agir constamment à travers l'élève, sans attention spéciale de Sa part.

Il ne faut pas croire que l'élève soit un simple canal inconscient; au contraire, il doit être un coopérateur intelligent.

Si, par malheur, il arrive que l'élève entretienne quelque pensée indigne du Maître, dès qu'Il s'en aperçoit, Celui-ci élève une barrière destinée à arrêter la vibration indésirable. Cela distrait évidemment Son attention du travail en cours, et nécessite une certaine dépense d'énergie.

L'union de l'élève avec le Maître, qui commence à l'Acceptation, est permanente, de sorte que les véhicules supérieurs de l'élève vibrent toujours d'accord avec ceux du Maître. Sans cesse l'influence des véhicules du Maître améliore la qualité de ceux de l'élève, de sorte qu'il devient de plus en plus semblable au Maître. A chaque instant, la pensée de l'élève est occupée par la pensée de son Maître et par Son influence, de telle manière qu'en s'ouvrant à celle-ci il se ferme, dans une certaine mesure, aux influences inférieures.

On n'attend pas de l'élève qu'il ne pense jamais à autre chose qu'à son Maître. Mais on attend de lui qu'il maintienne la forme du Maître constamment à l'arrière-plan de son mental, toujours à portée s'il en a besoin dans les vicissitudes de la vie.

La relaxation et le changement des pensées sont nécessaires à la bonne santé mentale, mais il ne faut évidemment pas que l'élève se permette, même pendant un instant, une pensée dont il aurait honte devant son Maître.

Le phénomène de l'accord des véhicules de l'élève sur ceux du Maître est progressif et lent : il s'agit de modeler un être vivant, et c'est la lente croissance intérieure qui adapte la forme à l'influence extérieure, de même qu'un jardinier dirige avec patience la pousse des branches d'un arbre.

Bien que le Maître influence simultanément des milliers de gens, et qu'il fasse encore un autre travail supérieur, l'effet produit sur Son élève est le même que s'Il lui accordait toute Son attention et ne pensait à rien d'autre, car l'attention qu'Il est capable de donner à un homme parmi des centaines d'autres, est plus grande que la nôtre lorsque nous nous concentrons entièrement sur un seul objet. Le Maître laisse souvent à un de Ses élèves les plus avancés le soin d'harmoniser les véhicules inférieurs, mais, malgré cela, Il envoie toujours directement un flux d'énergie aux véhicules de l'élève. C'est de cette manière qu'Il est le plus utile à Ses élèves, sans que ceux-ci en aient nécessairement conscience.

L'élève accepté devient donc une sorte d'avant-poste de la conscience du Maître, de sorte que tout ce qui est fait en présence de l'élève, est fait en présence du Maître. Le Maître peut être inconscient de ces événements au moment où ils se produisent, mais il font quand même partie de Sa mémoire, comme nous l'avons dit plus haut. Les expériences de l'élève font donc partie de Ses propres connaissances.

Même les choses purement physiques, comme un léger bruit dont l'élève a conscience, font aussi partie de la conscience du Maître. Un élève sage s'efforce, pour cette raison, d'éviter toute espèce de choc, et c'est pourquoi il est généralement tout à fait tranquille et agréable à fréquenter.

Un élève est toujours relié à son Maître par un courant de pensée et d'influence qui s'exprime sur le plan mental comme un grand rayon ou courant de lumière éclatante de toutes les couleurs, principalement violet, or et bleu.

Lorsque l'élève dirige une pensée de dévotion vers son

Maître, il en résulte une intensification soudaine de cette lumière et un flux distinct d'influence spirituelle allant du Maître à l'élève. L'explication de ce phénomène est la suivante : la puissance du Maître rayonne constamment dans toutes les directions, comme la lumière du soleil; la pensée de l'élève vivifie sa connexion avec le Maître et produit un canal plus large par où le grand océan d'amour du Maître trouve à s'épancher.

La liaison entre le Maître et l'élève est si intime que celui-ci peut à chaque instant (comme nous l'avons dit au chapitre XI) savoir ce que le Maître pense sur un sujet donné, et cela est très utile pour le préserver de l'erreur. Mais l'élève ne doit pas abuser de ce privilège. Il faut que cela reste un moyen de référence ultime dans les cas de grande difficulté, car il serait mauvais que l'élève s'épargne par ce moyen la peine de penser, ou de décider des choses ordinaires pour lesquelles il est parfaitement compétent.

D'une manière analogue, à un niveau supérieur, l'Initié peut comparer sa pensée à celle de la Grande Fraternité, et attirer à lui les fragments de cette immense conscience auxquels il est capable de répondre. De même encore, l'Initié doit s'efforcer de ne pas introduire de discordance dans cette puissante conscience qui est parfaitement une.

Nous pouvons répéter ici ce que nous avons dit au chapitre XI, à savoir que le Maître peut à tout instant transmettre une pensée à travers l'élève soit sous forme de suggestion, soit sous forme de message, par exemple lorsque l'élève écrit une lettre ou fait une conférence. Dans les débuts, l'élève est généralement inconscient de ces choses, mais il apprend très vite à discerner la pensée de son Maître. Il est, d'ailleurs, très utile qu'il apprenne rapidement à la reconnaître, car il y a de nombreuses entités sur les plans astral et mental qui sont capables de faire des suggestions analogues, et il est bon que l'élève sache les distinguer.

L'emploi du corps d'un élève par son Maître est une

chose toute différente des phénomènes ordinaires produits par un médium. Le mécanisme du travail du médium a été expliqué tout au long dans *Le Double éthérique* et dans *Le Corps astral*, ainsi que les inconvénients de ce genre de travail. L'emploi du corps d'un élève par son Maître ne présente, au contraire, aucune espèce d'inconvénient.

L'influence d'un Maître est si puissante qu'elle peut se faire sentir dans toutes circonstances : par exemple, une personne sensitive peut très bien être consciente de Sa présence, voir Ses traits, et entendre Sa voix au lieu de la présence, des traits et de la voix de l'élève. Il ne s'agit probablement pas là d'un simple phénomène physique comme cela arrive pour un médium.

Dans les rapports entre Maître et élève, il n'y a aucune espèce de contrainte, et l'individualité de l'élève n'est pas submergée par le flux de puissance du Maître. Au contraire, l'influence du Maître, loin d'être une force hypnotique d'origine extérieure, est une merveilleuse illumination d'origine intérieure; elle est irrésistible parce que l'élève sent qu'elle est parfaitement d'accord avec ses aspirations les plus élevées et qu'elle constitue en réalité la révélation de sa propre nature spirituelle. Le Maître étant Lui-même dans la plus large mesure un canal de la Vie Divine, ce qui vient de Lui éveille la semence de la Divinité chez l'élève. Ce phénomène ressemble un peu à celui de l'induction électrique. C'est à cause de l'identité de la nature intérieure chez le Maître et l'élève, que le Maître stimule les qualités les plus élevées chez l'élève. L'amour du Maître pour un disciple peut être comparé au rayonnement du soleil qui ouvre le bouton du lotus à l'air matinal; on peut dire qu'un sourire du Maître provoque chez l'élève une effusion d'affection telle qu'il lui faudrait autrement pour en arriver là des mois de méditation sur la vertu de l'amour.

De ce qui précède, il résulte clairement que tout désordre dans les véhicules inférieurs de l'élève affecte aussi ceux du Maître. Lorsqu'un désordre se produit, le

Maître tend un voile qui Le sépare de l'élève, pour éviter toute gêne dans Son propre travail. Un tel accident ne dure généralement pas plus de quarante-huit heures, mais dans des cas très rares, il peut durer des années, ou même pendant le reste de l'incarnation.

En général, les personnes ordinaires dirigent leurs forces elles-mêmes, et deviennent ainsi une masse discordante de forces concentrées sur elles-mêmes. Celui qui veut devenir un élève accepté, doit apprendre à concentrer son attention et sa force sur les autres, et à répandre de bonnes pensées et des souhaits secourables sur ses semblables.

Ainsi, le disciple, et même l'aspirant disciple est instruit à mettre tous ses pouvoirs au service du monde. Ce sont les nécessités du travail en cours qui déterminent la transmission des connaissances de la conscience supérieure à la conscience inférieure. Il est nécessaire que le disciple ait l'usage de ses véhicules sur les plans supérieurs, mais le transfert de la connaissance du travail accompli sur ces plans, au corps physique, n'a généralement aucune espèce d'importance. Lorsque la conscience supérieure contraint le corps physique à vibrer en accord avec elle, il en résulte une grande fatigue du corps physique, au stade actuel de l'évolution; et à moins que les circonstances soient particulièrement favorables, cette fatigue peut être cause de désordres nerveux et d'une exaspération de la sensibilité. C'est pourquoi la plupart de ceux dont les véhicules supérieurs sont développés, et dont le travail principal est effectué en dehors du corps physique, se tiennent à l'écart des agglomérations humaines pour préserver leurs corps sensitifs du tumulte et de la brutalité de la vie ordinaire.

De plus, dès que l'élève manifeste des signes de facultés psychiques, des instructions lui sont données sur la limitation de leur emploi.

Cette restriction est telle que les facultés ne doivent pas être employées 1) à satisfaire la simple curiosité; 2) à satisfaire des buts égoïstes; 3) à exhiber des phénomènes occultes. Autrement dit, les considérations qui gouvernent les actions de l'homme sage sur le plan physique s'appliquent également aux plans astral et mental. L'élève ne doit en aucune circonstance profiter de ses nouveaux pouvoirs pour acquérir une supériorité dans le monde, ni pour obtenir un gain, quel qu'il soit. Il ne doit pas non plus donner ce que l'on appelle un « test » dans les cercles spirites, c'est-à-dire une preuve indiscutable de puissance anormale.

Une douce radiation provenant du Maître traverse continuellement l'élève, même si celui-ci n'en est pas conscient. A certains moments, l'élève peut sentir un énorme accroissement du flux de force qui le traverse, sans qu'il connaisse la direction de ce flux. Avec un peu d'attention, il peut apprendre à percevoir cette direction, puis à suivre le flux jusqu'aux personnes qui sont affectées par lui. Toutefois, l'élève ne peut pas le diriger; il est un simple canal. Plus tard, le Maître peut charger l'élève de rechercher les gens à qui il y a lieu de donner une partie de cette force. A mesure que les capacités de l'élève augmentent, le Maître place entre ses mains des travaux de plus en plus importants, ce qui L'aide de plus en plus, bien que toujours dans une très faible mesure. Eventuellement, l'élève peut être chargé de transmettre un message particulier à une certaine personne.

Il est possible d'obtenir un contact constant avec le Maître d'une autre manière. De même que les images de certaines personnes faites par un homme en dévachan sont remplies de vie par les egos des personnes en question, le Maître remplit de Sa présence réelle la forme-pensée produite par Son élève. Une véritable inspiration, et quelquefois des instructions peuvent être données par ce moyen. Un exemple de ce fait nous est fourni par un Yogi Hindou de la Résidence de Madras qui disait être l'élève du Maître Morya. Il avait rencontré son Maître physiquement, et il affirmait ne pas l'avoir perdu après cette rencontre, car Il lui apparaissait fréquemment et lui donnait des instructions à travers un centre situé en lui-même.

Il y a encore un troisième stade d'union plus intime lorsque l'élève devient « fils » du Maître. Non seulement le mental inférieur, mais encore l'ego dans le corps causal est englobé dans celui du Maître; alors, Celui-ci ne peut plus se séparer de l'élève par un voile, même pour un instant.

Un élève accepté a le droit, et même le devoir, de bénir au nom du Maître, et une merveilleuse effusion de la puissance du Maître résulte de ses efforts dans ce sens. Le Fils du Maître peut donner la sensation de la présence intime du Maître. Celui qui est Fils du Maître est, ou sera bientôt membre de la Grande Fraternité; et cela confère le pouvoir de donner la bénédiction au nom de la Fraternité.

Dans les Grands Mystères célébrés principalement à Eleusis, les initiés étaient appelés « epoptai », c'est-à-dire « ceux dont les yeux sont ouverts ». Leur emblème était la toison d'or de Jason, symbole du corps mental. On montrait à l'élève les effets dans le monde céleste d'une certaine ligne de vie, de l'étude et de l'aspiration sur la terre; on lui enseignait aussi l'histoire entière de l'évolution du monde et de l'homme, sous son aspect le plus profond.

De plus, l'élève recevait, outre les enseignements sur les caractéristiques du plan mental, des instructions sur le développement du corps mental en tant que véhicule.

Les Francs-Maçons seront sans doute intéressés par le fait qu'un épi de blé était montré à l'aspirant comme le symbole du suprême mystère à Eleusis; il y a là probablement un rapport avec le fait qu'un sac de blé est souvent ouvert sur le fauteuil du 1er Surv. dans une Loge Maçonnique.

Lorsqu'un homme est initié, les influences auxquelles il s'ouvre sur les plans supérieurs affluent dans toutes les parties de son être et les traversent pour se répandre à l'extérieur. L'effet produit sur les solides, liquides et gaz du plan physique est assez faible, mais de nombreuses radiations émanent de son double éthérique et de ses corps astral et mental; ces radiations sont senties par tous les règnes de la nature, ainsi que par les hommes qui sont en état d'y répondre. Une très grande expansion et un très grand développement du corps mental ont lieu à l'époque de la Seconde Initiation, mais les effets sur le cerveau physique ne se font sentir en général que quelques années plus tard. Le cerveau ne peut pas être accordé immédiatement sur les autres véhicules, car cet accord demande des efforts importants.

La période qui suit la Seconde Initiation est de beaucoup la plus dangereuse sur le Sentier, le danger provenant dans presque tous les cas de l'orgueil. Lorsqu'un homme a la vision de ce que sera son intellect dans le futur, il doit se garder avec soin de toute trace d'orgueil, d'égoïsme et de préjugés.

Ce tournant dangereux dans la vie de l'Initié est indiqué dans l'Evangile par la tentation dans le désert, qui suit le baptême du Christ par Jean. Les quarante jours passés dans le désert symbolisent la période durant laquelle l'expansion du corps mental communique au cerveau les qualités correspondantes; mais pour les candidats ordinaires, la durée de cette période serait plus près de quarante ans que de quarante jours.

La faculté « productrice du Moi », ou Ahamkara (voir chapitre XXXI) que l'on désigne généralement sous le nom de mana, ou orgueil, est la dernière entrave de séparativité que l'Arhat rejette avant de prendre la Cinquième Initiation qui fait de lui un Maître, ou Asekha. Car l'orgueil est la manifestation la plus subtile du Moi en tant qu'entité distincte des autres. Ahamkara est né avec l'âme; il est l'essence de l'individualité, et il persiste jusqu'à ce que tout ce qu'il contient de bon soit incorporé à la Monade; alors il est abandonné sur le seuil de la libération.

Dans cette survivance des Anciens Mystères connue sous le nom de Franc-Maçonnerie, l'A. correspond au stade d'élève probationnaire et on attend de lui qu'il pratique les trois qualités de discernement, détachement ou absence de désir, et bonne conduite ou maîtrise de soi (Viveka, Vairagya, et Shatsampatti). Le discernement lui donne la puissance mentale, le détachement lui donne la puissance émotionnelle, et la maîtrise de soi lui donne la puissance de la volonté.

Le discernement permet au candidat de traverser sans accident les régions inférieures du monde astral représentées (dans la Maçonnerie mixte) dans le Premier Voyage Symbolique.

Le détachement lui permet de rester insensible aux charmes du monde astral supérieur représenté dans le Second Voyage Symbolique.

La bonne conduite lui permet de maîtriser les parties les plus élevées du monde astral, sur les frontières mêmes du monde céleste, représentées dans le Troisième Voyage Symbolique.

L'Att. du Premier degré indique la nécessité de conquérir la nature du désir.

L'effet généralement produit par le Premier Degré est d'élargir quelque peu le canal de connexion entre l'ego et la personnalité du candidat.

La principale couleur du Premier Degré est cramoisie.

L'A. dans la Franc-Maçonnerie correspond au Sous-Diacre dans l'Eglise Chrétienne.

L'Att. qui fait passer du Premier au Second Degré indique la nécessité de conquérir ce mélange du mental inférieur et du désir que nous connaissons sous le nom de Kama-Manas.

Au Second Degré, l'idée d'illumination est placée devant le candidat, le but poursuivi étant le développement des facultés intellectuelles, artistiques et psychiques, ainsi que la maitrise du mental inférieur. L'effet produit par ce Degré est un élargissement plus marqué du canal de communication entre l'ego et la personnalité.

L'Att. du Second Degré indique la nécessité de la Maîtrise complète du mental inférieur.

La couleur principale de la Loge du Second Degré est jaune.

Le C. dans la Franc-Maçonnerie correspond au Diacre dans l'Eglise chrétienne, car de même que le C. se prépare au travail de M. M., le Diacre se prépare au travail de Prêtre.

L'Att. qui fait passer du Second au Troisième Degré indique la nécessité d'acquérir une certaine maîtrise sur cette étrange zone intermédiaire située au delà du mental inférieur, et qui, dans certaines écoles de pensée, est appelée la conscience subliminale.

Au Troisième Degré, le travail est effectué principalement sur le plan mental supérieur. La couleur prédominante est une certaine nuance du bleu. Le M. M. correspond au Prêtre dans l'Eglise.

Au Premier Degré, Ida, ou l'aspect féminin de la force éthérique, est stimulé, ce qui aide l'homme à maîtriser les passions et les émotions. Ida part de la base de la colonne vertébrale, à gauche chez un homme, à droite chez une femme, et se termine dans la moelle allongée. Ida est cramoisi.

Au Second Degré, Pingala, ou l'aspect masculin de la force éthérique, est fortifié, ce qui facilite la maîtrise du mental. Pingala part de la base de la colonne vertébrale, à droite chez l'homme, à gauche chez la femme et se termine dans la moelle allongée. Pingala est jaune.

Au Troisième Degré, Sushumna, l'énergie centrale elle-même, est éveillée, ouvrant ainsi la porte aux influences du pur Esprit. Sa couleur est bleu foncé.

L'A., en tant que personnalité, doit organiser sa vie pour un but supérieur; en tant qu'ego, il doit développer l'activité de l'intelligence dans le corps causal. Dans ce but, il doit employer sa volonté, la Première Personne de la Trinité, le pouvoir de Shiva (dans la terminologie Hindoue), réflété par son énergie tournée vers l'extérieur, ou shakti, Devi Girija ou Parvati, qui donne la maîtrise de soi, et qui bénit le corps physique et sanctifie ses pouvoirs.

Le C., en tant que personnalité, organise sa vie émotionnelle; en tant qu'ego, il développe l'amour intuitionnel dans son corps bouddhique. Il accomplit cela avec le pouvoir de la Seconde Personne de la Trinité, l'amour qui provient de Vishnou, à travers Lakshmi, qui exauce les désirs; rend la vie large, sanctifie la prospérité matérielle, et transmute les passions du corps astral.

Le M. M., en tant que personnalité, organise sa vie mentale; en tant qu'ego, il fortifie sa volonté spirituelle — Atma. Pour maîtriser le mental errant, il doit utiliser le pouvoir de la pensée, ou kriyashakti, la divine activité de la Troisième Personne de la Trinité, Brahma, réflétée par Saraswati, la patronne de l'étude et de la sagesse pratique.

En même temps, l'A. doit apprendre à maîtriser ses émotions, le C. à maîtriser son mental, et le M. M. doit se développer sur les plans supérieurs.

La plupart des renseignements ci-dessus sont rassemblés dans le tableau suivant, avec quelques indications supplémentaires.

CARACTÉRISTIQUES	A.	C.	M.
Travail en tant que personnalité	Organisation de la vie physique et apprentissage de la maîtrise des émotions.	Organisation de la vie émotionnelle et apprentissage de la maîtrise du mental.	Organisation de la vie mentale, et développement sur les plans supérieurs.
Travail en tant qu'ego.	Développement de l'activité de l'intelligence dans le corps causal.	Développement de l'amour intuitionnel dans le corps bouddhique.	Développement de Atma ou la volonté.
Sous l'influence de la Trinité : désignation française.	Première personne.	Seconde personne.	Troisième personne.
sanscrite.	Shiva.	Vishnou.	Brahma.
dont l'énergie tournée vers l'extérieur, ou shakti, ou Devi est : français.	Volonté.	Amour.	Activité.
sanscrit.	Girija ou Parvati.	Lakshmi.	Saraswati.

dont la fonction est de	faire acquérir la maîtrise de soi, bénir le corps physique.	conférer la prospérité matérielle.	conférer la connaissance.
Assisté par :	2e S.	1er S.	Vén.
	—	—	—
qui sont représentés par	La Lune.	Le Soleil.	Le Feu.
Chakra employé :	Gorge.	Cœur.	Ombilic.
Force éthérique ou Nadi stimulée.	Ida.	Pingala.	Sushumna.
Aspect.	Féminin.	Masculin.	Pur Esprit.
Position :			
hommes.	Gauche.	Droite.	Centre.
femmes.	Droite.	Gauche.	Centre.
Couleur.	Cramoisi.	Jaune.	Bleu foncé.
Sentier de	l'homme ordinaire.	l'aspirant occulte.	l'ascension.
Correspond à	élève probationnaire.	élève sur le sentier.	Quatrième initiation (Arhat).
Correspond à dans l'Eglise catholique).	Sous-Diacre.	Diacre.	Prêtre.
Renaissance.	après un intervalle notable.	après un court intervalle, ou sans intervalle.	volontairement seulement.

Dans les divers Degrés de la Franc-Maçonnerie, non seulement la liaison est élargie entre la personnalité et l'ego, mais un lien est formé entre certains principes du candidat et les véhicules correspondants du C. D. T. L. V. F. M. Les changements produits sont à peu près de même nature que ceux qui se produisent dans l'Eglise catholique, comme nous l'indiquons plus loin.

Le Seigneur Bouddha fut un jour interrogé par un disciple qui Lui demanda de résumer l'ensemble de Ses enseignements en un seul verset. Il répondit :

« Cessez de faire le mal,
Apprenez à faire le bien,
Purifiez votre cœur,
Telle est la religion du Bouddha. »

L'étudiant reconnaîtra là la correspondance avec le système Maçonnique, aussi bien d'ailleurs qu'avec les autres systèmes. L'enseignement du Premier Degré est celui de la purification. Le Second Degré enseigne à acquérir la connaissance. Le Troisième Degré enseigne à l'homme à s'élever à un niveau supérieur et à considérer non seulement l'action extérieure, mais aussi la condition intérieure dont toute manifestation extérieure est l'expression.

Pour faciliter la comparaison, nous indiquons dans le tableau ci-dessous les principales caractéristiques du système Chrétien tel qu'il est suivi dans l'Eglise Catholique Libérale :

Ordres mineurs	Symboles	Signification des symboles	La cérémonie agit principalement sur
Clerc.	Surplis.	Maîtrise du corps physique.	Le double éthérique.
Portier.	Clef et cloche.	Maîtrise des émotions.	Le corps astral.
Lecteur.	Livre.	Maîtrise du mental.	Le corps mental.
Exorciste.	Epée et livre.	Développement de la volonté et maîtrise complète des véhicules par l'égo.	Le corps causal.
Acolyte.	Cierge allumé. Burette.	Développement de l'intuition.	Le corps bouddhique.
Sous-Diacre.	Amict.	Maîtrise de la parole.	Le but général est de permettre à l'ego de s'exprimer plus parfaitement à travers la personnalité.
	Manipule.	Amour du service ; diligence dans les bonnes œuvres.	
	Tunique. Calice et patène. Livre des Epîtres.	Esprit de joie et de contentement.	

Ordres majeurs	Symboles	Action de la cérémonie d'Ordination
Diacre.	Dalmatique étole blanche (sur l'épaule gauche).	Élargit la liaison entre l'ego et la personnalité (antakarana), et raffermit cette liaison. Étend le phénomène ci-dessus jusqu'au renforcement de bouddhi (intuition).
	Livre des évangiles.	Manas supérieur est relié au principe correspondant chez le Christ.

Prêtre.	Etole blanche (sur les deux épaules).	Ouvre et développe la liaison entre Atma, Bouddhi et Manas.
	Chasuble.	L'Ego est éveillé d'une manière plus nette, de sorte qu'il peut agir sur les autres au niveau causal, et s'exprimer plus parfaitement à travers Bouddhi.
	Calice.	L'Aura s'étend prodigieusement.
	Vin.	Le chemin est déblayé entre les principes supérieurs et le cerveau.
	Eau.	Tous les atomes sont stimulés de sorte que leurs spirilles sont développés.
	Patène.	Bouddhi est relié au principe correspondant chez le Christ.
	Hostie.	Atma est stimulé par résonance.
Évêque.	Crosse. Croix de poitrine. Anneau. Livre des évangiles. Mitre. Gants.	Atma est relié au principe correspondant chez le Christ.

CHAPITRE XXXIV

Conclusion

Il y a peu à dire en conclusion à cette étude du corps mental de l'homme et du plan mental inférieur. Cependant, il peut être utile de jeter un regard en arrière pour embrasser l'ensemble de cette étude et la situer au milieu des connaissances de la théosophie moderne.

L'étudiant ne peut manquer d'être frappé par la différence entre « l'atmosphère » du monde mental et celle du monde astral (nous laissons de côté le monde physique). Par comparaison avec le monde mental, le monde astral est lourd, difforme et non satisfaisant, même aux niveaux les plus élevés. Aussi pur et raffiné que soit le sentiment éprouvé sur le plan astral, nous nous y sentons encore loin de notre patrie. La grandeur de l'âme humaine demande autre chose que de simples sentiments, même purs et altruistes.

Le plan mental, même aux quatre niveaux inférieurs, nous donne l'impression d'être plus près de « chez nous ». Nous y avons davantage de liberté; nous sentons que nous sommes davantage les maîtres de notre conscience, et moins les serviteurs de nos véhicules. Le monde mental nous semble plus propre et plus sain; nous pouvons y modeler notre destinée selon notre volonté dans une plus large mesure que dans les mondes inférieurs. La conscience est davantage libre d'aller là où elle veut, car les limitations de l'espace et du temps se font beaucoup moins sentir.

Cependant, la maîtrise sur le monde mental inférieur, sur la totalité des pensées concrètes ne nous donne pas pleine satisfaction, car à travers ce monde et au delà, nous sentons parfaitement qu'il y a d'autres mondes à conquérir.

— Les Sept Chaines du Système dont fait partie la Terre. —

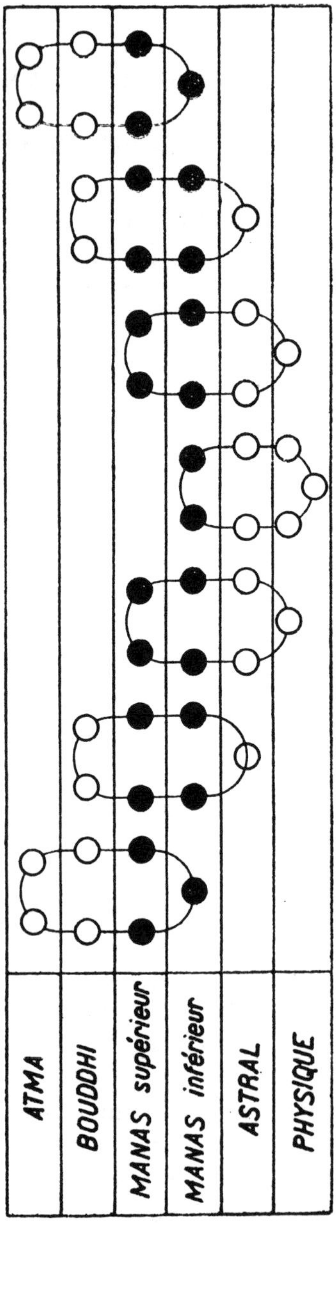

Ce monde de la pensée concrète est à la limite de notre portée tant que nous appartenons encore aux plans inférieurs. Lorsque nous pourrons nous établir solidement sur ce monde de pensée et de là atteindre les abstractions elles-mêmes, ce progrès nous amènera sûrement sur le seuil d'un monde supérieur et plus pur, non seulement en degré, mais aussi en espèce, que tous les mondes inférieurs. A travers ces abstractions, nous nous élèverons jusqu'au monde de l'Esprit, et nous nous rapprocherons ainsi de la conscience Divine, dont nous nous sentons actuellement temporairement exilés.

Mais il ne faut pas pour cela mépriser l'importance du monde mental inférieur, particulièrement à l'époque actuelle de l'histoire psychologique de l'homme. Nous allons récapituler brièvement les faits essentiels qui montrent l'importance du mental humain et du monde mental pour les hommes au présent stade de l'évolution.

Dans le système de sept Chaînes auquel nous appartenons, chaque Chaîne a des globes sur le plan mental inférieur; six d'entre elles ont aussi des globes sur le plan mental supérieur. Des quarante-neuf globes qui forment les sept Chaînes, vingt-quatre, soit pratiquement la moitié, sont sur le plan mental. Le diagramme ci-contre, où les globes mentaux sont figurés en noir, illustre clairement ces faits.

L'habitat de l'ego, le Penseur, qui existe d'une manière continue à travers toutes les incarnations, est le plan mental supérieur.

Le plan mental est le lieu de rencontre des Sois Supérieur et Inférieur. Le « rayon » que la partie supérieure ou divine de l'homme projette dans les mondes inférieurs pour accomplir l'œuvre de l'évolution est un rayon de mental inférieur émergeant du mental supérieur.

Le champ de bataille de la vie est actuellement pour la plupart des hommes Kama-Manas, le mélange du mental et du désir.

La conscience de la plupart des gens est actuellement centrée dans leurs sentiments, dans leur corps astral. Aussi le premier pas qu'ils ont à faire est l'apprentissage de la maîtrise des sentiments, ou du contrôle du corps astral. Et cela ne peut être accompli, comme nous l'avons vu, que du plan supérieur, le plan mental.

Le pas suivant comportera l'élévation du centre de conscience du plan astral au plan mental.

Le mot « man » lui-même (homme, en anglais) signifie penseur, ou être possédant un mental.

En occultisme, l'homme a été défini comme étant l'être en qui l'Esprit le plus haut et la Matière la plus basse sont unis par l'intelligence, quelle que soit la portion d'univers où il se trouve.

Le développement du mental dans l'homme a été avancé d'une Ronde entière par les Seigneurs de la Flamme. Dans la prochaine Ronde, la Cinquième, les progrès dans le développement mental seront certainement prodigieux par rapport à nos esprits limités actuels.

Ces quelques considérations nous semblent d'une importance capitale; elles mettent en valeur nettement l'importance pour l'homme actuel, du corps mental. Ce n'est évidemment pas un but final, mais une pierre destinée à la construction de l'homme futur, cet homme qui, d'après les paroles d'un Maître, « a l'avenir d'une chose dont la croissance et la splendeur sont sans limite ».

Mais, que ces considérations ne nous fassent pas perdre de vue la place que doit occuper chaque élément dans l'ensemble des choses.

Ainsi, selon les paroles du Dr Besant et de Mgr Leadbeater, le but de la Société Théosophique n'est pas tant de faciliter le développement mental que d'élever ceux qui sont prêts aux influences bouddhiques, d'éveiller la sensivité de ses membres sur une boucle supérieure de la spirale, et de les préparer pour la nouvelle race qui fait actuellement son apparition dans le monde.

La Société « ne méprise pas le développement mental, loin de là, mais elle préparera une étape nouvelle où l'amour intuitionnel produira l'harmonie et la fraternité, et emploiera l'intellect développé à construire une nouvelle civilisation basée sur ces idéals ».

SOCIÉTÉ THÉOSOPHIQUE

Quartier général : **ADYAR, MADRAS**

Présidente : Dr Annie BESANT

SIEGE DE LA SOCIETE THEOSOPHIQUE DE FRANCE

4, SQUARE RAPP, PARIS (7e).

Buts de la Société

1° Former un noyau de fraternité dans l'humanité, sans distinction de sexe, de race, de rang ou de croyance.

2° Encourager l'étude des religions comparées, de la philosophie et de la science.

3° Etudier les lois inexpliquées de la nature et les pouvoirs latents dans l'homme.

L'adhésion au premier de ces buts est seule exigée des membres.

Pour tous renseignements s'adresser, selon le pays où l'on réside, à l'un ou l'autre des Secrétaires généraux des Sections diverses de la Société.

RENSEIGNEMENTS

La Société Théosophique est un organisme composé d'étudiants appartenant, ou non, à l'une quelconque des religions ayant cours dans le monde. Tous ses membres ont approuvé, en y entrant, les trois buts qui font son objet; tous sont unis par le même désir de supprimer les haines de religion, de grouper les hommes de bonne volonté, quelles que soient leurs opinions, d'étudier les vérités enfouies dans l'obscurité des dogmes, et de faire part du résultat de leurs recherches à tous ceux que ces questions peuvent intéresser. Leur solidarité n'est pas le fruit d'une croyance aveugle mais d'une commune aspiration vers la vérité qu'ils considèrent, non comme un dogme imposé par l'autorité, mais comme la récompense de l'effort, de la pureté de la vie et du dévouement à un haut idéal. Ils pensent que la foi doit naître de l'étude ou de l'intuition, qu'elle doit s'appuyer sur la raison et non sur la parole de qui que ce soit.

Ils étendent la tolérance à tous, même aux intolérants, estimant que cette vertu est une chose que l'on doit à chacun et non un privilège que l'on peut accorder au petit nombre. Ils ne veulent point punir l'ignorance, mais la détruire. Ils considèrent les religions diverses comme des expressions incomplètes de la Divine Sagesse et, au lieu de les condamner, ils les étudient.

Leur devise est Paix; leur bannière, Vérité.

La Théosophie peut être définie comme l'ensemble des vérités qui forment la base de toutes les religions. Elle prouve que nulle de ces vérités ne peut être revendiquée comme propriété exclusive d'une église. Elle offre une philosophie qui rend la vie compréhensible et démontre que la justice et l'amour guident l'évolution du monde. Elle envisage la mort à son véritable point de vue, comme un incident périodique dans une existence sans fin et présente ainsi la vie sous un aspect éminemment grandiose. Elle vient, en réalité, rendre au monde l'antique science perdue, la *Science de l'Ame*, et apprend à l'homme que l'âme, c'est lui-même, tandis que le mental et le corps physique ne sont que ses instruments et ses serviteurs. Elle éclaire les Ecritures sacrées de toutes les religions, en révèle le sens caché et les justifie aux yeux de la raison comme à ceux de l'intuition.

Tous les membres de la Société Théosophique étudient ces vérités, et ceux d'entre eux qui veulent devenir Théosophes au sens véritable du mot, s'efforcent de les vivre.

Toute personne désireuse d'acquérir le savoir, de pratiquer la tolérance et d'atteindre à un haut idéal, est accueillie avec joie comme membre de la Société Théosophique.

LA LIBERTÉ DE PENSÉE

Etant donné que la Société théosophique s'est répandue largement dans le monde, et que des fidèles de toutes les religions sont entrés dans ses rangs sans abandonner les dogmes, enseignements et croyances de leurs credos particuliers, il semble utile d'insister sur le fait qu'aucune doctrine ou opinion, par quelque personne qu'elle puisse être enseignée ou soutenue, ne s'impose à l'acceptation des membres de la Société théosophique, et qu'il n'en est aucune qu'ils ne puissent à leur gré accepter ou rejeter. L'approbation du premier but est la seule condition imposée aux sociétaires.

Aucun instructeur ou auteur — de H. P. Blavatsky à ceux de nos jours — n'a autorité pour imposer à nos membres ses enseignements ou opinions.

COURS ET CONFERENCES

Salle de lecture, bibliothèque, librairie *au Siège de la Société :* 4, square Rapp, Paris (7e).

Le Siège est ouvert tous les jours de la semaine, de 15 à 18 heures.

Pour tous renseignements, s'adresser au Secrétaire général.

La librairie est ouverte de 9 à 12 heures et de 14 à 18 heures. La bibliothèque, de 14 h. 30 à 18 h. 30, sauf les dimanches.

L'Emancipatrice, Imp. coopérative, 3, rue de Pondichéry, Paris. — 14260-12-28

Achevé d'imprimer par Corlet, Imprimeur, S.A.
14110 Condé-sur-Noireau (France)
N° d'Imprimeur : 934 - Dépôt légal : octobre 1993
Imprimé en C.E.E.